高等学校"十三五"规划教材

房地产开发与经营

FANGDICHAN KAIFA YU JINGYING

第三版

瞿富强　编著

化学工业出版社

·北京·

本书分为两篇。第1篇房地产开发与经营理论和方法，介绍房地产项目开发与经营全过程运作的知识，侧重理论性与系统性，主要内容包括：房地产开发与经营的主客体及程序、房地产开发与经营中的招标与投标、房地产开发与经营中的合同管理、房地产开发项目可行性研究、房地产开发资金的筹集、房地产开发用地的取得、房地产开发项目规划设计、房地产开发项目施工管理以及房地产营销。第2篇房地产开发与经营实务，注重理论与实践相结合，侧重于实践性环节的运作，主要内容包括：房地产项目开发与经营中的市场调查与分析以及房地产开发项目营销策划书的编制。

本书可作为高等院校工程管理、房地产开发与管理、房地产经营管理、工商管理及土木工程等专业学生的教学用书，也可以作为房地产开发企业、房地产市场研究机构、房地产中介机构、房地产市场管理部门从业人员的参考用书、继续教育用书。

图书在版编目（CIP）数据

房地产开发与经营/瞿富强编著. —3版. —北京：化学工业出版社，2018.9（2023.6重印）
高等学校"十三五"规划教材
ISBN 978-7-122-32503-7

Ⅰ.①房… Ⅱ.①瞿… Ⅲ.①房地产开发-高等学校-教材 ②房地产管理-经营管理-高等学校-教材 Ⅳ.①F293.34

中国版本图书馆CIP数据核字（2018）第138346号

责任编辑：唐旭华　尉迟梦迪　　　装帧设计：张　辉
责任校对：边　涛

出版发行：化学工业出版社（北京市东城区青年湖南街13号　邮政编码100011）
印　　装：涿州市般润文化传播有限公司
787mm×1092mm　1/16　印张16¾　字数414千字　2023年6月北京第3版第4次印刷

购书咨询：010-64518888　　　　　　　　　售后服务：010-64518899
网　　址：http://www.cip.com.cn
凡购买本书，如有缺损质量问题，本社销售中心负责调换。

定　　价：45.00元　　　　　　　　　　　　　　　　　　　版权所有　违者必究

前　言

本书第一版于2006年出版，第二版于2012年出版。第二版在第一版的基础上，进行了较大的修改、补充和完善。第三版沿用了第二版的基本构架，根据现行法律、法规、规章、规范以及合同示范文本，对相关内容进行了修改和完善。

① 根据《房地产业基本术语标准》（JGJ/T 30-2015），对第1章房地产开发与经营的主客体及程序中的房地产、房产、地产、房地产开发、房地产开发与经营等基本概念进行了修改。

② 根据《建设工程监理合同（示范文本）》（GF-2012-0202）、《建设工程勘察合同示范文本》（GF-2016-0203）、《建设工程设计合同示范文本（房屋建筑工程）》（GF-2015-0209）、《建设工程施工合同（示范文本）》（GF-2013-0201）、《商品房买卖合同（预售）示范文本》（GF-2014-0171）和《商品房买卖合同（现售）示范文本》（GF-2014-0172），对第3章房地产开发与经营中的合同管理相关内容进行了修改。

③ 根据原国家发展改革委、原住房和城乡建设部关于印发建设项目经济评价方法与参数的通知，对第4章房地产开发项目可行性研究中的相关内容进行了修改。

④ 根据最新的数据和资料，对第10章房地产项目开发与经营中的市场调查与分析中的相关内容进行了修改。

本书配套电子课件可免费提供给采用本书作为教材的院校使用，如有需要可联系cipedu@163.com索取。

在第三版的编著过程中，参考了大量专著、教材、学术论文和资料，南京工业大学经济与管理学院建设管理与房地产系的教师和社会各界提出了很多有益的建议，南京工业大学陈初一、瞿佳依、肖慧芸、杜云等研究生收集和整理了大量的数据和资料，在此表示衷心感谢。

由于水平有限，书中难免存在不妥之处，恳请广大同行和读者批评指正。

编著者
2018年5月

目 录

第1篇 房地产开发与经营理论和方法

第1章 房地产开发与经营的主客体及程序 ·················· 1
　1.1 房地产开发与经营的基本概念 ·················· 1
　1.2 房地产开发企业 ·················· 2
　1.3 房地产开发与经营中的房地产分类 ·················· 6
　1.4 房地产项目开发与经营程序 ·················· 7
　复习思考题 ·················· 12

第2章 房地产开发与经营中的招标与投标 ·················· 13
　2.1 招标投标概述 ·················· 13
　2.2 监理招标投标 ·················· 20
　2.3 勘察设计招标投标 ·················· 23
　2.4 施工招标投标 ·················· 25
　2.5 物业管理招标投标 ·················· 28
　复习思考题 ·················· 31

第3章 房地产开发与经营中的合同管理 ·················· 33
　3.1 概述 ·················· 33
　3.2 建设工程监理合同 ·················· 38
　3.3 建设工程勘察设计合同 ·················· 39
　3.4 建设工程施工合同 ·················· 42
　3.5 商品房租、售合同 ·················· 47
　3.6 物业服务合同 ·················· 48
　复习思考题 ·················· 49

第4章 房地产开发项目可行性研究 ·················· 51
　4.1 概述 ·················· 51
　4.2 房地产市场调查与预测 ·················· 53
　4.3 房地产开发项目投资、成本费用 ·················· 54
　4.4 房地产开发项目收入估算与资金筹措 ·················· 58
　4.5 房地产开发项目经济评价 ·················· 61
　4.6 房地产开发项目不确定性分析 ·················· 71
　4.7 房地产开发项目可行性研究报告 ·················· 78

复习思考题 …… 80

第 5 章 房地产开发资金的筹集 …… 82
5.1 投资与房地产投资 …… 82
5.2 房地产开发资金筹集方式 …… 90
5.3 金融机构对项目贷款的审查 …… 97
5.4 房地产开发项目资金筹集规划 …… 100
复习思考题 …… 102

第 6 章 房地产开发用地的取得 …… 104
6.1 与房地产开发有关的土地分类 …… 104
6.2 土地储备 …… 107
6.3 房地产开发用地的取得方式 …… 111
复习思考题 …… 117

第 7 章 房地产开发项目规划设计 …… 119
7.1 房地产开发项目的规划管理 …… 119
7.2 居住区规划设计 …… 122
7.3 房地产开发项目勘察 …… 129
7.4 房地产开发项目设计 …… 131
7.5 房地产开发项目规划设计方案的评价 …… 136
复习思考题 …… 143

第 8 章 房地产开发项目施工管理 …… 144
8.1 建设工程项目管理 …… 144
8.2 房地产开发项目施工阶段管理 …… 151
复习思考题 …… 171

第 9 章 房地产营销 …… 172
9.1 房地产营销概述 …… 172
9.2 房地产市场调查、市场细分及目标市场选择 …… 176
9.3 房地产产品定位 …… 180
9.4 房地产租售计划 …… 182
9.5 房地产市场推广 …… 186
9.6 房地产租售工作 …… 192
9.7 租售后服务 …… 196
复习思考题 …… 197

第 2 篇 房地产开发与经营实务

第 10 章 房地产项目开发与经营中的市场调查与分析 …… 198
10.1 概述 …… 198
10.2 房地产投资环境的调查与分析 …… 206
10.3 项目概况调查与分析 …… 218
10.4 房地产产品供给、需求的调查与分析 …… 219

10.5	消费者的调查与分析	222
10.6	竞争者的调查与分析	226

第11章 房地产开发项目营销策划书的编制 232
11.1	项目概况	232
11.2	市场调查	234
11.3	市场细分与目标市场选择	244
11.4	产品定位	246
11.5	销售计划	249
11.6	市场推广	250
11.7	销售工作	256
11.8	销售后服务	258

参考文献 259

第1篇　房地产开发与经营理论和方法

第1章　房地产开发与经营的主客体及程序

> **本章要点**
>
> 房地产项目开发与经营的主体是房地产开发企业，客体是房地产，房地产开发企业应遵循一定规律和符合法律法规规定的程序进行项目的开发和经营。本章主要介绍房地产开发与经营的基本概念、房地产开发企业类型、房地产开发企业的设立、房地产开发企业资质等级划分、各级资质的房地产开发企业承担业务的范围、房地产开发与经营中房地产分类、房地产项目开发与经营程序、居住房地产开发与经营程序中的主要工作。

1.1　房地产开发与经营的基本概念

1.1.1　房地产开发的基本概念

房地产开发是指按照城乡规划和社会经济发展的要求，在依法取得国有土地使用权的土地上进行基础设施建设、房屋建设的行为。

房地产开发必须严格执行城乡规划，按照经济效益、社会效益、环境效益相统一原则，节约和集约用地，全面规划、合理布局、综合开发、配套建设、保证质量。房地产开发企业在房地产开发过程中应采用节能、节地、节水、节材和环保技术。

1.1.2　房地产开发与经营的基本概念

房地产开发与经营是指按照城乡规划和社会经济发展的要求，在依法取得国有土地使用权的土地上进行基础设施建设、房屋建设，并转让房地产开发项目或者销售、出租商品房的行为。

房地产开发与经营概念要点：

（1）城乡规划区

城乡规划区，是指城市、镇和村庄的建成区以及因城乡建设和发展需要，必须实行规划控制的区域。

（2）国有土地

我国实行土地社会主义公有制，即全民所有制和劳动群众集体所有制。土地所有制在法律上的体现，即土地所有权。国家为了公共利益的需要，可以依法对土地实行征收或者征用并给予补偿。国有土地，包括国家所有的土地和国家征收的原属于农民集体所有的土地。根据我国现行法律法规的规定，能在公开市场进行交易的房地产必须是国有圣地上的房地产。

（3）城市基础设施

房地产项目开发中涉及的城市基础设施，包括项目规划红线内的基础设施和项目规划红线外的城市公共配套设施。

① 项目规划红线内的基础设施。项目规划红线内的基础设施是指建筑物 2 米以外和项目规划红线以内的各种管线和道路工程，包括供水、供电、供气、排污、绿化、道路、路灯、环卫等设施。

② 项目规划红线外的城市公共配套设施。房地产项目的开发和投入使用，必然会加大城市公共配套设施的承载量和投资量。目前，在地方财政资金不足和城市公共配套设施没有完全市场化运作的情况下，本着使用者负担一部分的原则，在房地产项目的开发中，采用收取公共配套设施建设费的办法来筹集公共配套设施建设资金。

（4）房地产开发必须符合城乡规划要求

房地产开发是城乡规划的实施过程，房地产开发项目必须符合城乡规划的"一书两证"制度的要求，即符合选址意见书、建设用地规划许可证、建设工程规划许可证的要求。

（5）房地产项目的开发与经营是一个系统工程

在初步明确房地产产品潜在消费者的情况下，根据潜在消费者的要求和经济承受能力，进行房地产项目产品定位和产品生产，经过恰当的形象定位后向潜在消费者推销房地产产品，最后完成交易并做好服务工作。这样操作，房地产项目的开发与经营是主动的，而不是被动的。因此，对于一个房地产项目，不能人为地把开发与经营割裂开来，开发与经营应是一个整体。

1.2 房地产开发企业

1.2.1 房地产开发企业的基本概念

房地产开发企业是从事房地产开发和经营的企业。房地产开发企业是依法设立、具有企业法人资格的经济实体。

1.2.2 房地产开发企业类型

（1）公司制的房地产开发企业类型

公司是指依照《中华人民共和国公司法》在中国境内设立的有限责任公司和股份有限公司。公司是企业法人，有独立的法人财产，享有法人财产权。公司以其全部财产对公司的债务承担责任。设立公司，应当依法向公司登记机关申请设立登记。符合《中华人民共和国公司法》规定的设立条件的，由公司登记机关分别登记为有限责任公司或者股份有限公司。依法设立的公司，由公司登记机关发给公司营业执照。公司营业执照签发日期为公司成立日期。公司营业执照应当载明公司的名称、住所、注册资本、实收资本、经营范围、法定代表人姓名等事项。公司以其主要办事机构所在地为住所。公司可以设立分公司。设立分公司，应当向公司登记机关申请登记，领取营业执照。分公司不具有法人资格，其民事责任由公司承担。公司可以设立子公司，子公司具有法人资格，依法独立承担民事责任。

① 房地产有限责任公司。有限责任公司由 50 个以下股东出资设立，股东以其认缴的出

资额为限对公司承担责任,股东会会议由股东按照出资比例行使表决权。

② 房地产股份有限公司。股份有限公司的设立,可以采取发起设立或者募集设立的方式。设立股份有限公司,应当有2人以上200人以下为发起人,其中须有半数以上的发起人在中国境内有住所。发起设立,是指由发起人认购公司应发行的全部股份而设立公司。募集设立,是指由发起人认购公司应发行股份的一部分,其余股份向社会公开募集或者向特定对象募集而设立公司。股份有限公司的股东以其认购的股份为限对公司承担责任。

(2) 房地产开发企业资质等级类型

根据《房地产开发企业资质管理规定》,房地产开发企业按照企业条件分为一、二、三、四,四个资质等级。

1.2.3 房地产开发企业的设立

(1) 设立房地产开发企业应具备的条件

设立房地产开发企业,应当具备下列条件:

① 有符合公司法人登记的名称和组织机构;
② 有适应房地产开发经营需要的固定办公用房;
③ 注册资本100万元以上,且流动资金不低于100万元;
④ 有4名以上持有资格证书的房地产专业、建筑工程专业的专业技术人员,2名以上持有资格证书的在职会计人员;
⑤ 法律、法规规定的其他条件。

设立有限责任公司,应当具备下列条件:

① 股东符合法定人数;
② 股东出资达到法定资本最低限额;
③ 股东共同制定公司章程;
④ 有公司名称,建立符合有限责任公司要求的组织机构;
⑤ 有公司住所。

设立股份有限公司,应当具备下列条件:

① 发起人符合法定人数;
② 发起人认购和募集的股本达到法定资本最低限额;
③ 股份发行、筹办事项符合法律规定;
④ 发起人制定公司章程,采用募集方式设立的经创立大会通过;
⑤ 有公司名称,建立符合股份有限公司要求的组织机构;
⑥ 有公司住所。

(2) 房地产开发企业的设立登记

设立房地产开发企业,应当向县级以上人民政府工商行政管理部门申请登记。工商行政管理部门对符合条件的,应当自收到申请之日起30日内予以登记;对不符合条件不予登记的,应当说明理由。

工商行政管理部门在对设立房地产开发企业申请登记进行审查时,应当听取同级房地产开发主管部门的意见。

(3) 新设立房地产开发企业的备案

新设立的房地产开发企业应当自领取营业执照之日起30天内,持下列文件到房地产开发主管部门备案:营业执照复印件、企业章程、验资证明、企业法定代表人的身份证明、专业技术人员的资格证书和劳动合同以及房地产开发主管部门认为需要出示的其他文件。

房地产开发主管部门应当收到备案申请后 30 日内向符合条件的企业核发《暂定资质证书》。

1.2.4 房地产开发企业的资质等级

（1）房地产开发企业资质等级要素

房地产开发主管部门应当根据房地产开发企业的资产、专业技术人员和开发经营业绩等，对备案的房地产开发企业核定资质等级。房地产开发企业应当按照核定的资质等级，承担相应的房地产开发项目。

（2）申请核定资质等级时应提交的证明文件

申请核定资质等级时应提交下列证明文件：

① 企业资质等级申报表；

② 房地产开发企业资质证书（正、副本）；

③ 企业资产负债表和验资报告；

④ 企业法定代表人和经济、技术、财务负责人的职称证件；

⑤ 已开发经营项目的有关证明材料；

⑥ 房地产开发项目手册及《住宅质量保证书》《住宅使用说明书》执行情况报告；

⑦ 其他有关文件、证明。

（3）房地产开发企业资质等级划分

房地产开发企业按照企业条件分为一、二、三、四，四个资质等级。

各资质等级企业的条件如下：

① 一级资质企业的条件：从事房地产开发经营 5 年以上；近 3 年房屋建筑面积累计竣工 30 万平方米以上，或者累计完成与此相当的房地产开发投资额；连续 5 年建筑工程质量合格率达 100%；上一年房屋建筑施工面积 15 万平方米以上，或者完成与此相当的房地产开发投资额；有职称的建筑、结构、财务、房地产及有关经济类的专业管理人员不少于 40 人，其中具有中级以上职称的管理人员不少于 20 人，持有资格证书的专职会计人员不少于 4 人；工程技术、财务、统计等业务负责人具有相应专业中级以上职称；具有完善的质量保证体系，商品住宅销售中实行了《住宅质量保证书》和《住宅使用说明书》制度；未发生过重大工程质量事故。

② 二级资质企业的条件：从事房地产开发经营 3 年以上；近 3 年房屋建筑面积累计竣工 15 万平方米以上，或者累计完成与此相当的房地产开发投资额；连续 3 年建筑工程质量合格率达 100%；上一年房屋建筑施工面积 10 万平方米以上，或者完成与此相当的房地产开发投资额；有职称的建筑、结构、财务、房地产及有关经济类的专业管理人员不少于 20 人，其中具有中级以上职称的管理人员不少于 10 人，持有资格证书的专职会计人员不少于 3 人；工程技术、财务、统计等业务负责人具有相应专业中级以上职称；具有完善的质量保证体系，商品住宅销售中实行了《住宅质量保证书》和《住宅使用说明书》制度；未发生过重大工程质量事故。

③ 三级资质企业的条件：从事房地产开发经营 2 年以上；房屋建筑面积累计竣工 5 万平方米以上，或者累计完成与此相当的房地产开发投资额；连续 2 年建筑工程质量合格率达 100%；有职称的建筑、结构、财务、房地产及有关经济类的专业管理人员不少于 10 人，其中具有中级以上职称的管理人员不少于 5 人，持有资格证书的专职会计人员不少于 2 人；工

程技术、财务等业务负责人具有相应专业中级以上职称，统计等其他业务负责人具有相应专业初级以上职称；具有完善的质量保证体系，商品住宅销售中实行了《住宅质量保证书》和《住宅使用说明书》制度；未发生过重大工程质量事故。

④ 四级资质企业的条件：从事房地产开发经营1年以上；已竣工的建筑工程质量合格率达100%；有职称的建筑、结构、财务、房地产及有关经济类的专业管理人员不少于5人，持有资格证书的专职会计人员不少于2人；工程技术负责人具有相应专业中级以上职称，财务负责人具有相应专业初级以上职称，配有专业统计人员；商品住宅销售中实行了《住宅质量保证书》和《住宅使用说明书》制度；未发生过重大工程质量事故。

各资质等级房地产开发企业的资质条件见表1-1。

表1-1 各资质等级房地产开发企业的资质条件

内容 \ 资质等级		一级资质	二级资质	三级资质	四级资质
开发经营年限		5年以上	3年以上	2年以上	1年以上
质量保证体系		具有完善的质量保证体系			
上一年房屋建筑施工面积		15万平方米以上	10万平方米以上		
累计竣工房屋建筑面积		近3年30万平方米以上	近3年15万平方米以上	5万平方米以上	
建筑工程质量合格率		连续5年达100%	连续3年达100%	连续2年达100%	已竣工的达100%
人员配备	有职称的管理人员	不少于40人	不少于20人	不少于10人	不少于5人
	其中 中级以上职称的管理人员	不少于20人	不少于10人	不少于5人	
	其中 持有资格证书的专职会计人员	不少于4人	不少于3人	不少于2人	不少于2人
	工程技术负责人	具有相应专业中级以上职称			
	财务负责人	具有相应专业中级以上职称			具有相应专业初级以上职称
商品住宅销售的"两书"制度		实行了《住宅质量保证书》和《住宅使用说明书》制度			
工程质量事故		未发生过重大工程质量事故			

1.2.5 房地产开发企业的资质管理

① 国务院建设行政主管部门负责全国房地产开发企业的资质管理工作；县级以上地方人民政府房地产开发主管部门负责本行政区域内房地产开发企业的资质管理工作。

② 房地产开发企业按照企业条件分为一、二、三、四，四个资质等级。

③ 房地产开发企业资质等级实行分级审批。

一级资质由省、自治区、直辖市人民政府建设行政主管部门初审，报国务院建设行政主管部门审批。

二级资质及二级资质以下企业的审批办法由省、自治区、直辖市人民政府建设行政主管部门制定。

经资质审查合格的企业，由资质审批部门发给相应等级的资质证书。

④ 未取得房地产开发资质等级证书的企业，不得从事房地产开发经营业务。

1.2.6 各级资质的房地产开发企业承担业务的范围

一级资质的房地产开发企业承担房地产项目的建设规模不受限制，可以在全国范围内承揽房地产开发项目。

二级资质及二级以下资质的房地产开发企业可以承担建筑面积25万平方米以下的开发建设项目，承担业务的具体范围由省、自治区、直辖市人民政府建设行政主管部门确定。

各资质等级企业应当在规定的业务范围内从事房地产开发经营业务，不得越级承担业务。

1.3 房地产开发与经营中的房地产分类

1.3.1 房地产的基本概念

房地产是指可开发的土地及其地上建筑物、构筑物，包括物质实体和依托于物质实体上的权益。房地产包括地产和房产。地产是指在一定的所有制关系下，具有一定经济价值和使用价值的土地及权益。房产是指在一定的土地所有制关系下，具有一定经济价值和使用价值的房屋及权益。房地产开发企业开发与经营的主要是房产。

土地是指地球表面一定高度和深度的土壤、岩石和相关水文、气候、植被等要素构成的自然综合体。其范围可以从纵、横两个方面考察。在横的方面，土地本为连绵无限之物，无所谓范围，但人们可以用人为方法划野分疆。一宗土地的范围即为该宗土地的疆界（即通常所说的四至）所围绕的面积。在纵的方面，土地可分为地面、地面以上空间和地面以下的空间。从理论上讲，一宗土地的地面以上空间是指从地球表层的该宗土地的边界向上扩展到一定高度的天空空间，其地面以下空间则是指从地球表层的该宗土地的边界呈锥形而向下延伸到地心的地下空间。在现实生活中，拥有一块土地，并不是可以随意开发利用的，其使用、支配要受到来自三大方面的制约：①建筑技术；②土地使用管制，主要是法律、法规及城市规划；③土地权利设置及相邻关系。

建筑物是指人工建筑而成的物体，主要是房屋。房屋是指能够遮风避雨并供人居住、工作、娱乐、储藏物品、纪念或进行其他活动的工程建筑物，一般由基础、墙、门窗、柱和屋顶等重要构件组成。

房地产权益集中体现在房地产产权上，房地产产权包括房地产所有权以及由所有权延伸出来的权利。但是，房地产权益交易必须符合国家法律、法规的规定。

1.3.2 房地产用途分类

截止到2017年，我国有关房地产的法律、法规、规章、规范、标准中，对房地产开发与经营中的房地产类型没有明确的规定。在对房地产开发与经营中的房地产分类时，应考虑房地产开发建设用地的类型，现行开发中的主要房地产类型，房地产开发与经营的未来发展趋势。

(1) 居住房地产

居住房地产是指供人们生活居住的房地产，包括保障性住房和商品住房。商品住房可细分为普通住宅和非普通住宅，非普通住宅包括大户型住宅和别墅。房地产开发企业将开发的商品住房出售给购房者，购房者可用于自住、出租或投资。随着人们生活水平的提高以及资源节约和环境友好型社会的建设，资源节约和环境友好型的高品质住房是商品住房开发建设的方向。保障性住房可细分为公共租赁住房、经济适用住房和共有产权住房，随着政府住房保障力度的加大和住房保障制度的完善，通过与政府部门或机构合作开发建设保障性住房，也是房地产开发企业的重要投资方向。

(2) 商业房地产

我国的商业房地产包括商业店铺、商务办公用房、百货商场、购物中心、超级市场、批发市场等。房地产开发企业开发的商业店铺,主要用于出售;开发的百货商场、购物中心、超级市场、批发市场等的经营方式,包括出售、出租和自营。随着保障性住房建设力度的加大,人们住房条件的改善和人均住房面积的提高,产业结构的调整,商品住房开发投资比例有逐步下降的趋势,商业房地产开发投资比例有逐步提高的趋势。我国商业房地产的含义与西方国家有所不同,是狭义的。西方国家的商业房地产是一个较宽泛的概念,包括写字楼(office)、工业(industrial)、零售(retail)和公寓(apartment)四类房地产。

(3) 工业房地产

工业房地产是指为生产活动提供空间的房地产,包括工业厂房、仓储用房、高新技术产业用房、工业写字楼等,工业房地产既有出售的市场,也有出租的市场。用于出租经营的工业房地产常常出现在工业开发区、工业园区、科技园区和高新技术产业园区。随着物流行业的发展,传统的以自用为主的仓储用房也越来越多地用于出租经营,成为工业房地产的重要组成部分。

(4) 酒店、休闲娱乐房地产

酒店、休闲娱乐房地产是为人们的商务或公务旅行、会议、旅游、休闲、康体娱乐活动提供空间的房地产,包括酒店、休闲度假中心、康体中心、赛马场、高尔夫球场等。房地产开发企业投资开发此类房地产,一般出售、出租给专业经营公司或委托专业经营公司运营。对酒店、休闲娱乐房地产而言,其投资开发活动与经营管理的关系密切。以酒店为例,在其初始的选址和规划设计阶段,负责运营管理的酒店管理公司就会成为开发队伍的重要成员。

(5) 城市综合体

城市综合体是大连万达集团股份有限公司首创的投资开发的房地产类型,2012年国家社科基金申报指南中就有有关城市综合体的研究课题。城市综合体包括大型商业中心、城市步行街、酒店、写字楼、住宅、影院等多种类型房地产,集购物、餐饮、文化、娱乐、居住等多种功能于一体。城市综合体,具有显著的社会经济效益;为商贸、文化、娱乐、体育、餐饮等第三产业提供广阔的发展平台,从而带动所在城市的产业结构调整;全方位满足和创造新的消费需求,从而有效拉动和刺激消费;打造新的城市中心,完善城市区域功能,促进城市均衡发展;创造大量的就业岗位;汇聚了众多国内外知名企业,实现商业持续繁荣,创造可持续性的税源。

1.4 房地产项目开发与经营程序

1.4.1 房地产项目开发与经营程序的基本概念

房地产项目开发与经营程序是指房地产项目从投资决策、设计、施工到经营和服务的整个过程中应当遵循的内在规律和组织制度。内在规律是指房地产从业人员总结出来的房地产项目开发与经营的内在属性,组织制度是指我国法律、法规和规章规定的房地产项目开发与经营的先后顺序及具体内容。

房地产项目开发与经营,大都遵循一个合乎逻辑和法律法规的程序。一般来说,这个程序可以划分为四个阶段,即投资决策阶段、前期工作阶段、施工实施阶段、经营和服务阶段。当然,房地产开发的阶段划分并不是一成不变的,某些情况下各阶段的工作可能要交替进行。

1.4.2 房地产项目开发与经营程序中的主要工作

以居住房地产为例,介绍房地产项目开发与经营程序中的主要工作。

(1) 投资机会寻找

对于一个大中型的房地产开发企业,在一定的计划期内(例如3~5年左右),应根据本企业的资本、技术人员、开发经历等情况,确定投资组合。根据投资组合,多渠道了解国有建设用地使用权出让信息,寻找投资机会,并初步判定投资的可能性。

(2) 投资机会筛选

如有多个地块性质符合投资组合的要求,应对这些地块的基本情况、出让条件、土地交付条件进一步分析研究,有针对性地进行实地调查研究,把初步投资设想落实到具体地块上。

(3) 初步可行性研究

根据有意向地块的基本情况及出让条件,提出初步开发经营方案,测算拟报地价与主要财务指标的关系,进一步对项目建设的可能性与潜在收益进行论证分析,为取得土地使用权作准备。

(4) 项目资本金的筹措

国务院发布的《关于调整固定资产投资项目资本金比例的通知》中明确,保障性住房和普通商品住房项目的最低资本金比例为20%,其他房地产开发项目的最低资本金比例为25%。项目资本金一般来自于房地产开发企业的自有资金。

(5) 建设用地使用权的取得

工业、商业、旅游、娱乐和商品住宅等经营性用地以及同一宗地有两个以上意向用地者的,应当以招标、拍卖或者挂牌方式出让。但是,应当采用招标、拍卖或者挂牌方式出让的工业用地,包括仓储用地,不包括采矿用地。经营性用地以外用途的土地的供地计划公布后,同一地块只有一个意向用地者的,市、县人民政府国土资源行政主管部门方可采取协议方式出让。保障性住房的建设用地使用权,一般通过划拨方式取得。

(6) 详细可行性研究

详细可行性研究,为项目投资决策、项目备案、向金融机构申请贷款、申报康居示范工程等提供依据。详细可行性研究的主要目的,是选择项目的开发经营方案,为项目投资决策提供依据。

(7) 项目营销策划

房地产项目的营销工作,贯穿房地产项目开发与经营的全过程。应在项目运作的初期进行营销策划;在项目运作过程中,生产要与经营相结合;在项目运作的后期,做好经营与服务工作。营销策划是项目营销工作的方案,能使项目做到主动营销。

(8) 项目备案

根据《国务院关于投资体制改革的决定》,对于企业不使用政府投资建设的项目,一律不再实行审批制,区别不同情况实行核准制和备案制。其中,政府仅对重大项目和限制类项目从维护社会公共利益角度进行核准,其他项目无论规模大小,均改为备案制。对于《政府核准的投资项目目录》以外的企业投资项目,实行备案制,除国家另有规定外,由企业按照属地原则向地方政府投资主管部门(发展和改革委员会)备案。备案制的具体实施办法由省级人民政府自行制定。房地产开发企业投资开发的项目,属于《政府核准的投资项目目录》

以外的企业投资项目，实行备案制。

（9）房地产开发项目手册的领取

房地产开发企业应当在签订土地使用权出让合同或取得划拨土地使用权批准文件后15日内，到建设主管部门领取《房地产开发项目手册》。房地产开发企业应当将房地产开发项目建设过程中的主要事项记录在房地产开发项目手册中，并定期送房地产开发主管部门备案。

（10）建设用地规划许可证的取得

以出让方式取得国有土地使用权的建设项目，在签订国有土地使用权出让合同后，建设单位应当持建设项目的批准、核准、备案文件和国有土地使用权出让合同，向城市、县人民政府城乡规划主管部门领取建设用地规划许可证。

（11）勘察

工程勘察是开发项目规划、设计和施工的重要依据，一般由房地产开发企业委托勘察设计单位完成。工程勘察可分为选址勘察、初步勘察、详细勘察和施工勘察。选址勘察是通过测绘和勘探，对工程地质的稳定性和适宜性作出评价，为选址提供资料。初步勘察是通过勘察对场地是否适用于建设作出评价，作为详细规划或建筑总平面布置以及重要建筑物地基基础设计的依据。详细勘察是对建筑物地基进一步勘探，作出工程地质评价，为地基基础设计、地基处理加固以及不良地质现象防治提供地质资料。施工勘察是对地质构造复杂、工程要求较高以及与施工有关的工程地质问题进行勘察，从而作为制定施工方案的依据。

（12）方案设计

方案设计可分为概念性方案设计和实施性方案设计。概念性方案设计包括设计总说明和图纸。实施性方案设计包括设计总说明和图纸；设计总说明包括总体说明、设计说明和工程造价估算；图纸包括总平面图纸、设计分析图纸、建筑设计图纸和建筑效果图纸，其中总平面图纸包括区域位置图纸、场地现状地形图纸和总平面设计图纸，设计分析图纸包括功能分析图纸、总平面交通分析图纸、环境景观分析图纸、日照分析图纸和其他图纸，建筑设计图纸包括各层平面图纸、主要立面图纸和主要剖面图纸。

（13）初步设计

初步设计主要包括：设计总说明，总平面设计，建筑设计，结构设计，给水排水设计，电气设计，弱电设计，采暖、通风和空调设计，工程概算书。

（14）施工图设计

施工图设计的成果以图纸为主，其主要内容与初步设计相同，只是施工图设计所涉及的内容更具体、图纸要求更深。一般情况，施工图设计应满足下列要求：能据此编制施工图预算、安排材料和设备、进行施工和安装。

（15）建设工程规划许可证的取得

房地产开发企业应当向城市人民政府城乡规划主管部门申请办理建设工程规划许可证。申请办理建设工程规划许可证，应当提交使用土地的有关证明文件、建设工程设计方案等材料。需要编制修建性详细规划的建设项目，还应当提交修建性详细规划。对符合控制性详细规划和规划条件的，由城市人民政府城乡规划主管部门核发建设工程规划许可证。

（16）项目报建

工程建设项目由建设单位或其代理机构向当地建设行政主管部门或其授权机构进行报

建。工程建设项目的报建内容主要包括：工程名称、建设地点、投资规模、资金来源、当年投资额、工程规模、开竣工日期、发包方式、工程筹建情况等。

（17）施工许可证的取得

建设单位应当按照国家有关规定向工程所在地县级以上人民政府建设行政主管部门申请领取施工许可证。

（18）监理单位的选择

房地产开发企业通过招投标方式选择房地产开发项目的监理单位，通过《建设工程委托监理合同》，将房地产项目施工阶段项目管理中的投资控制、进度控制、质量控制、安全监理、合同管理、信息管理和组织协调工作中的一项或多项发包给监理单位。

（19）施工单位的选择

房地产开发企业通过招投标方式选择房地产开发项目的施工单位，委托的具体工作在《建设工程施工合同》中予以明确。施工总承包的，建筑工程主体结构的施工必须由总承包单位自行完成。建筑工程总承包单位按照总承包合同的约定对房地产开发企业负责；分包单位按照分包合同的约定对总承包单位负责。总承包单位和分包单位就分包工程对房地产开发企业承担连带责任。

（20）部品、材料、设备的选购

应在《建设工程施工合同》中，明确房地产开发企业、施工单位提供的部品、材料、设备的种类。住宅部品是指根据设计通过工厂化生产并按照配套技术在现场组装的，作为住宅中的某一部位且能满足该部位规定的一项或者几项主要功能要求的单元。如果房地产开发企业开发的是居住房地产，住宅部品包括：屋面部品、复合墙体部品、楼板部品、门窗部品、隔墙部品、卫生间部品、厨房部品、阳台部品、楼梯部品和壁柜部品等。

（21）地基与基础工程施工

地基与基础工程包括土方支护、地基处理、桩基、地下防水、混凝土基础或砌体基础等内容。房地产开发企业按照《建设工程施工合同》，行使权利并履行义务；施工单位按照《建设工程施工合同》的要求施工；监理单位按照《建设工程委托监理合同》和《建设工程施工合同》的要求监理。

（22）主体结构施工

房地产开发企业按照《建设工程施工合同》，行使权利并履行义务；施工单位按照《建设工程施工合同》的要求施工，主体结构的施工必须由总承包单位自行完成；监理单位按照《建设工程委托监理合同》和《建设工程施工合同》的要求监理。

（23）商品房预售方案的确定

商品住房预售方案应当包括项目基本情况、建设进度安排、预售房屋套数、面积预测及分摊情况、公共部位和公共设施的具体范围、预售价格及变动幅度、预售资金监管落实情况、住房质量责任承担主体和承担方式、住房能源消耗指标和节能措施等。预售方案中主要内容发生变更的，应当报主管部门备案并公示。

（24）商品房预售许可证的取得

商品房预售，应符合《中华人民共和国城市房地产管理法》的商品房预售条件，同时商品房预售方案已经确定，并已签订了商品房预售资金监管协议，取得《商品房预售许可证》。

（25）商品房预售

房地产开发企业进行商品房预售，应当向承购人出示《商品房预售许可证》。售楼广告和说明书应当载明《商品房预售许可证》的批准文号。商品房预售，房地产开发企业应当与承购人签订商品房预售合同。房地产开发企业应当自签约之日起 30 日内，向房地产管理部门和市、县人民政府土地管理部门办理商品房预售合同登记备案手续。

（26）主体结构以外的其他工程施工

主体结构以外的其他工程包括：建筑屋面，建筑给水、排水及采暖，建筑电气，智能建筑，通风与空调，电梯，装修，室外工程等。

（27）竣工验收

房地产开发企业收到房地产项目竣工报告后，应当组织设计、施工、工程监理等有关单位进行竣工验收。住宅工程竣工验收前，房地产开发企业应组织施工单位、监理单位对住宅工程质量进行分户验收。住宅工程质量分户验收，是对住宅工程的每一户及其公共部位，主要涉及使用功能和观感质量进行的专门验收。

（28）初始产权的取得

新建的房屋，申请人应当在房屋竣工后的 3 个月内向登记机关申请房屋所有权初始登记，并应当提交用地证明文件或者土地使用权证、建设用地规划许可证、建设工程规划许可证、施工许可证、房屋竣工验收资料以及其他有关的证明文件。

（29）质量保证书和使用说明书的准备

房地产开发企业销售商品住房时，应当根据《商品住宅实行质量保证书和住宅使用说明书制度的规定》，向买受人提供《住宅质量保证书》《住宅使用说明书》。

（30）商品房现售

商品房现售，是指房地产开发企业将竣工验收合格的商品房出售给购房者，并由购房者支付房价款的行为。房地产开发企业可以自行销售商品房，也可以委托房地产中介服务机构销售商品房。房地产开发企业应当在商品房现售前将房地产开发项目手册及符合商品房现售条件的有关证明文件报送房地产开发主管部门备案。房地产开发企业销售商品房，应当向购买人明示所售商品房的能源消耗指标、节能措施和保护要求、保温工程保修期等信息，并在商品房买卖合同和《住宅质量保证书》《住宅使用说明书》中载明。

（31）商品房交付

房地产开发企业应当按照合同约定，将符合交付使用条件的商品房按期交付给买受人。未能按期交付的，房地产开发企业应当承担违约责任。商品住房交付使用条件应包括工程经竣工验收合格并在当地主管部门备案、配套基础设施和公共设施已建成并满足使用要求、北方地区住宅分户热计量装置安装符合设计要求、《住宅质量保证书》和《住宅使用说明书》制度已落实、商品住房质量责任承担主体已明确、前期物业管理已落实。房地产开发企业在商品住房交付使用时，应当向购房人出示上述相关证明资料。

（32）商品房保修

房地产开发企业应当对所售商品房承担质量保修责任。当事人应当在合同中就保修范围、保修期限、保修责任等内容作出约定。保修期从交付之日起计算。在保修期限内发生的属于保修范围的质量问题，房地产开发企业应当履行保修义务，并对造成的损失承担赔偿责任。因不可抗力或者使用不当造成的损坏，房地产开发企业不承担责任。

（33）物业管理

在业主、业主大会选聘物业服务企业之前，房地产开发企业选聘物业服务企业的，应当签订书面的前期物业服务合同。在业主委员会成立后，应由业主委员会选聘物业服务企业。

复习思考题
1. 简述房地产开发与经营的基本概念。
2. 房地产项目开发中涉及哪些城市基础设施？
3. 房地产有限责任公司设立的条件有哪些？
4. 房地产股份有限公司设立的条件有哪些？
5. 房地产开发企业资质等级是如何划分的？一级资质的房地产开发企业应具备哪些条件？
6. 简述各级资质等级的房地产开发企业承担业务的范围。
7. 简述房地产的基本概念。
8. 简述居住房地产的概念和分类。
9. 简述商业房地产的概念和分类。
10. 简述城市综合体的基本概念。
11. 简述房地产项目开发与经营程序。
12. 居住房地产开发与经营程序中的主要工作有哪些？
13. 简述住宅产品的概念和类型。

第 2 章

房地产开发与经营中的招标与投标

> **本章要点**
> 本章首先从普遍适用的角度,介绍了招标投标含义、招标范围、招标要求、招标方式、招标投标的工作环节等内容。然后,结合房地产开发项目实际情况,介绍了房地产项目开发中的监理招标投标、勘察设计招标投标、施工招标投标、物业管理招标投标。本章的重点是施工招标投标。

2.1 招标投标概述

2.1.1 招标投标含义

招标是通过事先公布采购条件和要求,众多投标人按照同等条件进行竞争,招标人按照规定程序和标准从中选择订约方的过程。投标是投标人按照招标文件的要求并在规定的时间内提交投标文件的活动。招标投标是市场经济条件下进行大宗货物的买卖、工程建设项目的发包与承包以及服务项目的采购与提供时,所采用的一种交易方式。它的特点是,单一的买方设定包括功能、质量、期限、价格为主的标的,约请若干卖方通过投标进行竞争,买方从中选择优胜者并与其达成交易协议,随后按合同实现标的。

在房地产项目开发与经营中,招标人是房地产开发企业,招标对象是工程、货物和服务。工程,是指各类房屋建造、设备安装、管道线路敷设、装修装饰等建设以及附带的服务。货物,是指各种各样的物品,包括建筑材料、产品、设备等,以及货物供应附带的服务。服务,是指除工程和货物以外的任何采购对象,如勘察、设计、咨询、监理、物业服务等。

房地产项目的建设以招标投标的方式选择实施单位,是运用竞争机制来体现价值规律的科学管理模式。房地产项目的建设招标是招标人用招标文件将委托的工作内容和要求告之有兴趣参与竞争的投标人,让他们按规定条件提出实施计划和价格,然后通过评审比较选出信誉可靠、技术能力强、管理水平高、报价合理的可信赖单位(勘察设计单位、监理单位、施工单位、物业服务单位等),以合同形式委托其完成。各投标人依据自身能力和管理水平,按照招标文件规定的统一要求投标,争取获得实施资格。属于要约和承诺特殊表现形式的招标与投标是合同的形成过程,招标人与中标人签订明确双方权利义务的合同。

2.1.2 招标要求

房地产项目的建设应当按照建设管理程序进行。为了保证房地产项目的建设符合国家或地方总体发展规划,以及能使招标后工作顺利进行,因此不同标的的招标均需满足相应的条件。

(1) 前期准备应满足的要求
① 建设工程已批准立项。
② 向建设行政主管部门履行了报建手续，并取得批准。
③ 初步设计及概算已履行审批手续。
④ 建设资金能满足建设工程的要求，符合规定的资金到位率。
⑤ 建设用地已依法取得，并领取了《建设工程规划许可证》。
⑥ 技术资料能满足招标投标的要求。
⑦ 法律、法规、规章规定的其他条件。
(2) 对招标人招标能力的要求

为了保证招标行为的规范化和科学化，达到招标选择承包人的预期目的，招标人应满足以下要求。
① 有与招标工作相适应的经济、法律咨询和技术管理人员。
② 有组织编制招标文件的能力。
③ 有审查投标单位资质的能力。
④ 有组织开标、评标、定标的能力。

利用招标方式选择承包单位属于招标单位自主的市场行为，因此《招标投标法》规定，招标人具有编制招标文件和组织评标能力的，可以自行办理招标事宜，向有关行政监督部门进行备案即可。如果招标单位不具备上述要求，则需委托具有相应资质的中介机构代理招标。

(3) 招标代理机构的资格条件

招标代理机构是依法设立、从事招标代理业务并提供相关服务的社会中介组织。中介组织是指那些本身不从事生产经营和商品流通活动，而为专门从事生产经营和商品流通活动的主体提供各种服务的组织。

申请工程招标代理资格的机构应当具备下列条件。
① 是依法设立的中介组织，具有独立法人资格。
② 与行政机关和其他国家机关没有行政隶属关系或者其他利益关系。
③ 有固定的营业场所和开展工程招标代理业务所需设施及办公条件。
④ 有健全的组织机构和内部管理的规章制度。
⑤ 具备编制招标文件和组织评标的相应专业力量。
⑥ 具有可以作为评标委员会成员人选的技术、经济等方面的专家库。
⑦ 法律、行政法规规定的其他条件。

2.1.3 招标方式

根据《招标投标法》的规定，招标方式分为公开招标和邀请招标两大类。

(1) 公开招标

公开招标，是指招标人以招标公告的方式邀请不特定的法人或者其他组织投标。招标公告应当载明招标人的名称和地址，招标项目的性质、数量、实施地点和时间以及获取招标文件的办法等事项。

依法必须进行招标的项目的招标公告，应当通过国家指定的报刊、信息网络或者其他媒介发布。通过报刊发布招标公告是一种传统的信息发布方式，在国内外运用得比较广泛。在我国，《经济日报》、《人民日报》（海外版）、《中国日报》等都是标讯刊登较多的报刊。随着现代信息技术的发展，世界各国已经运用网站的方式发布招标公告，使信息传播更加快速、准确、方便和低成本，招标采购工作的质量和效率也进一步提高。在我国，中国采购与招标网（www.chinabidding.com.cn）作为我国政府唯一指定发布招标公告的网站，是标讯刊登较多的网站。随着科学技术的发展，还会出现信息的其他发布媒介，作为报刊和信息网络的补充。

公开招标的优点是，招标人可以在较广的范围内选择中标人，投标竞争激烈，有利于将工程项目的建设交予可靠的中标人实施并取得有竞争性的报价。公开招标的缺点是，由于申请投标人较多，一般要设置资格预审程序，而且评标的工作量也较大，所需招标时间长、费用高。

（2）邀请招标

邀请招标，是指招标人以投标邀请书的方式邀请特定的法人或者其他组织投标。招标人向预先选择的若干家具备相应资质、符合招标条件的法人或组织发出投标邀请书，将招标工程的概况、工作范围和实施条件等作出简要说明，请他们参加投标竞争。邀请对象的数目一般以 5~7 家为宜，不应少于 3 家。被邀请人同意参加投标后，从招标人处获取招标文件，按规定要求进行投标报价。

邀请招标的优点是，不需要发布招标公告和设置资格预审程序，节约招标费用和节省时间；由于对投标人以往的业绩和履约能力比较了解，减小了合同履行过程中承包方违约的风险。为了体现公平竞争和便于招标人选择综合能力最强的投标人中标，仍要求在投标书内报送表明投标人资质能力的有关证明材料，作为评标时的评审内容之一（通常称为资格后审）。邀请招标的缺点是，由于邀请范围较小、选择面窄，可能排斥了某些在技术或报价上有竞争实力的潜在投标人，因此投标竞争的激烈程度相对较差。

2.1.4　招标投标的工作环节

一个完整的招标投标过程，包括招标、投标、开标、评标和定标 5 个环节。

（1）招标

① 招标项目按照国家有关规定需要履行项目审批手续的，应当先履行审批手续，取得批准。招标人应当有进行招标项目的相应资金或者资金来源已经落实，并应当在招标文件中如实载明。

② 招标分为公开招标和邀请招标。

③ 招标人有权自行选择招标代理机构，委托其办理招标事宜。任何单位和个人不得以任何方式为招标人指定招标代理机构。

④ 招标人可以根据招标项目本身的要求，在招标公告或者投标邀请书中，要求潜在投标人提供有关资质证明文件和业绩情况。招标人不得以不合理的条件限制或者排斥潜在投标人，不得对潜在投标人实行歧视待遇。

⑤ 招标人应当根据招标项目的特点和需要编制招标文件。招标文件应当包括招标项目的技术要求、对投标人资格审查的标准、投标报价要求和评标标准等所有实质性要求和条件以及拟签订合同的主要条款。招标文件不得要求或者标明特定的生产供应者以及含有倾向或者排斥潜在投标人的其他内容。

招标文件是招标人向供应商或承包商发出的，旨在向其提供为编写投标文件所需的资料，并向其通报招标投标依据、规则、程序等项内容的书面文件。招标文件是招标投标过程中的最重要的文件之一。一般情况下，在发布招标公告或发出投标邀请书前，招标人或其委托的招标代理机构就应根据招标项目的特点和要求编制招标文件。

招标文件的内容大致可分为3类。第一类是关于编写和提交投标文件的规定，载入这些内容的目的是尽量减少符合资格的承包商或供应商由于不明确如何编写投标文件而处于不利地位或其投标遭到拒绝的可能性。第二类是关于对投标人资格审查的标准以及投标文件的评审标准和方法。这是为了提高招标过程的透明度和公平性，因而是非常重要的，也是必不可少的。第三类是关于合同的主要条款。其中，主要是商务性条款，有利于投标人了解中标后签订的合同的主要内容，明确双方各自的权利和义务。

招标文件一般应包括下列内容。

a. 投标人须知。这是招标文件中反映招标人的招标意图，投标人应该知晓和遵守的规则和说明。

b. 招标项目的性质、数量。

c. 技术规格。招标项目的技术规格或技术要求是招标文件中最重要的内容之一，是指招标项目在技术、质量方面的标准，如一定的大小、轻重、体积、精密度、性能等。技术规格或技术要求的确定往往是招标能否具有竞争性和达到预期目的的技术制约因素。因此，世界各国和有关国际组织都普遍要求招标文件规定的技术规格应采用国际或国内公认的、法定的标准。

d. 投标价格的要求及其计算方式。投标报价是招标人评标时衡量的重要因素。招标人在招标文件中应事先提出报价的具体要求及其计算方法。招标文件中应说明投标价格是固定不变的，或是采用调整价格。价格的调整方法及调整范围应在招标文件中明确。招标文件中还应列明投标价格的一种或几种货币。

e. 评标的标准和方法。评标时只能采用招标文件中已列明的标准和方法，不得另定。

f. 交货、竣工或提供服务的时间。

g. 投标人应当提供的有关资料和资信证明文件。

h. 投标保证金的数额或其他形式的担保。在招标投标程序中，如果投标人投标后擅自撤回投标，或者投标被接受后由于投标人的过错而不能缔结合同，那么招标人就可能遭受损失（如重新进行招标的费用和招标推迟而造成的损失等）。因此，招标人可以在招标文件中要求投标人提供投标保证金或其他形式的担保，以防止投标人的违约，并在投标人违约时得到补偿。投标保证金可以采用现金、支票、信用证、银行汇票，也可以是银行保函等。投标保证金的金额一般不得超过投标总价的2%，投标保证金有效期应当超出投标有效期30天。投标有效期是指招标文件中规定的一个以保证招标人有足够的时间完成评标并与中标人签订合同的日期，一般从投标人提交投标文件截止之日起计算。中标人确定后，应及时把投标保证金退还给中标人及落标的投标人。

i. 投标文件编制的要求。

j. 提供投标文件的方式、地点和截止时间。

k. 开标、评标、定标的日程安排。

l. 主要合同条款。合同条款应明确约定将要完成的工程范围、供货范围、招标人与投标人各自的权利和义务。

⑥ 招标人根据招标项目的具体情况，可以组织潜在投标人踏勘项目现场。招标公告或者投标邀请书发出后，所有对招标公告或者投标邀请书感兴趣的并有可能参加投标的人，称为潜在投标人。

⑦ 招标人不得向他人透露已获取招标文件的潜在投标人的名称、数量以及可能影响公平竞争的有关招标投标的其他情况。招标人设有标底的，标底必须保密。

⑧ 招标人对已发出的招标文件进行必要的澄清或者修改的，应当在招标文件要求提交投标文件截止时间至少 15 日前，以书面形式通知所有招标文件收受人。该澄清或者修改的内容为招标文件的组成部分。

⑨ 招标人应当确定投标人编制投标文件所需要的合理时间。但是，依法必须进行招标的项目，自招标文件开始发出之日起至投标人提交投标文件截止之日止，最短不得少于 20 日。

（2）投标

① 投标人应当具备承担招标项目的能力；国家有关规定对投标人资格条件或者招标文件对投标人资格条件有规定的，投标人应当具备规定的资格条件。

② 投标人应当按照招标文件的要求编制投标文件。投标文件应当对招标文件提出的实质性要求和条件作出响应。

投标人应到指定的地点购买招标文件，并准备投标文件。投标人应认真研究、正确理解招标文件的全部内容，并按要求编制投标文件。投标文件应当对招标文件提出的实质性要求和条件作出响应。"实质性要求和条件"是指招标文件中有关招标项目的价格、计划、技术规范、合同的主要条款。投标人必须严格按照招标文件填写，不得对招标文件进行修改，不得遗漏或者回避招标文件中的问题，更不能提出附带条件。投标文件通常可分为以下几种。

a. 商务文件。这类文件是用以证明投标人履行了合法手续及招标人了解投标人商业资信、合法性的文件。一般包括投标保函、投标人的授权书及证明文件、联合体投标人提供的联合体协议、投标人所代表的公司的资信证明等。如有分包商，还应出具资信文件供招标人审查。

b. 技术文件。如果是建设项目，则包括全部施工组织设计内容，用以评价投标人的技术实力和经验。技术复杂的项目对技术文件的编写内容及格式均有详细要求，投标人应当认真按照规定填写。

c. 价格文件。这是投标文件的核心，全部价格文件必须完全按照招标文件的规定格式编制，不允许有任何改动，如有漏填，则视为其已经包含在其他价格报价中。

③ 投标人应当在招标文件要求提交投标文件的截止时间前，将投标文件送达投标地点。招标人收到投标文件后，应当签收保存，不得开启。投标人少于 3 个的，招标人应当依法重新招标。在招标文件要求提交投标文件的截止时间后送达的投标文件，招标人应当拒收。

④ 投标人在招标文件要求提交投标文件的截止时间前，可以补充、修改或者撤回已提交的投标文件，并书面通知招标人。补充、修改的内容为投标文件的组成部分。

⑤ 投标人根据招标文件载明的项目实际情况，拟在中标后将中标项目的部分非主体、非关键性工作进行分包的，应当在投标文件中载明。

⑥ 两个以上法人或者其他组织可以组成一个联合体，以一个投标人的身份共同投标。联合体各方均应当具备承担招标项目的相应能力；国家有关规定或者招标文件对投标人资格条件有规定的，联合体各方均应当具备规定的相应资格条件。由同一专业的单位组成的联合体，按照资质等级较低的单位确定资质等级。

联合体各方应当签订共同投标协议，明确约定各方拟承担的工作和责任，并将共同投标协议连同投标文件一并提交招标人。联合体中标的，联合体各方应当共同与招标人签订合同，就中标项目向招标人承担连带责任。

招标人不得强制投标人组成联合体共同投标，不得限制投标人之间的竞争。

⑦ 投标人不得相互串通投标报价，不得排挤其他投标人的公平竞争，损害招标人或者其他投标人的合法权益。投标人不得与招标人串通投标，损害国家利益、社会公共利益或者他人的合法权益。禁止投标人以向招标人或者评标委员会成员行贿的手段谋取中标。

⑧ 投标人不得以低于成本的报价竞标，也不得以他人名义投标或者以其他方式弄虚作假，骗取中标。

（3）开标

所谓开标，就是在投标人提交投标文件截止时间以后，招标人依据招标文件规定的时间和地点，开启投标人提交的投标文件，公开宣布投标人的名称、投标价格及投标文件中的其他内容。

① 开标应当在招标文件确定的提交投标文件截止时间的同一时间公开进行；开标地点应当为招标文件中预先确定的地点。

② 开标由招标人或者招标人委托的招标代理机构主持，邀请所有投标人参加。

③ 开标时，由投标人或者其推选的代表检查投标文件的密封情况，也可以由招标人委托的公证机构检查并公证。经确认无误后，由工作人员当众拆封，宣读投标人名称、投标价格和投标文件的其他主要内容。招标人在招标文件要求提交投标文件的截止时间前收到的所有投标文件，开标时都应当众予以拆封、宣读。

开标过程应当记录，并存档备查。开标记录一般应对以下事项进行记载：有案号的，记载案号；招标项目的名称及数量摘要；投标人的名称；投标报价；开标日期；其他必要的事项。由主持人和其他工作人员签字确认。

（4）评标

评标是依据招标文件的规定和要求，对投标文件所进行的审查、评审和比较。

① 评标由招标人依法组建的评标委员会负责。依法必须进行招标的项目，其评标委员会由招标人的代表和有关技术、经济等方面的专家组成，成员人数为5人以上单数，其中技术、经济等方面的专家不得少于成员总数的2/3。评标委员会的专家应当从事相关领域工作满8年并具有高级职称或者具有同等专业水平，由招标人从国务院有关部门或者省、自治区、直辖市人民政府有关部门提供的专家名册或者招标代理机构的专家库内的相关专业的专家名单中确定。一般招标项目可以采取随机抽取方式，特殊招标项目可以由招标人直接确定。与投标人有利害关系的人不得进入相关项目的评标委员会，已经进入的应当更换。评标委员会成员的名单在中标结果确定前应当保密。在专家成员中，技术专家主要负责对投标中的技术部分进行评审；经济专家主要负责对投标中的报价等经济部分进行评审；法律专家则主要负责对投标中的商务和法律事务进行评审。

② 招标人应当采取必要的措施，保证评标在严格保密的情况下进行。任何单位和个人不得非法干预、影响评标的过程和结果。

③ 评标委员会可以要求投标人对投标文件中含义不明确的内容作必要的澄清或者说明，但是澄清或者说明不得超出投标文件的范围或者改变投标文件的实质性内容。

④ 评标委员会应当按照招标文件确定的评标标准和方法，对投标文件进行评审和比较，设有标底的，应当参考标底。评标委员会完成评标后，应当向招标人提出书面评标报告，并

推荐合格的中标候选人。招标人根据评标委员会提出的书面评标报告和推荐的中标候选人确定中标人。招标人也可以授权评标委员会直接确定中标人。

评标的标准，一般包括价格标准和价格标准以外的其他有关标准（又称"非价格标准"），以及如何运用这些标准来定标。非价格标准应尽可能客观和定量化。通常来说，在货物采购评标时，非价格标准主要有运费和保险费、付款计划、交货期、运营成本、货物的有效性和配套性、零配件和服务的供给能力、相关的培训、安全性和环境效益等。在服务采购评标时，非价格标准主要有投标人及参与提供服务的人员的资格、经验、信誉、可靠性、专业和管理能力。在工程采购评标时，非价格标准主要有工期、质量、施工人员和管理人员的素质、以往的经验等。

一般有以下3种评标方法。

a. 最低评标价法。评标委员会根据评标标准确定的每一投标不同方面的货币数额，然后将那些数额与投标价格放在一起来比较。估值后价格（即"评标价"）最低的投标可作为排序第一的备选投标。

b. 打分法。评标委员会根据评标标准对每一投标不同方面进行打分，累计得分最高的投标可作为排序第一的备选投标。

c. 合理最低投标价法。在满足招标文件各项要求的前提下，投标价格最低的投标可作为排序第一的备选投标。

在上述3种评标方法中，前两种方法可统称为"综合评标法"。

评标报告是评标委员会评标结束后提交给招标人的一份重要文件。在评标报告中，评标委员会不仅要推荐中标候选人，而且要说明推荐的具体理由。

评标报告应当如实记载以下内容。

a. 基本情况和数据表。

b. 评标委员会成员名单。

c. 开标记录。

d. 符合要求的投标一览表。

e. 废标情况说明。

f. 评标标准、评标方法或者评标因素一览表。

g. 经评审的价格或者评分比较一览表。

h. 经评审的投标人排序。

i. 推荐的中标候选人名单与签订合同前要处理的事宜。

j. 澄清、说明、补充事项纪要。

评标报告由评标委员会全体成员签字。对评标结论持有异议的评标委员可以以书面方式阐述其不同意见和理由。评标委员会成员拒绝在评标报告上签字且不陈述其不同意见和理由的，视为同意评标结论。评标委员会应当对此作出书面说明并记录在案。向招标人提交书面评标报告后，评标委员会即告解散。评标过程中使用的文件、表格及其他材料应当及时归还招标人。

⑤ 评标委员会成员应当客观、公正地履行职务，遵守职业道德，对所提出的评审意见承担个人责任。评标委员会成员不得私下接触投标人，不得收受投标人的财物或者其他好处。评标委员会成员和参与评标的有关工作人员不得透露对投标文件的评审和比较、中标候选人的推荐情况以及与评标有关的其他情况。

(5) 定标

① 中标人的投标应当符合下列条件之一。

a. 能够最大限度地满足招标文件中规定的各项综合评价标准。

b. 能够满足招标文件的实质性要求,并且经评审的投标价格最低,但是投标价格低于成本的除外。

这里所指的成本,应该是投标人的个别成本,而不是社会平均成本。由于投标人技术和管理等方面的原因,其个别成本有可能低于社会平均成本。投标人以低于社会平均成本但不低于其个别成本的价格投标,是应该受到保护和鼓励的。如果投标人的价格低于自己的个别成本,则意味着投标人取得合同后,可能为了节省开支而想方设法偷工减料、粗制滥造,给招标人造成不可挽回的损失。如果投标人以排挤其他竞争对手为目的,以低于个别成本的价格投标,则构成低价倾销的不正当竞争行为,违反我国《价格法》和《反不正当竞争法》的有关规定。

② 评标委员会经评审,认为所有投标都不符合招标文件要求的,可以否决所有投标。依法必须进行招标的项目的所有投标被否决的,招标人应当依法重新招标。

③ 在确定中标人前,招标人不得与投标人就投标价格、投标方案等实质性内容进行谈判。

④ 招标人根据评标委员会的评标报告,在推荐的中标候选人中最后确定中标人。在某些情况下,招标人也可以直接授权评标委员会直接确定中标人。

⑤ 中标人确定后,招标人应当向中标人发出中标通知书,并同时将中标结果通知所有未中标的投标人。中标通知书对招标人和中标人具有法律效力。中标通知书发出后,招标人改变中标结果的,或者中标人放弃中标项目的,应当依法承担法律责任。

⑥ 招标人和中标人应当自中标通知书发出之日起 30 日内,按照招标文件和中标人的投标文件订立书面合同。招标人和中标人不得再行订立背离合同实质性内容的其他协议。招标文件要求中标人提交履约保证金的,中标人应当按时提交。

⑦ 招标人在与中标人签订合同后 5 个工作日内,应当向中标人和未中标的投标人退还投标保证金。

⑧ 依法必须进行招标的项目,招标人应当自确定中标人之日起 15 日内,向有关行政监督部门提交招标投标情况的书面报告。

⑨ 中标人应当按照合同约定履行义务,完成中标项目。中标人不得向他人转让中标项目,也不得将中标项目肢解后分别向他人转让。中标人按照合同约定或者经招标人同意,可以将中标项目的部分非主体、非关键性工作分包给他人完成。接受分包的人应当具备相应的资格条件,并不得再次分包。中标人应当就分包项目向招标人负责,接受分包的人就分包项目承担连带责任。

2.2 监理招标投标

2.2.1 监理招标的特点

(1) 招标宗旨是对监理单位能力的选择

监理服务是监理单位的高智能投入,服务工作完成的好坏不仅依赖于执行监理业务是否遵循了规范化的管理程序和方法,更多地取决于参与监理工作人员的业务专长、经验、判断能力以及风险意识。因此,招标选择监理单位时,鼓励的是能力竞争,而不是价格竞争。如果对监理单位的资质和能力不给予足够重视,只依据报价高低确定中标人,就忽视了高质量服务。

(2) 报价在选择中居于次要地位

工程项目的施工、物资供应招标选择中标人的原则是,在技术上达到要求标准的前提下,主要考虑价格的竞争性。监理招标对能力的选择放在第一位,因为当价格过低时监理单位很难把招标人的利益放在第一位,为了维护自己的经济利益采取减少监理人员数量或多派业务水平低、工资低的人员,其后果必然导致对工程项目的损害。另外,监理单位提供高质量的服务,往往能使招标人获得节约工程投资和提前投入使用的实际效益。因此,过多考虑报价因素得不偿失。但从另一个角度来看,服务质量与价格之间应有相应的平衡关系,所以招标人应在能力相当的投标人之间再进行价格比较。

(3) 邀请投标人较少

选择监理单位一般采用邀请招标,且邀请数量以 3~5 家为宜。因为监理招标是对知识、技能和经验等方面综合能力的选择,每一份标书内都会提出具有独特见解或创造性的实施建议,但又各有长处和短处。如果邀请过多投标人参与竞争,不仅要增大评标工作量,而且定标后还要给予未中标人以一定补偿费,不一定能取得很好的效果。

2.2.2 委托监理工作的范围

监理招标发包的范围,既包括阶段范围,也包括工程范围。

(1) 阶段范围

目前,建设工程监理定位于工程施工阶段,工程监理单位受建设单位委托,按照建设工程监理合同约定,在工程勘察、设计、保修等阶段提供的服务活动均为相关服务。

(2) 工程范围

既可以对整个工程项目进行监理招标,也可以将单项工程、单位工程的监理分别招标。

2.2.3 招标文件

监理招标实际上是征询投标人实施监理工作的方案建议。为了指导投标人正确编制投标书,招标文件应包括以下几方面内容,并提供必要的资料。

① 投标须知。

a. 工程项目综合说明。包括项目的主要建设内容、规模、工程等级、地点、总投资、现场条件、开竣工日期。

b. 委托的监理范围和监理业务。

c. 投标文件的格式、编制、递交。

d. 无效投标文件的规定。

e. 投标起止时间、开标、评标、定标时间和地点。

f. 招标文件、投标文件的澄清与修改。

g. 评标的原则等。

② 合同条件。

③ 业主提供的现场办公条件(包括交通、通信、住宿、办公用房等)。

④ 对监理单位的要求。包括对现场监理人员、检测手段、工程技术难点等方面的要求。

⑤ 有关技术规定。

⑥ 必要的设计文件、图纸和有关资料。

⑦ 其他事项。

2.2.4 评标

(1) 对投标文件的评审

评标委员会对各投标书进行审查评阅，主要考察以下几方面的合理性。

① 投标人的资质。包括资质等级、批准的监理业务范围、主管部门或股东单位、人员综合情况等。

② 监理大纲。

③ 拟派项目的主要监理人员（重点审查总监理工程师和主要专业监理工程师）。

④ 人员派驻计划和监理人员的素质（通过人员的学历证书、职称证书和资格证书反映）。

⑤ 监理单位提供用于工程的检测设备和仪器，或委托有关单位检测的协议。

⑥ 近几年监理单位的业绩及奖惩情况。

⑦ 监理费报价和费用组成。

⑧ 招标文件要求的其他情况。

在审查过程中，对投标书不明确之处可采用澄清问题会的方式请投标人予以说明，并可通过与拟任总监理工程师的会谈，考查他的风险意识、对业主建设意图的理解、应变能力、管理目标的设定等素质的高低。

(2) 对投标文件的比较

监理评标的量化比较通常采用综合评分法对各投标人的综合能力进行对比。依据招标项目的特点设置评分内容和分值的权重。招标文件中说明的评标原则和预先确定的记分标准开标后不得更改，作为评标委员的打分依据。

某项目施工监理招标的评分内容及分值分配见表2-1。

表2-1 某项目施工监理招标的评分内容及分值分配

评审内容		分值/分
投标人资质等级及总体素质		10~15
监理规划或监理大纲		10~20
监理机构	总监理工程师资格及业绩	10~20
	专业配套	5~10
	职称、年龄结构等	5~10
	各专业监理工程师资格及业绩	10~15
监理取费		5~10
检测仪器、设备		5~10
监理单位业绩		10~20
企业奖惩及社会信誉		5~10
总计		100

可以看出，监理招标的评标主要侧重于监理单位的资质能力、实施监理任务的计划和派驻现场监理人员的素质。

2.3 勘察设计招标投标

2.3.1 勘察招标概述

招标人委托勘察任务的目的是为项目选址和进行设计工作取得现场的实际依据资料，有时可能还要包括某些科研工作内容。

(1) 委托工作内容

由于房地产开发项目的性质、规模、复杂程度以及建设地点的不同，设计前所需的勘察也就各不相同，有下列 8 大类别：

① 自然条件观测；
② 地形图测绘；
③ 资源探测；
④ 岩土工程勘察；
⑤ 地震安全性评价；
⑥ 工程水文地质勘察；
⑦ 环境评价和环境基底观测；
⑧ 模型试验和科研。

(2) 勘察招标的特点

如果仅委托勘察任务而无科研要求，委托工作大多属于用常规方法实施的内容。任务明确具体，可以在招标文件中给出任务的数量指标，如地质勘探的孔位、眼数、总钻探进尺长度等。

勘察任务可以单独发包给具有相应资质的勘察单位实施，也可以将其包括在设计招标任务中。由于勘察工作所取得的工程项目所需技术基础资料是设计的依据，必须满足设计的需要，因此将勘察任务包括在设计招标的发包范围内，由具有相应能力的设计单位完成或由其再去选择承担勘察任务的分包单位，对招标人较为有利。勘察设计总承包与分为两个合同分别承包比较，不仅在合同履行过程中招标人和监理单位可以摆脱实施过程中可能遇到的协调义务，而且能使勘察工作直接根据设计需要进行，满足设计对勘察资料精度、内容和进度的要求，必要时还可以进行补充勘察工作。

2.3.2 设计招标概述

设计的优劣对房地产项目建设的成败有着至关重要的影响。以招标投标方式委托设计任务，是为了让设计的技术和成果作为有价值的商品进入市场，打破地区、部门的界限开展设计竞争，通过招标择优确定实施单位，达到拟建项目能够采用先进的技术和工艺、降低工程造价、缩短建设周期和提高投资效益的目的。设计招标的特点是投标人将招标人对项目的设想变为可实施方案的竞争。

(1) 招标发包的工作范围

一般工程项目的设计分为初步设计和施工图设计两个阶段进行，对技术复杂而又缺乏经验的项目，在必要时还要增加技术设计阶段。为了保证设计指导思想连续地贯彻于设计的各个阶段，一般多采用技术设计招标或施工图设计招标，不单独进行初步设计招标，由中标的设计单位承担初步设计任务。招标人应依据工程项目的具体特点决定发包的工作范围，可以采用设计全过程总发包的一次性招标，也可以选择分单项或分专业的发包招标。

(2) 设计招标特点

设计招标不同于项目实施阶段的施工招标、材料供应招标、设备订购招标，其特点表现为承包任务是投标人通过自己的智力劳动，将招标人对建设项目的设想变为可实施的蓝图。因此，设计招标文件对投标人所提出的要求不那么明确具体，只是简单介绍房地产项目的实施条件、预期达到的技术经济指标、投资限额、进度要求等。投标人按规定分别报出项目的构思方案、实施计划和报价。招标人通过开标、评标程序对各方案进行比较选择后确定中标人。

(3) 设计招标文件

方案竞选的设计招标文件是指导投标人正确编标报价的依据，既要全面介绍拟建工程项目的特点和设计要求，还要详细提出应当遵守的投标规定。

招标文件通常由招标人委托有资质的中介机构准备，应包括以下几方面内容。

① 投标须知。包括所有对投标要求的有关事项。

② 设计依据文件。包括设计任务书及经批准的有关行政文件复印件。

③ 项目说明书。包括工作内容、设计范围和深度、建设周期和设计进度要求等方面的内容，并告知建设项目的总投资限额。

④ 合同的主要条件。

⑤ 设计依据资料。包括提供设计所需资料的内容、方式和时间。

⑥ 组织现场考察和召开标前会议的时间、地点。

⑦ 投标截止日期。

⑧ 招标可能涉及的其他有关内容。

(4) 对投标人的资格审查

无论是公开招标时对申请投标人的资格预审，还是邀请招标时采用的资格后审，审查基本内容相同。

① 资格审查。从证书的种类、证书级别、允许承接的任务范围等方面对投标人的资格进行审查。

a. 证书的种类。国家和地方建设主管部门颁发的资格证书，分为《工程勘察证书》和《工程设计证书》。如果勘察任务合并在设计招标中，投标人必须同时拥有两种证书。若仅持有《工程设计证书》的投标人准备将勘察任务分包，则必须同时提交分包人的《工程勘察证书》。

b. 证书级别。工程勘察资质分为工程勘察综合资质、工程勘察专业资质、工程勘察劳务资质。工程勘察综合资质只设甲级。工程勘察专业资质设甲级、乙级，根据工程性质和技术特点，部分专业可以设丙级。工程勘察劳务资质不分等级。工程设计资质分为工程设计综合资质、工程设计行业资质、工程设计专业资质和工程设计专项资质。工程设计综合资质只设甲级。工程设计行业资质、工程设计专业资质、工程设计专项资质设甲级、乙级，根据工程性质和技术特点，个别行业、专业、专项资质可以设丙级，建筑工程专业资质可以设丁级。不允许低资质投标人承接高等级工程的勘察、设计任务。

c. 允许承接的任务范围。由于工程项目的勘察和设计有较强的专业性要求，还需审查证书批准允许承揽工作范围是否与招标项目的专业性质一致。

② 能力审查。判定投标人是否具备承担发包任务的能力，通常审查人员的技术力量和所拥有的技术设备两方面。人员的技术力量主要考查设计负责人的资质和能力，以及各类设计人员的专业覆盖面、人员数量、各级职称人员的比例等是否满足工程设计的需要。审查设备能力，主要是审核开展正常勘察或设计所需的器材和设备在种类、数量方面是否满足要求。不仅看其总拥有量，还应审查完好程度和在其他工程上的占用情况。

③ 经验审查。通过投标人报送的最近几年完成工程项目表，评定投标人的设计能力和

水平。侧重于考查已完成的设计项目与招标工程在规模、性质、形式上是否相适应。

(5) 评标

① 设计投标书的评审。主要从以下几个方面进行评审。

a. 设计方案的优劣。设计方案评审内容主要包括：设计指导思想是否正确；设计方案是否反映了国内外同类工程项目较先进的水平；总体布置的合理性，场地利用系数是否合理；设备选型的适用性；主要建筑物、构筑物的结构是否合理，造型是否美观大方并与周围环境协调，以及其他有关问题。

b. 投入、产出经济效益比较。主要涉及以下几个方面：建筑标准是否合理、投资估算是否超过限额、先进的工艺流程可能带来的投资回报。

c. 设计进度快慢。评价投标书内的设计进度计划，看其能否满足招标人制订的项目建设总进度计划要求。大型复杂的工程项目为了缩短建设周期，初步设计完成后就进行施工招标，在施工阶段陆续提供施工详图。此时，应重点审查设计进度是否能满足施工进度要求，避免妨碍或延误施工的顺利进行。

d. 设计资历和社会信誉。不设置资格预审的邀请招标，在评标时还应进行资格后审，作为评审比较条件之一。

e. 报价的合理性。在方案水平相当的投标人之间再进行设计报价的比较，不仅评定总价，还应审查各分项取费的合理性。

② 勘察投标书的评审。勘察投标书主要评审以下几个方面：勘察方案是否合理、勘察技术水平是否先进、各种所需勘察数据能否准确可靠、报价是否合理。

2.4 施工招标投标

2.4.1 施工招标的特点

与设计招标和监理招标比较，施工招标的特点是发包的工作内容明确、具体，各投标人编制的投标书在评标时易于进行横向对比。虽然投标人按招标文件的工程量表中既定的工作内容和工程量编标报价，但价格的高低并非是确定中标人的唯一条件，投标过程实际上是各投标人完成该项任务的技术、经济、管理等综合能力的竞争。

2.4.2 施工招标的发包工作范围

为了规范建筑市场有关各方的行为，《中华人民共和国建筑法》和《中华人民共和国招标投标法》明确规定不允许采用肢解发包。一个独立合同招标发包的工作范围如下。

(1) 全部工程招标

将项目建设的所有土建、安装施工工作内容一次性招标发包。

(2) 单项工程招标

单项工程是指在建设项目中有独立设计文件，建成后能独立发挥效益或生产设计规定产品的车间生产线或独立工程等，它由若干个单位工程组成。

(3) 单位工程招标

单位工程是指能独立组织施工的工程，是单项工程的组成部分。施工招标发包的最小单位为单位工程，不能将单位工程肢解成分部、分项工程进行招标。

2.4.3 施工招投标的主要内容

(1) 项目招标条件

房地产开发项目应当具备下列条件才能进行施工招标：
① 招标人已经依法成立；
② 初步设计及概算应当履行审批手续的，已经批准；
③ 招标范围、招标方式和招标组织形式等应当履行核准手续的，已经核准；
④ 有相应资金或资金来源已经落实；
⑤ 有招标所需的设计图纸及技术资料。

（2）招标方式

施工招标分为公开招标和邀请招标。采用公开招标方式的，招标人应当发布招标公告，邀请不特定的法人或者其他组织投标。依法必须进行施工招标项目的招标公告，应当在国家指定的报刊和信息网络上发布。采用邀请招标方式的，招标人应当向 3 家以上具备承担施工招标项目的能力、资信良好的特定的法人或者其他组织发出投标邀请书。

（3）招标公告或者投标邀请书的内容

招标公告或者投标邀请书应当至少载明下列内容：
① 招标人的名称和地址；
② 招标项目的内容、规模、资金来源；
③ 招标项目的实施地点和工期；
④ 获取招标文件或者资格预审文件的地点和时间；
⑤ 对招标文件或者资格预审文件收取的费用；
⑥ 对招标人的资质等级的要求。

（4）资格审查

资格审查分为资格预审和资格后审。资格预审，是指在投标前对潜在投标人进行的资格审查。资格后审，是指在开标后对投标人进行的资格审查。进行资格预审的，一般不再进行资格后审，但招标文件另有规定的除外。采取资格预审的，招标人应当在资格预审文件中载明资格预审的条件、标准和方法；采取资格后审的，招标人应当在招标文件中载明对投标人资格要求的条件、标准和方法。招标人不得改变载明的资格条件或者以没有载明的资格条件对潜在投标人或者投标人进行资格审查。经资格预审后，招标人应当向资格预审合格的潜在投标人发出资格预审合格通知书，告知获取招标文件的时间、地点和方法，并同时向资格预审不合格的潜在投标人告知资格预审结果。资格预审不合格的潜在投标人不得参加投标。经资格后审不合格的投标人的投标应作废标处理。

资格审查应主要审查潜在投标人或者投标人是否符合下列条件：
① 具有独立订立合同的权利；
② 具有履行合同的能力，包括专业、技术资格和能力，资金、设备和其他物质设施状况，管理能力，经验、信誉和相应的从业人员；
③ 没有处于被责令停业，投标资格被取消，财产被接管、冻结，破产状态；
④ 在最近 3 年内没有骗取中标和严重违约及重大工程质量问题；
⑤ 法律、行政法规规定的其他资格条件。

（5）招标文件

根据《房屋建筑和市政工程标准施工招标文件》的规定，房屋建筑工程招标文件一般包括下列内容。

第一卷

第一章　招标公告（未进行资格预审）
第一章　投标邀请书（适用于邀请招标）
第一章　投标邀请书（代资格预审通过通知书）
第二章　投标人须知
第三章　评标办法（经评审的最低投标价法）
第三章　评标办法（综合评估法）
第四章　合同条款及格式
第五章　工程量清单
第二卷
第六章　图纸
第三卷
第七章　技术标准和要求
第四卷
第八章　投标文件格式

（6）标底

招标人可根据项目特点决定是否编制标底。编制标底的，标底编制过程和标底必须保密。招标项目编制标底的，应根据批准的初步设计、投资概算，依据有关计价办法，参照有关工程定额，结合市场供求状况，综合考虑投资、工期和质量等方面的因素合理确定。标底由招标人自行编制或委托中介机构编制。一个工程只能编制一个标底。招标项目可以不设标底，进行无标底招标。

（7）投标文件

房屋建筑工程投标文件一般包括下列内容：

① 投标函及投标函附录；　　　⑦ 施工组织设计；
② 法定代表人身份证明；　　　⑧ 项目管理机构；
③ 授权委托书；　　　　　　　⑨ 拟分包计划表；
④ 联合体协议书；　　　　　　⑩ 资格审查资料；
⑤ 投标保证金；　　　　　　　⑪ 其他材料。
⑥ 已标价工程量清单；

（8）开标、评标和定标

① 开标应当在招标文件确定的提交投标文件截止时间的同一时间公开进行；开标地点应当为招标文件中确定的地点。

② 评标活动应按以下5个步骤进行：
　a. 评标准备；　　　　　　　c. 详细评审；
　b. 初步评审；　　　　　　　d. 澄清、说明或补正；
　e. 推荐中标候选人或者直接确定中标人及提交评标报告。

③ 评标办法。

a. 经评审的最低投标价法。评标委员会对满足招标文件实质要求的投标文件，根据量化因素及量化标准进行价格折算，按照经评审的投标价由低到高的顺序推荐中标候选人，或根据招标人授权直接确定中标人，但投标报价低于其成本的除外。经评审的投标价相等时，投标报价低的优先；投标报价也相等的，由招标人自行确定。

b. 综合评估法。评标委员会对满足招标文件实质性要求的投标文件，按照评分标准打分，并按得分由高到低顺序推荐中标候选人，或根据招标人授权直接确定中标人，但投标报价低于其成本的除外。综合评分相等时，以投标报价低的优先；投标报价也相等的，由招标人自行确定。

④ 评标委员会在对实质上响应招标文件要求的投标进行报价评估时，除招标文件另有约定外，应当按下述原则进行修正。

a. 用数字表示的数额与用文字表示的数额不一致时，以文字数额为准。

b. 单价与工程量的乘积与总价之间不一致时，以单价为准。若单价有明显的小数点错位，应以总价为准，并修改单价。

⑤ 评标委员会完成评标后，应向招标人提出书面评标报告。评标报告由评标委员会全体成员签字。评标委员会提出书面评标报告后，招标人一般应当在 15 日内确定中标人，但最迟应当在投标有效期结束日 30 个工作日前确定。评标委员会推荐的中标候选人应当限定在 1 至 3 人，并标明排列顺序。

⑥ 招标人应当接受评标委员会推荐的中标候选人，不得在评标委员会推荐的中标候选人之外确定中标人。依法必须进行招标的项目，招标人应当确定排名第一的中标候选人为中标人。排名第一的中标候选人放弃中标、因不可抗力提出不能履行合同，或者招标文件规定应当提交履约保证金而在规定的期限内未能提交的，招标人可以确定排名第二的中标候选人为中标人。排名第二的中标候选人因同样原因不能签订合同的，招标人可以确定排名第三的中标候选人为中标人。招标人可以授权评标委员会直接确定中标人。

⑦ 中标通知书由招标人发出，中标通知书对招标人和中标人具有法律效力。中标通知书发出后，招标人改变中标结果的，或者中标人放弃中标项目的，应当依法承担法律责任。

⑧ 招标人和中标人应当自中标通知书发出之日起 30 日内，按照招标文件和中标人的投标文件订立书面合同。招标人和中标人不得再行订立背离合同实质性内容的其他协议。招标文件要求中标人提交履约保证金或者其他形式履约担保的，中标人应当提交；拒绝提交的，视为放弃中标项目。招标人要求中标人提供履约保证金或其他形式履约担保的，招标人应当同时向中标人提供工程款支付担保。招标人与中标人签订合同后 5 个工作日内，应当向未中标的投标人退还投标保证金。

⑨ 依法必须进行施工招标的项目，招标人应当自发出中标通知书之日起 15 日内，向有关行政监督部门提交招标投标情况的书面报告。

书面报告至少应包括下列内容：

a. 招标范围；

b. 招标方式和发布招标公告的媒介；

c. 招标文件中投标人须知、技术条款、评标标准和方法、合同主要条款等内容；

d. 评标委员会的组成和评标报告；

e. 中标结果。

2.5 物业管理招标投标

2.5.1 物业管理招标投标概述

物业管理招标投标包括招标和投标两个部分，是指由招标人发出招标公告，由若干投标人共同投标,最后由招标人通过对各投标人所提交的价格、质量以及投标人的技术水平、资质等级、信誉程度和财务状况等因素进行综合比较,确定其中条件最佳的投标人为中标人,并与之最终签订合同的过程。

物业管理招标投标分为前期物业管理的招标投标和业主、业主大会选聘物业服务企业的招投标,两者除了招标人不同之外,在程序上大体相同。前期物业管理是指在业主、业主大会选聘物业服务企业之前,由建设单位选聘物业服务企业实施的物业管理。按照《物业管理条例》的规定,在业主、业主大会选聘物业服务企业之前,建设单位选聘物业服务企业的,应当签订书面的前期物业服务合同。业主、业主大会选聘物业服务企业从事物业管理活动的,即为通常意义上的物业管理,业主或者业主大会与物业服务企业所签订的合同,称为物业服务合同。

2.5.2 物业管理招标投标特点

（1）超前性

物业管理招标投标的超前性是由物业管理的提前介入决定的。

（2）长期性和阶段性

由于物业本身的使用年限较长,因而使物业管理工作具备了长期性的特点,同时,也导致了物业管理招标投标的长期性。而阶段性是指不管是建设单位与选聘的物业服务企业签订的前期物业服务合同,还是业主、业主大会与选聘的物业服务企业签订的物业服务合同,都有一个合同期限的问题。合同届满,双方可续签,也可解约。一旦解约,业主、业主大会就要重新选聘新的物业服务企业,从而导致了物业管理招标投标具有阶段性的特点。

（3）严肃性

当物业服务企业获得招标信息或接到投标邀请书后,应慎重考虑是否参与投标。如果参与投标,就要对所投标的项目以及有关问题进行调查研究,并作可行性分析。投标书提交后,不得随意更改,一旦中标,不得悔标,否则将会承担法律责任。

（4）约束性

这种约束对招标投标双方都一样。在国际惯例中,为了保证投标报价的严肃性和招标投标的顺利进行,投标者须在递交标书的同时缴纳一定数量的投标保证金。如果一旦被确定为中标人,招标人和中标人应当在规定的日期内,按照招标文件、中标人的投标文件和现场答辩记录来订立书面的物业服务合同。

2.5.3 物业管理招标投标程序

2.5.3.1 物业管理招标程序

（1）招标准备阶段

招标准备阶段是指从决定招标到正式发布招标公告之前这一阶段。在这个阶段主要完成以下工作。

① 成立招标机构。招标机构的职责是拟定招标章程和招标文件；组织投标、开标、评标和定标；组织签订合同等。

② 编制招标文件。招标文件既是投标人编制投标文件的依据,又是招标人与中标人商定合同的基础。一般应明确投标人递交投标文件的程序、标的情况、评标标准以及合同条件等。

③ 制定标底。标底是招标人为准备招标的内容计算出的一个合理的基本价格，作为招标人审核报价、评标和定标的重要依据。

（2）招标实施阶段

招标的实施阶段主要包括：发布招标公告或投标邀请书、出售招标文件、组织资格预审、召开标前会议、开标、评标和定标。

（3）招标结束阶段

包括合同的签订与履行，以及资料的整理与归档等工作。

2.5.3.2 物业管理投标程序

（1）投标的前期阶段

① 取得投标资格。物业服务企业在国内从事投标业务，必须取得《企业法人营业执照》和《物业服务企业资质证书》。物业服务企业参与国际投标的，应根据招标物业所在国的规定，履行必要的手续，在招标物业所在国注册和选择代理人。

② 筹措资金。投标企业应根据自身财务状况及招标物业管理所需资金做好资金筹措准备，以使自己有足够资金通过投标资格预审。

③ 搜集招标物业相关资料。招标物业的相关资料是物业服务企业进行投标可行性研究必不可少的重要因素。物业服务企业在投标前应多渠道、全方位地搜寻包括招标公司和招标物业的具体情况以及投标竞争对手的情况等资料。

④ 进行投标可行性分析。投标企业在提出投标申请前要做好投标可行性分析，主要包括招标物业条件分析、本企业投标条件分析、竞争者分析和风险分析。

⑤ 申请资格预审。在分析了上述条件后，可初步确定是否参与投标。若决定参与投标，则可提请资格预审，企业在申请资格预审时，应按时提交招标文件要求的证明材料。

（2）投标的实施阶段

① 取得并熟悉招标文件。通过资格预审的物业服务企业应按规定程序购买招标文件。收到投标邀请书的物业服务企业可直接到发出邀请书的开发商或业主委员会处购买招标文件。仔细研究招标文件中的各项规定，例如开标时间、定标时间、投标保证金数额等。

② 考察物业现场并参加标前会议。熟悉了招标文件后，物业服务企业应对物业现场进行实地考察。通常情况下，招标人会组织参与各投标的物业服务企业统一参观现场，并召开标前会议。标前会议的记录和各种问题的统一解释或答复，应被视为招标文件的组成部分。

③ 明确管理服务内容和工作量。物业服务企业根据招标文件中的物业情况、管理服务范围与要求，明确管理服务内容与工作量。

④ 制订资金计划。

⑤ 标价计算。计算前，投标者应确保做到以下几点：明确领会招标文件中的各项服务要求、经济条件；计算或复核服务工作量；掌握物业现场基础信息；掌握标价计算所需要的各种单价、费率、费用；拥有分析所需的适合当地条件的经验数据。同时，确定单价时还必须根据竞争对手的状况从战略战术上进行研究分析。

⑥ 标价评估与调整。对于计算结果，投标者应该经过评估才能最后确定标价。现行标价的评估内容主要包括两方面：一是价格类比；二是竞争形势分析。分析之后，便可进行标价调整，确定最终标价。

⑦ 办理投标保函。由于投标者一旦中标就必须履行受标的义务，为防止投标人违约给

招标单位带来经济上的损失,在投递投标书时,招标单位通常要求投标单位出具一定金额和期限的保证文件,以确保在投标单位中标后不能履约时,招标单位可通过这笔投标保证金作为因投标人的不诚信行为给招标单位所造成的损失的补偿。

⑧ 编制标书。投标人在作出投标报价决策之后,就应当按照招标文件的要求编制标书。一份好的投标书必须符合以下三个要求:要符合招标书的要求、符合本物业管理的实际需求、充分反映本企业的管理特点与长处。投标书应包括以下内容:本企业情况介绍、管理质量目标和承诺、管理运作机构设置、人员配置和编制、管理费用、管理规章制度、中标后工作计划等。

⑨ 封送标书与保函。全部标书文件编制好以后,投标人就可派专人或通过邮寄方式将标书投送给招标人。封送标书的一般惯例是,投标人应将投标文件按照招标文件的要求,准备正本和副本(正本一份、副本两份),用内外两层封套分别包装与密封,写明投递地址和收件人,并注明投标文件的编号、物业名称、"在开标日期之前不要启封"等字样。

⑩ 现场答辩。现场答辩是投标实施阶段的最后环节,分为公开招标现场答辩会和邀请招标答辩会两种。

(3) 投标的结束阶段

投标的结束阶段也就是定标后的工作,主要包括中标后的合同签订与履行,或未中标的总结和资料整理与归档等工作。

① 中标后的合同签订与履行。经过评标与定标后,招标方及时发函通知中标企业。中标企业在接到中标通知后,便进入合同的签订阶段。物业服务合同的签订需经过签订前谈判、签订谅解备忘录、发送中标函、签订合同协议书等步骤。

② 未中标的总结。未中标的企业在收到竞标失利的通知后,应及时地分析本次失利的原因,为以后的投标工作提供经验和参考。

③ 资料整理与归档。无论是否中标,在竞标结束后,都应将投标过程中的一些重要文件进行分类归档保存,这样既可以为中标企业在合同履行中解决争议提供原始依据,也可以为竞标失利的企业分析失败原因提供资料。通常这些文档资料主要有:招标文件,招标附件及相关图纸,对招标文件进行澄清和修改的会议记录与书面文件,投标文件及标书,同招标方的来往信件和其他重要文件资料等。

复习思考题

1. 简述招标投标的含义。
2. 招标投标的对象分为哪几类?
3. 招标代理机构应当具备哪些条件?
4. 招标有哪几种方式?
5. 招标公告应当载明哪些内容?
6. 评标报告一般应包括哪些内容?
7. 中标人的投标应当符合什么条件?
8. 监理招标的招标文件应包括哪几方面内容?
9. 设计招标文件应包括哪几方面内容?
10. 房地产开发项目应当具备哪些条件才能进行施工招标?
11. 施工招标的资格审查应主要审查潜在投标人或者投标人哪些条件?

12. 施工招标有哪几种评标方法。
13. 房屋建筑工程施工招标的招标文件应包括哪几方面内容?
14. 房屋建筑工程施工投标的投标文件应包括哪几方面内容?
15. 物业管理招标投标有哪些特点?
16. 简述物业管理招标和投标的程序。

第 3 章

房地产开发与经营中的合同管理

> **本章要点**
>
> 房地产开发企业是一种投资型企业。随着社会分工细化、专业化程度的提高,房地产开发企业在房地产项目开发与经营中,把很多工作通过合同的形式发包或委托给其他专业化单位来完成,因此围绕房地产项目所进行的合同管理应是市场经济条件下房地产开发企业的一项重要工作。本章介绍了房地产项目开发与经营过程中涉及的主要合同的性质、合同的概念、合同的种类、合同的主要条款、合同订立的程序、房地产开发企业的合同管理、建设工程监理合同、建设工程勘察、设计合同、建设工程施工合同、房屋租赁合同、商品房买卖合同和物业服务合同等内容。本章的重点是建设工程施工合同和商品房买卖合同。

3.1 概述

3.1.1 《中华人民共和国合同法》简介

《中华人民共和国合同法》(以下简称《合同法》)于1999年3月15日第九届全国人民代表大会第二次会议通过,自1999年10月1日起施行。《合同法》共23章、428条。这23章是:一般规定,合同的订立,合同的效力,合同的履行,合同的变更和转让,合同的权利义务终止,违约责任,其他规定,买卖合同,供用电、水、气、热力合同,赠与合同,借款合同,租赁合同,融资租赁合同,承揽合同,建设工程合同,运输合同,技术合同,保管合同,仓储合同,委托合同,行纪合同,居间合同。

《合同法》是民法的重要组成部分。《合同法》调整范围如下。第一,《合同法》调整的是平等主体之间的民事关系。政府依法维护经济秩序的管理活动,属于行政管理关系,不是民事关系,适用有关行政管理的法律,不适用《合同法》;法人、其他组织内的管理关系,适用有关公司、企业的法律,也不适用《合同法》。第二,《合同法》主要调整法人、其他组织之间的经济贸易合同关系,同时还包括自然人之间的买卖、租赁、借贷、赠与等合同关系。

3.1.2 房地产项目开发与经营过程中涉及的主要合同的性质

房地产项目开发与经营过程中涉及的合同主要包括:国有建设用地使用权出让合同,房地产或工程咨询合同,借款合同,建设工程委托监理合同,建设物资采购、供应合同,建设工程勘察合同,建设工程设计合同,建设工程施工合同,商品房买卖合同,房屋租赁合同,物业服务合同等。

建设工程合同是承包人进行工程建设,发包人支付价款的合同。建设工程合同包括工程勘察、设计、施工合同。商品房买卖合同、建设物资采购、供应合同属于买卖合同。房地产或工程咨询合同、建设工程委托监理合同、物业服务合同属于委托合同。房屋租赁合同属于租赁合同。

国有建设用地使用权出让作为双方的经济行为，形式上表现为"合意"，借用合同形式在目前较为方便。事实上，国有建设用地使用权出让的双方当事人之间并不是合同法律关系，而是行政法律关系。尤其在确认双方的权利和义务时，不能以平等的民事法律关系为基础，而应以管理和被管理为特征的行政法律关系为基础。因此，国有建设用地使用权出让合同不在《合同法》调整的范围内。目前，国有建设用地使用权出让合同受《城市房地产管理法》《土地管理法》等行业法律、法规的调整和规范。

3.1.3 合同的概念

合同的含义非常广泛。广义上的合同是指以确定权利、义务为内容的协议，除了包括民事合同外，还包括行政合同、劳动合同等。

《合同法》中的合同是指平等主体的自然人、法人、其他组织之间设立、变更、终止民事权利义务关系的协议。

3.1.4 合同的种类

在市场经济活动中，交易的形式千差万别，合同的种类也各不相同。根据性质的不同，合同有以下几种分类方法。

(1) 书面合同、口头合同和默示合同

按照合同的表现形式，合同可以分为书面合同、口头合同和默示合同。

书面合同是指当事人以书面文字有形地表现内容的合同。传统的书面合同的形式为合同书和信件。随着科技的进步和发展，书面合同的形式也越来越多，如电报、电传、传真、电子数据交换以及电子邮件等已成为高效、快速的书面合同的形式。法律、行政法规规定采用书面形式的，应当采用书面形式。当事人约定采用书面形式的，应当采用书面形式。建设工程合同应当采用书面形式。

口头合同是指当事人以口头语言的方式（如当面对话、电话联系等）达成协议而订立的合同。口头合同简便易行，迅速及时，但缺乏证据。当发生合同纠纷时，难以举证。因此，口头合同一般只适用于即时清结的情况。

默示合同是指当事人并不直接用口头或书面形式进行意思表示，而是通过实施某种行为或者以不作为的沉默方式进行意思表示而达成的合同。例如，房屋租赁合同约定的租赁期限届满后，双方并未通过口头或书面形式延长租赁期限，但承租人继续交付租金，出租人依然接受租金，从双方的行为可以推断双方的合同仍然有效。

(2) 转移财产合同、完成工作合同和提供服务合同

按照给付内容和性质的不同，可以分为转移财产合同、完成工作合同和提供服务合同。

转移财产合同是指以转移财产权利，包括所有权、使用权和收益权为内容的合同。此类合同的标的为物质客体。《合同法》规定的买卖合同，供用电、水、气、热力合同，赠与合同，借款合同，租赁合同和部分技术合同属于转移财产合同。

完成工作合同是指当事人一方按照合同约定完成一定的工作成果交付给对方，另一方接受成果并给付报酬的合同。《合同法》规定的承揽合同、建设工程合同属于此类

合同。

提供服务合同是指依照约定，当事人一方提供一定方式的服务，另一方给付报酬的合同。《合同法》规定的运输合同、行纪合同、居间合同和部分技术合同属于此类合同。

(3) 双务合同和单务合同

按照当事人是否相互负有义务，可以分为双务合同和单务合同。

双务合同是指当事人双方相互承担对等给付义务的合同。双方的义务具有对等关系，一方的义务即另一方的权利，一方承担义务的目的是为了获得对应的权利。《合同法》中规定的绝大多数合同，如买卖合同、建设工程合同、承揽合同和运输合同属于此类合同。

单务合同是指只有一方当事人承担给付义务的合同。双方当事人的权利义务关系并不对等，而是一方享有权利而另一方承担义务，不存在具有对等给付性质的权利义务关系，如赠与合同等。

(4) 有偿合同和无偿合同

按照当事人之间的权利义务关系是否存在对价关系，可以分为有偿合同和无偿合同。

有偿合同是指当事人一方享有合同约定的权利必须向对方当事人支付相应对价的合同，如买卖合同、保险合同等。

无偿合同是指当事人一方享有合同约定的权利无须向对方当事人支付相应对价的合同，如无偿保管合同等。

(5) 诺成合同和要物合同

按照合同的成立是否以递交交付物为必要条件，可以分为诺成合同和要物合同。

诺成合同是指只要当事人双方意思表示达成一致即可成立的合同，它不以标的物的交付为成立的要件。我国《合同法》中规定的绝大多数合同属于诺成合同。

要物合同是指除了要求当事人双方意思表示达成一致外，必须交付标的物以后才能成立的合同。例如，承揽合同中的来料加工合同在双方达成协议后，还需要供料方交付原材料或者半成品，合同才能成立。

(6) 主合同和从合同

按照相互之间的从属关系，可以分为主合同和从合同。

主合同是指不以其他合同的存在为前提而独立存在和独立发生效力的合同，如买卖合同、借贷合同等。

从合同又称附属合同，是指不具备独立性，以其他合同的存在为前提而成立并发生效力的合同。例如，在借贷合同与担保合同中，借贷合同属于主合同。因为它能够单独存在，并不因为担保合同不存在而失去法律效力。担保合同则属于从合同，它仅仅是为了担保借贷合同的正常履行而存在的。如果借贷合同因借贷双方履行完合同义务而宣告合同效力解除后，则担保合同就因为失去存在条件而失去法律效力。主合同和从合同的关系为：主合同和从合同并存时，两者发生互补作用。主合同无效或者被撤销，从合同也将失去法律效力。从合同无效或者被撤销，一般不影响主合同的法律效力。

(7) 要式合同和不要式合同

按照法律对合同形式是否有特殊要求，可以分为要式合同和不要式合同。

要式合同是指法律规定必须采取特定形式的合同。《合同法》中规定，法律、行政法规规定采用书面形式的，应当采用书面形式。

不要式合同是指法律对形式未作出特别规定的合同。合同采用何种形式完全由双方当事人协商确定。可以采用书面合同，也可以采用口头合同、默示合同。

（8）有名合同和无名合同

按照法律是否为某种合同确定了一个特定的名称，可以分为有名合同和无名合同。

有名合同又称为典型合同，是指法律确定了特定名称和规则的合同。例如，《合同法》分则中所列出的15种基本合同即为有名合同，包括买卖合同，供用电、水、气、热力合同，赠与合同，借款合同，租赁合同，融资租赁合同，承揽合同，建设工程合同，运输合同，技术合同，保管合同，仓储合同，委托合同，行纪合同，居间合同。

无名合同又称非典型合同，是指法律没有确定一定名称和相应规则的合同。

3.1.5 合同的主要条款

《合同法》遵循合同自由原则，仅仅列出合同的主要条款，具体合同的内容由当事人约定。一般包括以下主要条款。

（1）当事人的名称或者姓名和住所

当事人的名称或者姓名和住所是指自然人的姓名和住所以及法人和其他组织的名称和住所。合同中记载的当事人的名称或者姓名是确定合同当事人的标志，而住所则在确定合同债务履行地、法院对案件的管辖等方面具有重要法律意义。

（2）标的

标的即合同法律关系的客体，是指合同当事人权利义务所共同指向的对象。

合同中的标的条款应当标明标的的名称，以使其特定化，并能够确定权利义务的范围。合同的标的因合同类型的不同而变化，总体来说，合同标的包括有形财物、行为和智力成果或某种权利。

（3）数量

合同标的的数量是衡量合同当事人权利义务大小的尺度。因此，合同标的的数量一定要确切，否则，就无法确定双方当事人权利义务的大小，双方的权利义务就处于不确定的状态。在确定合同标的数量时，应当按照国家标准或者行业标准中确定的或者当事人共同接受的计量方法和计量单位来衡量。

（4）质量

合同标的的质量是指检验标的的内在素质和外观形态优劣的标准。它和标的的数量一样，是确定合同标的的具体条件，是这一标的区别于同类另一标的的具体特征。因此，在确定合同标的的质量标准时，应当按照国家标准或者行业标准。如果当事人对合同标的的质量有特别约定，在不违反国家标准和行业标准的前提下，可根据合同约定确定标的的质量要求。合同中的质量条款包括标的规格、性能、款式和质感等。

（5）价款和报酬

价款和报酬是指物、行为和智力成果为标的的有偿合同中，取得利益的一方当事人作为取得利益的代价而应当向对方支付的金钱。价款是取得有形标的物应支付的代价，报酬是获得服务所应支付的代价。当事人在约定价款和报酬时，应当遵守国家有关价格方面的法律和规定，并接受工商行政管理机关和物价管理部门的监督。

（6）履行的期限、地点和方式

履行的期限是指合同当事人履行合同和接受履行的时间。它直接关系到合同义务的完成时间，涉及当事人的期限利益，也是确定违约与否的因素之一。

履行地点是指合同当事人履行合同和接受履行的地点。履行地点是确定交付与验收标的地点的依据，有时是确定风险由谁承担的依据，以及标的物所有权是否转移的依据。

履行方式是指合同当事人履行合同和接受履行的方式，包括交货方式、实施行为方式、验收方式、付款方式、结算方式、运输方式等。

（7）违约责任

违约责任是指当事人不履行合同义务或者履行合同义务不符合约定时应当承担的民事责任。违约责任是促使合同当事人履行债务，使守约方免受或者少受损失的法律救济手段，对合同当事人的利益关系重大，合同对此应予明确。不过，由于违约责任是法定责任，即使合同中未明确约定，违约方也不能因此而免除责任。

（8）解决争议的方法

解决争议的方法是指合同当事人解决合同纠纷的手段、地点以及法律适用等。合同的订立、履行中一旦产生纠纷，合同双方应通过和解、调解、仲裁或诉讼的方式来解决争议。仲裁和诉讼是最终解决争议的两种不同的方法，当事人只能在这两种方法中选择其一。当事人在订立合同时，在合同中约定争议解决的方法，有利于当事人在发生争议后及时地解决争议。

3.1.6 合同订立的程序

合同订立的程序是指当事人就合同的主要条款达成一致意见的过程。当事人订立合同，采取要约、承诺方式。要约、承诺是合同订立过程中不可缺少的两个主要步骤，有些合同的签订过程中还有要约邀请这一步骤。

（1）要约邀请

要约邀请是希望他人向自己发出要约的意思表示。寄送的价目表、拍卖公告、招标公告、招股说明书、商业广告等属于要约邀请。

（2）要约

要约是希望和他人订立合同的意思表示。该意思表示应当符合下列规定。

① 内容具体确定。

② 表明经受要约人承诺，要约人即受该意思表示约束。

除下列情况之一的，要约不得撤销。

① 拒绝要约的通知到达要约人。

② 要约人依法撤销要约。

③ 承诺期限届满，受要约人未作出承诺。

④ 受要约人对要约的内容作出实质性变更。

（3）承诺

承诺是受要约人同意要约的意思表示。承诺应当以通知的方式作出，但根据交易习惯或者要约表明可以通过行为作出承诺的除外。承诺必须是承诺人作出完全同意要约的条款方为有效。如果受要约人对要约中的某些条款提出修改、补充、部分同意，附有条件或者另行提出新的条件，以及迟到送达的承诺，都不被视为有效的承诺，而被称为新要约。承诺生效时合同成立。

在建筑工程施工承发包中，招标公告为要约邀请，投标属于一种要约，招标人的中标通知书则为对投标人要约的承诺。

3.1.7 房地产开发企业的合同管理

（1）房地产开发企业合同管理内涵

房地产开发企业合同管理，是指企业按照顺利开展房地产开发经营活动的客观实际需要，依据有关法律、法规，为正确订立和严格履行合同而进行的有关管理工作的总称。

（2）房地产开发企业合同管理的主要工作

房地产开发企业合同管理所涉及的具体内容主要包括3个环节：合同的签订管理、合同的履行管理以及合同的档案管理。围绕这3个环节，应做好下列工作：

① 在企业内部设置专职合同管理机构，配备专职管理人员；

② 定期组织企业合同管理人员学习有关法律、法规、规章和政策（特别是《合同法》），并向企业全体员工进行宣传，以增强他们的法律与合同观念；

③ 制定企业合同管理的具体办法，建立健全必要的合同业务管理制度；

④ 督促各职能部门及所属单位严格按合同办事；

⑤ 做好日常合同管理工作，建立按项目分类的合同管理档案制度；

⑥ 经常与本企业的合同法律顾问保持密切联系并进行磋商，及时提供合同执行过程中发生的纠纷情况，从而为其在处理有关合同纠纷问题或进行法律辩护时提供必要的事实依据。

3.2 建设工程监理合同

3.2.1 建设工程监理合同的概念和特征

建设工程监理合同是指委托人（建设单位）与监理人（工程监理单位）就委托的建设工程监理与相关服务内容签订的明确双方义务和责任的协议。其中，委托人是指委托工程监理与相关服务的一方，及其合法的继承人或受让人；监理人是指提供监理与相关服务的一方，及其合法的继承人。

建设工程监理合同是一种委托合同，除具有委托合同的共同特点外，还具有以下特点。

① 建设工程监理合同当事人双方应是具有民事权力能力和民事行为能力、具有法人资格的企事业单位及其他社会组织，个人在法律允许的范围内也可以成为合同当事人。接受委托的监理人必须是依法成立、具有工程监理资质的企业，其所承担的工程监理业务应与企业资质等级和业务范围相符合。

② 建设工程监理合同是以对建设工程项目目标实施控制并履行建设工程安全生产管理法定职责为主要内容。建设工程监理合同委托的工作内容必须符合法律法规、有关工程建设标准、工程设计文件、施工合同及物资采购合同。

③ 建设工程监理合同的标的是服务。建设工程实施阶段所签订的勘察设计合同、施工合同、物资采购合同、委托加工合同的标的物是产生新的物质成果或信息成果，而监理合同的履行不产生物质成果，而是由监理工程师凭借自己的知识、经验、技能受委托人委托为其所签订的施工合同、物资采购合同等的履行实施监督管理。

3.2.2 建设工程监理合同的组成文件

建设工程监理合同由下列文件组成：

① 协议书；

② 中标通知书（适用于招标工程）或委托书（适用于非招标工程）；

③ 投标文件（适用于招标工程）或监理与相关服务建议书（适用于非招标工程）；

④ 专用条件；

⑤ 通用条件；

⑥ 附录，即：附录 A（相关服务的范围和内容）、附录 B（委托人派遣的人员和提供的房屋、资料、设备）。

建设工程监理合同签订后，双方依法签订的补充协议也是建设工程监理合同文件的组成部分。

3.2.3 《建设工程监理合同(示范文本)》(GF-2012-0202)

《建设工程监理合同（示范文本）》由协议书、通用条件、专用条件、附录组成。

（1）协议书

协议书不仅明确了委托人和监理人，而且明确了双方约定的委托建设工程监理与相关服务的工程概况、总监理工程师、签约酬金、服务期限、双方对履行合同的承诺及合同订立的时间、地点、份数等。

协议书是一份标准的格式文件，经当事人双方在空格处填写具体规定的内容并签字盖章后，即发生法律效力。

（2）通用条件

通用条件涵盖了建设工程监理合同中所用的词语定义与解释，监理人的义务，委托人的义务，签约双方的违约责任，酬金支付，合同的生效、变更、暂停、解除与终止，争议解决及其他诸如外出考察费用、检测费用、咨询费用、奖励、守法诚信、保密、通知、著作权等方面的约定。通用条件适用于各类建设工程监理，各委托人、监理人都应遵守通用条件中的规定。

（3）专用条件

由于通用条件适用于各行业、各专业建设工程监理，因此，其中的某些条款规定得比较笼统，需要在签订具体建设工程监理合同时，结合地域特点、专业特点和委托监理的工程特点，对通用条件中的某些条款进行补充、修改。所谓"补充"，是指通用条件中的条款明确规定，在该条款确定的原则下，专用条件中的条款需进一步明确具体内容，使通用条件、专用条件中相同序号的条款共同组成一条内容完备的条款。所谓"修改"，是指通用条件中规定的程序方面的内容，如果双方认为不合适，可以协议修改。

（4）附录

附录包括两部分，即附录 A 和附录 B。

① 附录 A。如果委托人委托监理人完成相关服务时，应在附录 A 中明确约定委托的工作内容和范围。委托人根据工程建设管理需要，可以自主委托全部内容，也可以委托某个阶段的工作或部分服务内容。如果委托人仅委托建设工程监理，则不需要填写附录 A。

② 附录 B。委托人为监理人开展正常监理工作派遣的人员和无偿提供的房屋、资料、设备，应在附录 B 中明确约定派遣或提供的对象、数量和时间。

3.3 建设工程勘察设计合同

3.3.1 建设工程勘察、设计合同的概念

建设工程勘察合同是指根据建设工程的要求，查明、分析、评价建设场地的地质地理环

境特征和岩土工程条件，编制建设工程勘察文件的协议。建设工程设计合同是指根据建设工程的要求，对建设工程所需的技术、经济、资源、环境等条件进行综合分析、论证，编制建设工程设计文件的协议。为了保证工程项目的建设质量达到预期的投资目的，实施过程必须遵循项目建设的内在规律，即坚持先勘察、后设计、再施工的程序。

发包人通过招标方式与选择的中标人就委托的勘察、设计任务签订合同。订立合同委托勘察、设计任务是发包人和承包人的自主市场行为，但必须遵守《中华人民共和国合同法》《中华人民共和国建筑法》《建设工程勘察设计管理条例》《建设工程勘察设计市场管理规定》等法律、法规和规章的要求。为了保证勘察、设计合同的内容完备、责任明确、风险责任分担合理，住房和城乡建设部、国家工商行政管理总局发布了《建设工程勘察合同示范文本》和《建设工程设计合同示范文本》。

3.3.2 建设工程勘察合同

3.3.2.1 《建设工程勘察合同示范文本》(GF-2016-0203)的组成

《建设工程勘察合同示范文本》(GF-2016-0203)由合同协议书、通用合同条款和专用合同条款三部分组成。

（1）合同协议书

《建设工程勘察合同示范文本》合同协议书共计12条，主要包括工程概况、勘察范围和阶段、技术要求及工作量、合同工期、质量标准、合同价款、合同文件构成、承诺、词语定义、签订时间、签订地点、合同生效和合同份数等内容，集中约定了合同当事人基本的合同权利义务。

（2）通用合同条款

通用合同条款是合同当事人根据《中华人民共和国合同法》《中华人民共和国建筑法》《中华人民共和国招标投标法》等相关法律法规的规定，就工程勘察的实施及相关事项对合同当事人的权利义务作出的原则性约定。

通用合同条款具体包括一般约定、发包人、勘察人、工期、成果资料、后期服务、合同价款与支付、变更与调整、知识产权、不可抗力、合同生效与终止、合同解除、责任与保险、违约、索赔、争议解决及补充条款共计17条。上述条款安排既考虑了现行法律法规对工程建设的有关要求，也考虑了工程勘察管理的特殊需要。

（3）专用合同条款

专用合同条款是对通用合同条款原则性约定的细化、完善、补充、修改或另行约定的条款。合同当事人可以根据不同建设工程的特点及具体情况，通过双方的谈判、协商对相应的专用合同条款进行修改补充。在使用专用合同条款时，应注意以下事项：

① 专用合同条款编号应与相应的通用合同条款编号一致；

② 合同当事人可以通过对专用合同条款的修改，满足具体项目工程勘察的特殊要求，避免直接修改通用合同条款；

③ 在专用合同条款中有横道线的地方，合同当事人可针对相应的通用合同条款进行细化、完善、补充、修改或另行约定；如无细化、完善、补充、修改或另行约定，则填写"无"或划"/"。

3.3.2.2 建设工程勘察合同文件及优先解释顺序

合同文件应能相互解释，互为说明。除专用合同条款另有约定外，组成本合同的文件及优先解释顺序如下：

① 合同协议书；
② 专用合同条款及其附件；
③ 通用合同条款；
④ 中标通知书（如果有）；
⑤ 投标文件及其附件（如果有）；
⑥ 技术标准和要求；
⑦ 图纸；
⑧ 其他合同文件。

上述合同文件包括合同当事人就该项合同文件所作出的补充和修改，属于同一类内容的文件，应以最新签署的为准。

3.3.3 建设工程设计合同

《建设工程设计合同示范文本》分为两个版本，《建设工程设计合同示范文本（房屋建筑工程）》(GF-2015-0209)和《建设工程设计合同示范文本（专业建设工程）》(GF-2015-0210)。

《建设工程设计合同示范文本（房屋建筑工程）》(GF-2015-0209)适用于建设用地规划许可证范围内的建筑物构筑物设计、室外工程设计、民用建筑修建的地下工程设计及住宅小区、工厂厂前区、工厂生活区、小区规划设计及单体设计等，以及所包含的相关专业的设计内容（总平面布置、竖向设计、各类管网管线设计、景观设计、室内外环境设计及建筑装饰、道路、消防、智能、安保、通信、防雷、人防、供配电、照明、废水治理、空调设施、抗震加固等）工程设计活动。

《建设工程设计合同示范文本（专业建设工程）》(GF-2015-0210)适用于房屋建筑工程以外各行业建设工程项目的主体工程和配套工程（含厂/矿区内的自备电站、道路、专用铁路、通信、各种管网管线和配套的建筑物等全部配套工程）以及与主体工程、配套工程相关的工艺、土木、建筑、环境保护、水土保持、消防、安全、卫生、节能、防雷、抗震、照明工程等工程设计活动。房屋建筑工程以外的各行业建设工程统称为专业建设工程，具体包括煤炭、化工石化医药、石油天然气（海洋石油）、电力、冶金、军工、机械、核工业、电子通信、轻纺、建材、铁道、公路、水运、民航、市政、农林、水利、海洋等工程。

房地产开发项目的设计合同一般应选用《建设工程设计合同示范文本（房屋建筑工程）》(GF-2015-0209)。

3.3.3.1 《建设工程设计合同示范文本（房屋建筑工程）》(GF-2015-0209)的组成

《建设工程设计合同示范文本（房屋建筑工程）》(GF-2015-0209)由合同协议书、通用合同条款和专用合同条款三部分组成。

(1) 合同协议书

合同协议书集中约定了合同当事人基本的合同权利义务。

(2) 通用合同条款

通用合同条款是合同当事人根据《中华人民共和国建筑法》《中华人民共和国合同法》等法律法规的规定，就工程设计的实施及相关事项，对合同当事人的权利义务作出的原则性约定。通用合同条款具体包括一般约定、发包人、设计人、工程设计资料、工程设计要求、工程设计进度与周期、工程设计文件交付、工程设计文件审查、施工现场配合服务、合同价款与支付、工程设计变更与索赔、专业责任与保险、知识产权、违约责任、不可抗力、合同解除、争议解决等内容。

通用合同条款既考虑了现行法律法规对工程建设的有关要求，也考虑了工程设计管理的特殊需要。

(3) 专用合同条款

专用合同条款是对通用合同条款原则性约定的细化、完善、补充、修改或另行约定的条款。合同当事人可以根据不同建设工程的特点及具体情况，通过双方的谈判、协商对相应的专用合同条款进行修改补充。在使用专用合同条款时，应注意以下事项：

① 专用合同条款的编号应与相应的通用合同条款的编号一致；

② 合同当事人可以通过对专用合同条款的修改，满足具体房屋建筑工程的特殊要求，避免直接修改通用合同条款；

③ 在专用合同条款中有横道线的地方，合同当事人可针对相应的通用合同条款进行细化、完善、补充、修改或另行约定；如无细化、完善、补充、修改或另行约定，则填写"无"或划"/"。

3.3.3.2 建设工程设计合同文件及优先解释顺序

组成合同的各项文件应互相解释，互为说明。除专用合同条款另有约定外，合同文件解释的优先顺序如下：

① 合同协议书；

② 专用合同条款及其附件；

③ 通用合同条款；

④ 中标通知书（如果有）；

⑤ 投标函及其附录（如果有）；

⑥ 发包人要求；

⑦ 技术标准；

⑧ 发包人提供的上一阶段图纸（如果有）；

⑨ 其他合同文件。

上述各项合同文件包括合同当事人就该项合同文件所作出的补充和修改，属于同一类内容的文件，应以最新签署的为准。

在合同履行过程中形成的与合同有关的文件均构成合同文件组成部分，并根据其性质确定优先解释顺序。

3.4 建设工程施工合同

3.4.1 建设工程施工合同的概念和特点

建设工程施工合同是发包人与承包人就完成具体工程项目的建筑施工、设备安装、设备调试、工程保修等工作内容，确定双方权利和义务的协议。施工合同是建设工程合同的一种，它与其他建设工程合同一样是双务有偿合同，在订立时应遵守自愿、公平、诚实信用等原则。

建设工程施工合同是建设工程的主要合同之一，其标的是将设计图纸变为满足功能、质量、进度、投资等发包人投资预期目的的建筑产品。建设工程施工合同还具有以下特点。

(1) 合同标的的特殊性

施工合同的标的是建筑产品，建筑产品是不动产，建造过程中往往受到自然条件、地质水文条件、社会条件、人为条件等因素的影响。这就决定了每个施工合同的标的物不同于工厂批量生产的产品，具有单件性的特点。所谓"单件性"指不同地点建造的相同类型和级别的建筑，施工过程中所遇到的情况不尽相同，在甲工程施工中遇到的困难在乙工程不一定发生，而在乙工程施工中可能出现甲工程没有发生过的问题，相互间具有不可替代性。

(2) 合同履行期限的长期性

建筑物的施工由于结构复杂、体积大、建筑材料类型多、工作量大，使得工期都较长（与一般工业产品的生产相比）。在较长的合同期内，双方履行义务往往会受到不可抗力、履行过程中法律法规政策的变化、市场价格的浮动等因素的影响，必然导致合同的内容约定、履行管理都很复杂。

(3) 合同内容的复杂性

虽然施工合同的当事人只有两方，但履行过程中涉及的主体却有许多种，内容的约定还需与其他相关合同相协调，如勘察合同、设计合同、物资采购合同等。

3.4.2 合同当事人及其他相关方

① 合同当事人。合同当事人是指发包人和（或）承包人。发包人是指与承包人签订合同协议书的当事人及取得该当事人资格的合法继承人；承包人是指与发包人签订合同协议书的，具有相应工程施工承包资质的当事人及取得该当事人资格的合法继承人。

② 监理人。监理人是指在专用合同条款中指明的，受发包人委托按照法律规定进行工程监督管理的法人或其他组织。

③ 设计人。设计人是指在专用合同条款中指明的，受发包人委托负责工程设计并具备相应工程设计资质的法人或其他组织。

④ 分包人。分包人是指按照法律规定和合同约定，分包部分工程或工作，并与承包人签订分包合同的具有相应资质的法人。

⑤ 发包人代表。发包人代表是指由发包人任命并派驻施工现场在发包人授权范围内行使发包人权利的人。

⑥ 项目经理。项目经理是指由承包人任命并派驻施工现场，在承包人授权范围内负责合同履行，且按照法律规定具有相应资格的项目负责人。

⑦ 总监理工程师。总监理工程师是指由监理人任命并派驻施工现场进行工程监理的总负责人。

3.4.3 《建设工程施工合同(示范文本)》

3.4.3.1 《建设工程施工合同(示范文本)》(GF-2017-0201)的组成

《建设工程施工合同（示范文本）》(GF-2017-0201)由合同协议书、通用合同条款和专用合同条款三部分组成。

(1) 合同协议书

合同协议书共计13条，主要包括：工程概况、合同工期、质量标准、签约合同价和合同价格形式、项目经理、合同文件构成、承诺以及合同生效条件等重要内容，集中约定了合同当事人基本的合同权利义务。

(2) 通用合同条款

通用合同条款是合同当事人根据《中华人民共和国建筑法》《中华人民共和国合同法》等法律法规的规定，就工程建设的实施及相关事项，对合同当事人的权利义务作出的原则性约定。

通用合同条款共计 20 条，具体条款分别为：一般约定、发包人、承包人、监理人、工程质量、安全文明施工与环境保护、工期和进度、材料与设备、试验与检验、变更、价格调整、合同价格、计量与支付、验收和工程试车、竣工结算、缺陷责任与保修、违约、不可抗力、保险、索赔和争议解决。前述条款安排既考虑了现行法律法规对工程建设的有关要求，也考虑了建设工程施工管理的特殊需要。

（3）专用合同条款

专用合同条款是对通用合同条款原则性约定的细化、完善、补充、修改或另行约定的条款。合同当事人可以根据不同建设工程的特点及具体情况，通过双方的谈判、协商对相应的专用合同条款进行修改补充。在使用专用合同条款时，应注意以下事项：

① 专用合同条款的编号应与相应的通用合同条款的编号一致；

② 合同当事人可以通过对专用合同条款的修改，满足具体建设工程的特殊要求，避免直接修改通用合同条款；

③ 在专用合同条款中有横道线的地方，合同当事人可针对相应的通用合同条款进行细化、完善、补充、修改或另行约定；如无细化、完善、补充、修改或另行约定，则填写"无"或划"/"。

3.4.3.2 《建设工程施工合同(示范文本)》(GF-2017-0201)的性质和适用范围

《建设工程施工合同（示范文本）》为非强制性使用文本。《建设工程施工合同（示范文本）》适用于房屋建筑工程、土木工程、线路管道和设备安装工程、装修工程等建设工程的施工承发包活动，合同当事人可结合建设工程具体情况，根据《建设工程施工合同（示范文本）》订立合同，并按照法律法规规定和合同约定承担相应的法律责任及合同权利义务。

3.4.4 建设工程施工合同文件及优先解释顺序

组成合同的各项文件应互相解释，互为说明。除专用合同条款另有约定外，解释合同文件的优先顺序如下：

① 合同协议书；

② 中标通知书（如果有）；

③ 投标函及其附录（如果有）；

④ 专用合同条款及其附件；

⑤ 通用合同条款；

⑥ 技术标准和要求；

⑦ 图纸；

⑧ 已标价工程量清单或预算书；

⑨ 其他合同文件。

上述各项合同文件包括合同当事人就该项合同文件所作出的补充和修改，属于同一类内容的文件，应以最新签署的为准。在合同订立及履行过程中形成的与合同有关的文件均构成合同文件组成部分，并根据其性质确定优先解释顺序。

3.4.5 承包人的一般义务

承包人在履行合同过程中应遵守法律和工程建设标准规范，并履行以下义务：

① 办理法律规定应由承包人办理的许可和批准，并将办理结果书面报送发包人留存；

② 按法律规定和合同约定完成工程，并在保修期内承担保修义务；

③ 按法律规定和合同约定采取施工安全和环境保护措施，办理工伤保险，确保工程及人员、材料、设备和设施的安全；

④ 按合同约定的工作内容和施工进度要求，编制施工组织设计和施工措施计划，并对所有施工作业和施工方法的完备性和安全可靠性负责；

⑤ 在进行合同约定的各项工作时，不得侵害发包人与他人使用公用道路、水源、市政管网等公共设施的权利，避免对邻近的公共设施产生干扰，承包人占用或使用他人的施工场地，影响他人作业或生活的，应承担相应责任；

⑥ 约定负责施工场地及其周边环境与生态的保护工作；

⑦ 约定采取施工安全措施，确保工程及其人员、材料、设备和设施的安全，防止因工程施工造成的人身伤害和财产损失；

⑧ 将发包人按合同约定支付的各项价款专用于合同工程，且应及时支付其雇用人员工资，并及时向分包人支付合同价款；

⑨ 按照法律规定和合同约定编制竣工资料，完成竣工资料立卷及归档，并按专用合同条款约定的竣工资料的套数、内容、时间等要求移交发包人；

⑩ 应履行的其他义务。

3.4.6 施工组织设计

施工组织设计应包含以下内容：

① 施工方案；

② 施工现场平面布置图；

③ 施工进度计划和保证措施；

④ 劳动力及材料供应计划；

⑤ 施工机械设备的选用；

⑥ 质量保证体系及措施；

⑦ 安全生产、文明施工措施；

⑧ 环境保护、成本控制措施；

⑨ 合同当事人约定的其他内容。

3.4.7 合同价格形式

发包人和承包人应在合同协议书中选择下列一种合同价格形式。

(1) 单价合同

单价合同是指合同当事人约定以工程量清单及其综合单价进行合同价格计算、调整和确认的建设工程施工合同，在约定的范围内合同单价不作调整。合同当事人应在专用合同条款中约定综合单价包含的风险范围和风险费用的计算方法，并约定风险范围以外的合同价格的调整方法，其中因市场价格波动引起的调整按约定执行。

(2) 总价合同

总价合同是指合同当事人约定以施工图、已标价工程量清单或预算书及有关条件进行合同价格计算、调整和确认的建设工程施工合同，在约定的范围内合同总价不作调整。合同当事人应在专用合同条款中约定总价包含的风险范围和风险费用的计算方法，并约定风险范围以外的合同价格的调整方法，其中因市场价格波动引起的调整、因法律变化引起的调整按约定执行。

（3）其他价格形式

合同当事人可在专用合同条款中约定其他合同价格形式。

3.4.8 工程保修

承包人应当在工程竣工验收之前，与发包人签订质量保修书，作为合同附件。质量保修书的主要内容包括工程质量保修范围和内容、质量保修期、保修责任、保修费用和其他约定5个部分。

（1）工程质量保修范围和内容

双方按照工程的性质和特点，具体约定保修的相关内容。房屋建筑工程的保修范围包括：地基基础工程、主体结构工程，屋面防水工程、有防水要求的卫生间和外墙面的防渗漏，供热与供冷系统，电气管线、给排水管道、设备安装和装修工程，以及双方约定的其他项目。

（2）质量保修期

国务院颁布的《建设工程质量管理条例》明确规定，在正常使用条件下的最低保修期限如下。

① 基础设施工程、房屋建筑的地基基础工程和主体工程，为设计文件规定的该工程的合理使用年限。

② 屋面防水工程、有防水要求的卫生间、房间和外墙面的防渗漏，为5年。

③ 供热与供冷系统，为2个采暖期、供冷期。

④ 电气管线、给排水管道、设备安装和装修工程，为2年。

（3）保修责任

工程保修期从工程竣工验收合格之日起算，具体分部分项工程的保修期由合同当事人在专用合同条款中约定，但不得低于法定最低保修年限。在工程保修期内，承包人应当根据有关法律规定以及合同约定承担保修责任。发包人未经竣工验收擅自使用工程的，保修期自转移占有之日起算。

在保修期内，发包人在使用过程中，发现已接收的工程存在缺陷或损坏的，应书面通知承包人予以修复，但情况紧急必须立即修复缺陷或损坏的，发包人可以口头通知承包人并在口头通知后48小时内书面确认，承包人应在专用合同条款约定的合理期限内到达工程现场并修复缺陷或损坏。因承包人原因造成工程的缺陷或损坏，承包人拒绝维修或未能在合理期限内修复缺陷或损坏，且经发包人书面催告后仍未修复的，发包人有权自行修复或委托第三方修复，所需费用由承包人承担。但修复范围超出缺陷或损坏范围的，超出范围部分的修复费用由发包人承担。

（4）修复费用

保修期内，修复的费用按照以下约定处理：

① 保修期内，因承包人原因造成工程的缺陷、损坏，承包人应负责修复，并承担修复的费用以及因工程的缺陷、损坏造成的人身伤害和财产损失；

② 保修期内，因发包人使用不当造成工程的缺陷、损坏，可以委托承包人修复，但发包人应承担修复的费用，并支付承包人合理利润；

③ 因其他原因造成工程的缺陷、损坏，可以委托承包人修复，发包人应承担修复的费用，并支付承包人合理的利润，因工程的缺陷、损坏造成的人身伤害和财产损失由责任方承担。

3.5 商品房租、售合同

3.5.1 房屋租赁合同

房屋租赁，当事人应当签订书面租赁合同。

（1）房屋租赁合同的主要条款

① 当事人姓名或者名称及住所；
② 房屋的坐落、面积、装修及设施状况；
③ 租赁用途；
④ 租赁期限；
⑤ 租金及交付方式；
⑥ 房屋修缮责任；
⑦ 转租的约定；
⑧ 变更和解除合同的条件；
⑨ 当事人约定的其他条款。

房屋租赁期届满，租赁合同终止。承租人需要继续租用的，应当在租赁期限届满前3个月提出，并经出租人同意，重新签订租赁合同。

（2）房屋租赁登记

签订、变更、终止租赁合同的，当事人应当向房屋所在地市、县人民政府房地产管理部门登记备案。

申请房屋租赁登记备案应当提交下列文件：

① 书面租赁合同；
②《房屋所有权证书》；
③ 当事人的合法证件；
④ 城市人民政府规定的其他条件。

3.5.2 商品房买卖合同

（1）商品房买卖合同的主要内容

商品房销售时，房地产开发企业和买受人应当订立书面商品房买卖合同。根据《商品房销售管理办法》（建设部令第88号），商品房买卖合同应当明确以下主要内容：

① 当事人姓名或者名称和住所；
② 商品房基本状况；
③ 商品房的销售方式；
④ 商品房价款的确定方式及总价款、付款方式、付款时间；
⑤ 交付使用条件及日期；
⑥ 装饰、设备标准承诺；
⑦ 供水、供电、供热、燃气、通讯、道路、绿化等配套基础设施和公共设施的交付承诺和有关权益、责任；
⑧ 公共配套建筑的产权归属；
⑨ 面积差异的处理方式；
⑩ 办理产权登记的有关事宜；
⑪ 解决争议的方法；
⑫ 违约责任；
⑬ 双方约定的其他事项。

(2)《商品房买卖合同示范文本》

《商品房买卖合同示范文本》包括《商品房买卖合同（预售）示范文本》（GF-2014-0171）和《商品房买卖合同（现售）示范文本》（GF-2014-0172）。

《商品房买卖合同（预售）示范文本》（GF-2014-0171）包括说明、专业术语解释、合同当事人、商品房基本状况、商品房价款、商品房交付条件与交付手续、面积差异处理方式、规划设计变更、商品房质量及保修责任、合同备案与房屋登记、前期物业管理、其他事项和附件等内容。

《商品房买卖合同（现售）示范文本》（GF-2014-0172）包括说明、专业术语解释、合同当事人、商品房基本状况、商品房价款、商品房交付条件与交付手续、商品房质量及保修责任、房屋登记、物业管理、其他事项和附件等内容。

3.6 物业服务合同

3.6.1 前期物业服务合同

（1）前期物业服务合同的含义

在业主、业主大会选聘物业服务企业之前，建设单位选聘物业服务企业的，应当与该物业服务企业签订书面的前期物业服务合同。前期物业服务合同，是指建设单位与物业服务企业之间依据前期物业管理招标投标的结果，就物业管理区域内物业的使用、维护、管理等事项签订的物业服务合同。

如果不签订前期物业服务合同，将不利于物业管理的实施，也无法保证购房人从购买房屋到业主委员会成立并选聘确定新的物业服务企业之前这一阶段的权利与义务，容易引起各种纠纷。

（2）前期物业服务合同的特征

① 短暂过渡性。前期物业服务合同从签订合同之日起至业主委员会成立并选聘新的物业服务企业之前有效。实践中，物业的销售、业主的入住是陆续的过程，业主召开首次业主大会会议时间的不确定性，决定了业主、业主大会选聘物业服务企业时间的不确定性。因此，前期物业服务期限也是不确定的。所以，前期物业服务合同是在房屋开发过程中至业主委员会与选聘的物业服务企业签订物业服务合同之前的短暂过渡性合同。

② 依附性。建设单位与物业买受人签订的买卖合同应当包含前期物业服务合同约定的内容。前期物业服务合同是依附于商品房买卖合同而存在的。在实践过程中，一些地方正是因为这一条款，规定将前期物业服务合同作为其商品房买卖合同的附件，以使购房人了解前期物业服务合同内容的知情权，但其合同效力显然是受到质疑的。根据合同的相对性原则（《合同法》第121条），只有合同当事人才有权向对方提出履行合同的要求，或者向对方承担义务，其他任何第三人不承担任何义务。业主并没有参加前期物业服务合同的订立过程，作为附件的前期物业服务合同约定业主的义务，属于"合同为第三人设定义务"，双方容易对附件约定内容的效力产生争议。

③ 多方约束性。前期物业服务企业由建设单位选聘后，两者应当签订前期物业服务合同，此时，合同效力只及于物业服务企业和建设单位。但是，有了物业买受人也就是业主

后，建设单位与物业买受人签订的买卖合同应当包含前期物业服务合同约定的内容，这使原本只约束建设单位和前期物业服务企业的前期物业服务合同对业主也具有了法律约束力。前期物业服务合同的权利义务就可以约束建设单位、物业服务企业和业主三方了。

④ 前期物业服务合同是要式合同。要式合同是指法律要求必须具备一定形式的合同。由于前期物业服务合同涉及广大业主的公共利益，前期物业服务合同应以书面形式签订。对合同形式作书面要求，便于明确合同主体的责、权、利，防止建设单位和物业服务企业侵害业主权益的情况发生。

(3) 前期物业服务合同的有效期限

前期物业服务合同的有效期限是个很重要的问题，关系到前期物业服务合同与正式的物业服务合同的相互衔接与协调的问题。前期物业服务合同可以约定期限，但是，期限未满、业主委员会与物业服务企业签订的物业服务合同生效的，前期物业服务合同终止。也就是说，前期物业服务合同所约定的期限并不影响新签订的正式的物业服务合同的生效，因此，前期物业服务合同的有效期限，是从建设单位与物业服务企业签订前期物业服务合同之日起，至业主委员会与其选聘的物业服务企业签订的《物业服务合同》生效时止。

3.6.2　物业服务合同

(1) 物业服务合同的含义

物业服务合同是指物业服务企业接受业主或业主委员会的聘任和委托，提供物业管理服务，约定双方权利义务的书面协议。物业服务合同由业主委员会代表全体业主与选中的物业服务企业签订，合同的甲方是业主委员会，乙方是物业服务企业。

(2) 物业服务合同的内容

根据业主大会的授权，业主委员会应当与业主大会选聘的物业服务企业订立书面的物业服务合同。该合同一经签订，原房地产开发企业与物业服务企业所签订的《前期物业服务合同》即自行失效。

物业服务合同应当对物业管理事项、服务质量、服务费用、双方的权力义务、专项维修资金的管理与使用、物业管理用房、合同期限、违约责任等内容进行约定。物业服务企业应当按照物业服务合同的约定，提供质价相符的物业管理服务。物业服务企业未能履行物业服务合同的约定，导致业主人身、财产安全受到损害的，应当依法承担相应的法律责任。

复习思考题

1. 简述房地产项目开发与经营过程中涉及的主要合同的性质。
2. 根据性质的不同，合同有哪几种分类方法？
3. 什么是合同订立过程中不可缺少的主要步骤？
4. 房地产开发企业合同管理有哪些主要工作？
5. 建设工程监理合同有哪些合同文件组成？
6. 《建设工程监理合同（示范文本）》由哪几部分组成？
7. 《建设工程设计合同（示范文本）》由哪几部分组成？
8. 简述建设工程施工合同的组成及解释顺序。

9. 《建设工程施工合同（示范文本）》由哪几部分组成？
10. 建设工程施工合同有哪几种计价方式？
11. 《建设工程质量管理条例》对在正常使用条件下的最低保修期限是如何规定的？
12. 房屋租赁合同应包括哪些条款？
13. 商品房买卖合同应当明确哪些主要内容？
14. 物业服务合同应当明确哪些主要内容？

第 4 章 房地产开发项目可行性研究

> **本章要点**
>
> 根据可行性研究的目的不同,主要可分为投资决策使用的可行性研究和项目融资使用的可行性研究。本章介绍了可行性研究的含义、工作程序和依据,房地产市场调查与预测,开发项目投资、成本、费用的估算,项目收入估算与资金筹措,经济评价,不确定性分析,可行性研究报告的基本构成和正文的写作要点。本章的重点是房地产开发项目经济评价。

房地产开发是一项综合性经济活动,投资额大、开发经营期长、涉及面广。要想使开发项目达到预期的经济效果,应该做好可行性研究工作,使房地产开发项目的许多重大经济技术原则和基础资料得到切实的解决和落实,使开发商及相关单位和部门的决策建立在科学而不是经验或感觉的基础上。

目前指导房地产开发项目可行性研究的主要规章及文献如下。

①《国务院关于投资体制改革的决定》(国发〔2004〕20号)。

②《国家发展和改革委员会、建设部关于印发建设项目经济评价方法与参数的通知》(发改投资〔2006〕1325号)。

③住房城乡建设部办公厅关于征求《建设项目总投资费用项目组成》《建设项目工程总承包费用项目组成》意见的函(建办标函〔2017〕621号)。

4.1 概述

4.1.1 可行性研究的内涵

可行性研究是在建设项目的投资前期,通过对项目的投资环境和条件调查研究,对各种建设方案、技术方案以及项目建成后的生产经营方案实施的可能性、技术先进性和经济合理性进行分析和评价的过程。

房地产开发项目可行性研究是指在房地产开发项目投资前期,通过房地产投资环境及房地产市场状况的调查分析,对拟开发项目若干个开发经营方案进行评价,判断拟开发项目的可行性。

4.1.2 房地产开发项目可行性研究作用

国家改革项目审批制度,落实企业投资自主权。对于企业不使用政府投资建设的项目,一律不再实行审批制,区别不同情况实行核准制和备案制。其中,政府仅对重大项目和限制类项目从维护社会公共利益角度进行核准,其他项目无论规模大小,均改为备案制。实行备案制的投资项目,除国家另有规定外,由企业按照属地原则向地方政府投资主管部门备案。

房地产开发项目属于备案制的投资项目,房地产开发项目可行性研究主要是为投资决策和项目融资提供依据。

4.1.3 房地产开发项目可行性研究的阶段划分

(1) 机会研究

该阶段的主要任务是对投资项目或投资方向提出建议,即在一定的地区和部门内,以自然资源和市场的调查预测为基础,寻找最有利的投资机会。

投资机会研究分为一般投资机会研究和特定项目的投资机会研究。前者又分为3种:地区研究、部门研究和以利用资源为基础的研究,目的是指明具体的投资方向。后者是要选择确定项目的投资机遇,将项目意向变为概略的投资建议,使投资者可据以决策。

投资机会研究的主要内容有:地区情况、经济政策、资源条件、劳动力状况、社会条件、地理环境、国内外市场情况、工程项目建成后对社会的影响等。

投资机会研究相当粗略,主要依靠笼统的估计而不是依靠详细的分析。该阶段投资估算的精确度为±30%,研究费用一般占总投资的0.2%~0.8%。

(2) 初步可行性研究

初步可行性研究亦称"预可行性研究",在机会研究的基础上,进一步对项目建设的可能性与潜在效益进行论证分析。在初步可行性研究阶段,需对以下内容进行粗略的审查:市场需求与供应、建筑材料供应状况、项目所在地区的社会经济情况、项目地址及其周围环境、项目规划设计方案、项目进度、项目销售收入与投资估算、项目财务分析等。

初步可行性研究阶段投资估算的精度为±20%,所需研究费用一般占总投资的0.25%~1.5%。

(3) 详细可行性研究

详细可行性研究,即通常所说的可行性研究,其成果为可行性研究报告。

其投资估算的精度为±10%。所需研究费用,小型项目约占总投资的1.0%~3.0%,大中型项目约占总投资的0.2%~1.0%。

(4) 项目评价

房地产开发企业或其委托的咨询评估机构对项目进行后评价。通过后评价,判断项目投资是否达到预期效果。

4.1.4 房地产开发项目可行性研究的工作程序

(1) 针对目标地块,明确拟开发项目性质

根据房地产投资组合及投资机会寻找和筛选情况,明确目标地块及拟开发项目性质。

(2) 组建可行性研究的组织机构或签订咨询合同

可行性研究涉及市场调查及研究、规划设计、工程技术、工程管理、财务管理等知识和方法。如果房地产开发企业具备这些方面的技术和管理人员,可确定组织机构自行研究,也可通过合同形式,委托具有资质和能力的咨询机构进行研究。

(3) 市场调查与预测

房地产市场调查与预测包括房地产投资环境的调查与预测和房地产市场状况的调查与预测。

市场调查与预测的数据为开发经营方案的提出及评价提供依据。

(4) 提出开发经营方案

通过较系统的房地产开发项目策划,形成若干个较具体的开发经营方案。

房地产开发项目策划主要包括：项目区位的分析与选择、开发内容和规模的分析与选择、开发时机的分析与选择、开发合作方式的分析与选择、项目融资方式和资金结构的分析与选择、房地产产品经营方式的分析与选择。

(5) 开发经营方案的评价与选择

对于房地产开发项目策划中提出的各种可供选择的开发经营方案，都要进行经济分析和计算，判断单方案的财务可行性，并对各可行的方案选优和排序，选择出拟实施的开发经营方案。

(6) 编制可行性研究报告

4.1.5 房地产开发项目可行性研究的主要依据

房地产开发项目可行性研究有下列主要依据，并要结合拟开发项目的情况进行增减和细化。

① 房地产、工程建设的有关法律、法规和政策；
② 投资环境资料；
③ 房地产市场信息资料；
④ 项目所在地城市的总体规划及详细规划；
⑤ 项目所在地城市的土地利用总体规划；
⑥ 项目《规划设计条件通知书》；
⑦ 类似项目的资料；
⑧ 国家规定的经济评价的方法、参数和指标。

4.2 房地产市场调查与预测

房地产开发企业和经济评价人员通过市场调查，了解房地产市场的过去和现状，把握房地产市场发展动态，预测房地产市场的未来发展趋势，并以此分析房地产开发项目建设的必要性，确定房地产开发项目规模、档次、开发时机和经营方式。

房地产市场调查与预测的内容和方法，应根据房地产开发项目的用途、未来获取收益的方式及所在地区的具体情况确定。

4.2.1 房地产市场调查与预测的主要内容

房地产市场调查与预测包括房地产投资环境的调查与预测以及房地产市场状况的调查与预测。

(1) 房地产投资环境的调查与预测

房地产投资环境的调查与预测应在国家、城市的层次上进行，侧重于城市层次的投资环境的调查与预测。

主要内容包括：政治、法律、经济、文化教育、自然条件、城市规划、基础设施等方面，对已经发生的或将要发生的重大事件或政策对房地产开发项目的影响要作出充分的了解和估计。

(2) 房地产市场状况的调查与预测

房地产市场状况的调查与预测应在房地产投资环境调查与预测的基础上进行，主要包括以下内容。

① 供求状况。包括：相关地段、用途、规模、档次、平面布置等的房地产供求状况，

如供给量、有效需求量、空置量和空置率等。其中，供给量应包括已完成的项目、在建项目、已备案的项目、潜在的竞争项目及预计它们投入市场的时间。

② 类似房地产开发项目的价格、租金和经营收入。

③ 类似房地产开发项目的投资、费用的构成及数量。

④ 房地产开发项目开发和经营的投资、成本、费用、税金的种类及其支付的标准和时间等。

4.2.2 房地产市场调查与预测方法

（1）房地产市场调查的方法

房地产市场调查要根据调查的对象和内容，采用适当的方法。通常采用的方法有普查法、抽样调查法、直接调查法、间接调查法。

（2）房地产市场预测方法

房地产市场预测一般分为定性预测和定量预测。因预测对象、内容、期限不同，预测的具体方法有所不同。通常采用的方法有以下几种：

① 直观判断法。包括德尔菲法和专家小组法等。

② 历史引申法。包括简单平均数法、移动平均数法、加权平均数法、趋势预测法、指数平滑法、季节指数法等。

③ 因果预测法。包括回归分析法和相关分析法。

4.3 房地产开发项目投资、成本费用

4.3.1 房地产开发项目总投资

根据《国家发展和改革委员会、建设部关于印发建设项目经济评价方法与参数的通知》（发改投资［2006］1325号）的"建设项目经济评价方法"、住房城乡建设部办公厅关于征求《建设项目总投资费用项目组成》《建设项目工程总承包费用项目组成》意见的函（建办标函［2017］621）的内容，确定房地产开发项目总投资。

广义的投资是指人们的一种有目的的经济行为，即以一定的资源投入某项计划，以获取所期望的报酬。投资可分为生产性投资和非生产性投资，所投入的资源可以是资金，也可以是土地、人力、技术、管理经验或其他资源。

建设项目总投资是指为完成工程项目建设并达到使用要求或生产条件，在建设期内预计或实际投入的总费用。房地产投资分析中所讨论的投资是狭义的，是指人们在房地产开发或投资活动中，为实现某种预定的开发、经营目标而预先垫支的资金。

房地产开发项目是一类特殊类型的建设项目。建设项目总投资包括工程造价（建设投资）、增值税、资金筹措费和流动资金等费用。

建设投资（工程造价）是指工程项目在建设期预计或实际支出的建设费用，包括工程费用、工程建设其他费用和预备费。

工程费用是指建设期内直接用于工程建造、设备购置及其安装的费用，包括建筑工程费、设备购置费和安装工程费。建筑工程费是指建筑物、构筑物及与其配套的线路、管道等的建造、装饰费用。安装工程费是指设备、工艺设施及其附属物的组合、装配、调试等费用。建筑工程费和安装工程费包括直接费、间接费和利润。直接费是指施工过程中耗费的构成工程实体或独立计价措施项目的费用，以及按综合计费形式表现的措施费用。直接费包括

人工费、材料费、施工机具使用费和其他直接费。间接费是指施工企业为完成承包工程而组织施工生产和经营管理所发生的费用。间接费内容包括管理人员薪酬、办公费、差旅交通费、施工单位进退场费、非生产性固定资产使用费、工具用具使用费、劳动保护费、财务费、税金，以及其他管理性的费用。利润是指企业完成承包工程所获得的盈利。设备购置费是指购置或自制的达到固定资产标准的设备、工器具及生产家具等所需的费用。

工程建设其他费用是指建设期发生的与土地使用权取得、整个工程项目建设以及未来生产经营有关的，除工程费用、预备费、增值税、资金筹措费、流动资金以外的费用。工程建设其他费用按国家、行业或项目所在地相关规定计算，有合同或协议的按合同或协议计列，主要包括土地使用费和其他补偿费、建设管理费、可行性研究费、勘察设计费、场地准备费和临时设施费、工程保险费、市政公用配套设施费等。土地使用费和其他补偿费是指建设项目使用土地应支付的费用，包括建设用地费和临时土地使用费，以及由于使用土地发生的其他有关费用。取得土地使用权的方式有出让、划拨和转让3种方式。建设管理费是指为组织完成工程项目建设在建设期内发生的各类管理性质费用，包括建设单位管理费、代建管理费、工程监理费、监造费、招标投标费、设计评审费、其他咨询费、印花税等。可行性研究费是指在工程项目投资决策阶段，对有关建设方案、技术方案或生产经营方案进行的技术经济论证，以及编制、评审可行性研究报告等所需的费用。勘察费是指勘察人根据发包人的委托，收集已有资料、现场踏勘、制定勘察纲要，进行勘察作业，以及编制工程勘察文件和岩土工程设计文件等收取的费用。设计费是指设计人根据发包人的委托，提供编制建设项目初步设计文件、施工图设计文件、非标准设备设计文件、竣工图文件等服务所收取的费用。场地准备费是指为使工程项目的建设场地达到开工条件，由建设单位组织进行的场地平整等准备工作而发生的费用。临时设施费是指建设单位为满足施工建设需要而提供的未列入工程费用的临时水、电、路、讯、气等工程和临时仓库等建（构）筑物的建设、维修、拆除、摊销费用或租赁费用等费用。工程保险费是指在建设期内对建筑工程、安装工程、机械设备和人身安全进行投保而发生的费用，包括建筑安装工程一切险、工程质量保险、进口设备财产保险和人身意外伤害险等。市政公用配套设施费是指使用市政公用设施的工程项目，按照项目所在地政府有关规定建设或缴纳的市政公用设施建设配套费用。

预备费是指在建设期内因各种不可预见因素的变化而预留的可能增加的费用，包括基本预备费和价差预备费。基本预备费=(工程费用+工程建设其他费用)×基本预备费费率，基本预备费费率由工程造价管理机构根据项目特点综合分析后确定。

增值税是指应计入建设项目总投资内的增值税额，包括工程费、工程建设其他费和预备费的增值税。当期应纳增值税额=当期销项税额-当期进项税额。增值税的附加税包括城市维护建设税和教育费附加。城市维护建设税是对从事工商经营，缴纳增值税、消费税、营业税的单位和个人征收的一种税。教育费附加是以单位和个人缴纳的增值税、消费税、营业税税额为计算依据征收的一种附加费。教育费附加名义上是一种专项资金，但实质上具有税的性质。

资金筹措费是指在建设期内应计的利息和在建设期内为筹集项目资金发生的费用。包括各类借款利息、债券利息、贷款评估费、国外借款手续费及承诺费、汇兑损益、债券发行费用及其他债务利息支出或融资费用。根据不同资金来源及利率分别计算建设期利息。

流动资金是指运营期内长期占用并周转使用的营运资金，不包括运营中需要的临时性营运资金。流动资金的估算方法有扩大指标估算法和分项详细估算法两种。扩大指标估算法是参照同类企业的流动资金占营业收入、经营成本的比例或者是单位产量占用营运资金的数额估算流动资金。

下面为建设项目评价中的房地产开发项目总投资构成，表 4-1～表 4-3 为相关估算表。

(1) 建设投资

① 工程费用

建筑工程费；　　　　　　　　　　　　安装工程费。

设备购置费；

② 工程建设其他费用

土地使用费和其他补偿费；　　　　　　场地准备费和临时设施费；

建设管理费；　　　　　　　　　　　　工程保险费；

可行性研究费；　　　　　　　　　　　市政公用配套设施费；

勘察费用；　　　　　　　　　　　　　其他费用。

设计费用；

③ 预备费

　基本预备费；　　　　　　　　　　　价差预备费。

(2) 增值税及附加

增值税；　　　　　　　　　　　　　　增值税的附加税。

(3) 资金筹措费

建设期利息；　　　　　　　　　　　　其他。

(4) 流动资金

表 4-1　建设投资估算表　　　　　　　　　　　　　　　单位：万元

序号	工程或费用名称	建筑工程费	设备购置费	安装工程费	其他费用	合计
1	工程费用					
1.1	主体工程					
1.1.1						
	…					
1.2	辅助工程					
1.2.1	…					
2	工程建设其他费用					
2.1						
	…					
3	预备费					
3.1	基本预备费					
3.2	价差预备费					
4	建设投资估算					
	比例/%					

表 4-2　建设期利息估算表　　　　　　　　　　　　　　　单位：万元

序号	项目	合计	建设期					
			1	2	3	4	…	n
1	借款							
1.1	建设期利息							
1.1.1	期初借款余额							
1.1.2	当期借款							
1.1.3	当期应计利息							
1.1.4	期末借款余额							
1.2	其他融资费用							
1.3	小计(1.1+1.2)							
2	债券							
2.1	建设期利息							
2.1.1	期初债务余额							
2.1.2	当期债务金额							
2.1.3	当期应计利息							
2.1.4	期末债务余额							
2.2	其他融资费用							
2.3	小计(2.1+2.2)							
3	合计(1.3+2.3)							
3.1	建设期利息合计(1.1+2.1)							
3.2	其他融资费用合计(1.2+2.2)							

表 4-3　总成本费用估算表（生产成本加期间费用法）　　　　　　单位：万元

序号	项目	合计	计算期					
			1	2	3	4	…	n
1	生产成本							
2	管理费用							
3	财务费用							
4	营业费用							
5	总成本费用合计(1+2+3+4)							

4.3.2　总成本费用

总成本费用系指在运营期内为生产产品或提供服务所发生的全部费用。

总成本费用＝生产成本＋期间费用

期间费用＝管理费用＋营业费用＋财务费用

房地产开发项目总成本费用主要包括开发建设期间发生的开发产品成本和经营期间发生的运营费用、修理费用等。

开发产品成本是指房地产开发项目建成时，按照国家有关财务和会计制度，转入房地产产品的开发建设投资。当房地产开发项目有多种产品时，可以通过建设投资的合理分摊，分别估算每种产品的产品成本。

4.3.3 经营成本

经营成本是项目经济评价中所使用的特定概念,作为项目运营期的主要现金流出,其构成和估算可采用下式表达:

经营成本=外购原材料、燃料和动力费+工资及福利费+修理费+其他费用

其他费用是指从制造费用、管理费用和营业费用中扣除了折旧费、摊销费、修理费、工资及福利费以后的其余部分。

对于房地产开发项目,经营成本主要是项目运营期的管理费用、营业费用、修理费。

4.4 房地产开发项目收入估算与资金筹措

4.4.1 房地产开发项目收入估算

房地产开发项目的收入主要包括房地产产品的销售收入(包括配套设施销售收入)、租金收入和自营收入。

应明确说明采用何种计价方式。当采用含增值税的价格计算销售收入和成本时,利润和利润分配表以及现金流量表中应单列增值税科目;采用不含增值税的价格计算时,利润和利润分配表以及现金流量表中不包括增值税科目。

(1) 租售收入的估算

估算房地产开发项目的收入,首先要制定切实可行的租售计划。租售计划的内容通常包括租售方案、租售价格、租售收入及收款方式。租售计划应遵守政府有关租售和经营的规定,并与开发商的投资策略相配合。

① 租售方案。租售方案包括拟租售物业的类型、时间和相应的数量。租售方案要结合房地产开发项目可提供的物业类型、数量来确定,并要考虑到租售期内房地产市场的可能变化对租售数量的影响。对于一个具体的房地产开发项目,必须明确出租面积和出售面积的数量及其与建筑物的对应关系,在整个租售期内每期(年、半年、季度、月)拟销售或出租的物业类型和数量。综合用途的房地产开发项目应按不同用途或使用功能划分。

【例 4-1】 某房地产开发项目开发经营期为 5 年,建设期 3 年,现房销售期 2 年,商品房预售期为 1 年,根据类似项目的调查资料及本项目的情况,拟定了该项目各期的销售比例(见表 4-4)。

表 4-4 某房地产开发项目各期的销售比例

项目 \ 年份	0	1	2	3	4	5
拟投资项目			20%	40%	20%	20%

② 租售价格。租售价格应在房地产市场分析的基础上确定。一般可选择在位置、规模、功能和档次等方面可比的交易实例,通过对其成交价格的分析与修正,最终得到房地产开发项目的租售价格,也可以参照房地产开发项目产品定价的技术和方法,确定租售价格。租售价格的确定要与开发商市场营销策略相一致,在考虑政治、经济、社会等宏观环境对物业租售价格影响的同时,还应对房地产市场供求关系进行分析,考虑已建成的、正在建设的以及

潜在的竞争项目对拟开发项目租售价格的影响。

③ 租售收入。房地产开发项目的租售收入等于可租售面积的数量乘以单位租售价格。对于出租的情况，还应考虑空置期（项目竣工后暂时找不到租客的时间）和空置率（未租出建筑面积占总建筑面积的百分比）对年租金收入的影响。租售收入估算要计算出每期（年、半年、季度、月）所能获得的租售收入，并形成租售收入计划。

表 4-5 为营业收入、增值税估算表。

表 4-5　营业收入、增值税估算表　　　　　　　　　单位：万元

序号	项目	合计	计算期					
			1	2	3	4	…	n
1	营业收入							
1.1	产品 A 营业收入							
	单价							
	数量							
	销项税额							
1.2	产品 B 营业收入							
	单价							
	数量							
	销项税额							
	…							
2	增值税							
	销项税额							
	进项税额							

④ 收款方式。收款方式的确定应考虑房地产交易的付款习惯和惯例，确定分期付款的期数及各期付款的比例。

(2) 自营收入的估算

自营收入的估算是指房地产开发企业以开发完成后的房地产为其进行商业和服务业等经营活动的载体，通过综合性的自营方式得到的收入。在进行自营收入估算时，应充分考虑目前已有的商业和服务业设施对房地产开发项目建成后产生的影响，以及未来商业、服务业市场可能发生的变化对房地产开发项目的影响。

4.4.2　资金筹措

(1) 项目总投资使用计划与资金筹措

在房地产开发项目可行性研究阶段，应根据房地产开发项目总投资估算额、租售计划（特别是预租售计划）来编制房地产开发项目总投资使用计划与资金筹措表（表 4-6）。房地产开发项目的资金来源通常有资本金、预租售收入及向金融机构贷款三种筹措渠道。

(2) 借款还本付息计划

如果项目资金筹措中涉及借贷资金，则应先编制借款还本付息计划表（表 4-7），否则无法编制项目总投资使用计划与资金筹措表。

表 4-6 项目总投资使用计划与资金筹措表　　　　　　　　　　　　单位：万元

序号	项目	合计	建设期					
			1	2	3	4	…	n
1	总投资							
1.1	建设投资							
1.2	增值税及附加							
1.3	建设期利息							
1.4	流动资金							
2	资金筹措							
2.1	项目资本金							
2.1.1	用于建设投资							
2.1.2	用于流动资金							
2.1.3	用于建设期利息							
2.2	债务资金							
2.2.1	用于建设投资							
2.2.2	用于建设期利息							
2.2.3	用于流动资金							
2.3	其他资金							

表 4-7 借款还本付息计划表　　　　　　　　　　　　　　　　　　单位：万元

序号	项目	合计	计算期					
			1	2	3	4	…	n
1	借款 1							
1.1	期初借款余额							
1.2	当期还本付息							
	其中:还本							
	付息							
1.3	期末借款余额							
2	借款 2							
2.1	期初借款余额							
2.2	当期还本付息							
	其中:还本							
	付息							
2.3	期末借款余额							
3	债券							
3.1	期初债务余额							
3.2	当期还本付息							
	其中:还本							
	付息							

续表

序号	项目	合计	计算期					
			1	2	3	4	…	n
3.3	期末债务余额							
4	借款和债券合计							
4.1	期初余额							
4.2	当期还本付息							
	其中：还本							
	付息							
4.3	期末余额							
计算指标	利息备付率							
	偿债备付率							

4.5 房地产开发项目经济评价

房地产开发项目经济评价可分为财务分析和综合分析。房地产开发项目一般只进行财务分析，涉及区域开发的项目还应进行综合分析。

4.5.1 财务分析

4.5.1.1 财务分析的内涵

房地产开发项目财务分析是在房地产市场调查与预测、项目策划、投资估算、收入估算与资金筹措等基础资料和数据的基础上，编制财务报表，计算财务分析指标，考察和分析项目的盈利能力、偿债能力和财务生存能力，判断项目的财务可行性，明确项目对财务主体的价值以及对投资者的贡献，为投资决策、融资决策以及银行审贷提供依据。

4.5.1.2 融资前分析和融资后分析的关系

财务分析可分为融资前分析和融资后分析。一般宜先进行融资前分析，融资前分析是指在考虑融资方案前就可以开始进行的财务分析，即不考虑债务融资条件下进行的财务分析。在融资前分析结论满足要求的情况下，初步设定融资方案，再进行融资后分析，融资后分析是指以设定的融资方案为基础进行的财务分析。

融资前分析只进行盈利能力分析，并以项目投资折现现金流量分析为主，计算项目投资内部收益率和净现值指标，也可计算投资回收指标（静态）。融资后分析主要是针对项目资本金折现现金流量和投资各方折现现金流量进行分析，既包括盈利能力分析，又包括偿债能力分析和财务生存能力分析等内容。

4.5.1.3 财务分析报表

财务分析报表包括现金流量表、利润与利润分配表、财务计划现金流量表、资产负债表和借款还本付息计划表。

（1）现金流量表

现金流量表应正确反映计算期内的现金流入和流出，具体可分为下列 3 种类型。

① 项目投资现金流量表。用于计算项目投资财务内部收益率、项目财务净现值和项目

投资回收期等财务分析指标,项目投资现金流量表见表 4-8。

表 4-8　项目投资现金流量表　　　　　　　　　　　　　　　　单位:万元

序号	项目	合计	计算期					
			1	2	3	4	…	n
1	现金流入							
1.1	营业收入							
1.2	补贴收入							
1.3	回收固定资产余值							
1.4	回收流动资金							
2	现金流出							
2.1	建设投资							
2.2	流动资金							
2.3	经营成本							
2.4	维持运营投资							
3	所得税前净现金流量(1−2)							
4	累计所得税前净现金流量							
5	调整所得税							
6	所得税后净现金流量(3−5)							
7	累计所得税后净现金流量							

计算指标:
项目投资财务内部收益率(%)(所得税前)
项目投资财务内部收益率(%)(所得税后)
项目投资财务净现值(所得税前)
项目投资财务净现值(所得税后)
项目投资回收期(年)(所得税前)
项目投资回收期(年)(所得税后)

② 项目资本金现金流量表。用于计算项目资本金财务内部收益率,项目资本金现金流量表见表 4-9。

表 4-9　项目资本金现金流量表　　　　　　　　　　　　　　　　单位:万元

序号	项目	合计	计算期					
			1	2	3	4	…	n
1	现金流入							
1.1	营业收入							
1.2	补贴收入							
1.3	回收固定资产余值							
1.4	回收流动资金							
2	现金流出							
2.1	项目资本金							
2.2	借款本金偿还							

续表

序号	项目	合计	计算期					
			1	2	3	4	…	n
2.3	借款利息支付							
2.4	经营成本							
2.5	所得税							
2.6	维持运营投资							
3	净现金流量(1-2)							
计算指标: 资本金财务内部收益率(%)								

③ 投资各方现金流量表。用于计算投资各方财务内部收益率。

调整所得税为以息税前利润为基数计算的所得税,区别于"利润与利润分配表""项目资本金现金流量表"和"财务计划现金流量表"中的所得税。当建设期利息占总投资比例不是很大时,也可按利润与利润分配表中的息税前利润计算调整所得税。

(2) 利润与利润分配表

反映项目计算期内各年营业收入、总成本费用、利润总额等情况,以及所得税后利润的分配,用于计算总投资收益率、项目资本金净利润率等指标。利润与利润分配表见表4-10。

表 4-10 利润与利润分配表　　　　　　　　　单位:万元

序号	项目	合计	计算期					
			1	2	3	4	…	n
1	营业收入							
2	总成本费用							
3	补贴收入							
4	利润总额(1-2+3)							
5	弥补以前年度亏损							
6	应纳税所得额(4-5)							
7	所得税							
8	净利润(4-7)							
9	期初未分配利润							
10	可供分配的利润(8+9)							
11	提取法定盈余公积金							
12	可供投资者分配的利润(10-11)							
13	应付优先股股利							
14	提取任意盈余公积金							
15	应付普通股股利(12-13-14)							
16	各投资方利润分配							
17	未分配利润(12-13-14-16)							
18	息税前利润(利润总额+利息支出)							

(3) 财务计划现金流量表

反映项目计算期各年的投资、融资及经营活动的现金流入和流出，用于计算累计盈余资金，分析项目的财务生存能力。财务计划现金流量表见表 4-11。

表 4-11　财务计划现金流量表　　　　　　　　　　　　　　单位：万元

序号	项目	合计	计算期					
			1	2	3	4	…	n
1	经营活动净现金流量(1.1－1.2)							
1.1	现金流入							
1.1.1	营业收入							
1.1.2	增值税销项税额							
1.1.3	补贴收入							
1.1.4	其他流入							
1.2	现金流出							
1.2.1	经营成本							
1.2.2	增值税进项税额							
1.2.3	增值税							
1.2.4	所得税							
1.2.5	其他流出							
2	投资活动净现金流量(2.1－2.2)							
2.1	现金流入							
2.2	现金流出							
2.2.1	建设投资							
2.2.2	维持运营投资							
2.2.3	流动资金							
2.2.4	其他流出							
3	筹资活动净现金流量(3.1－3.2)							
3.1	现金流入							
3.1.1	项目资本金投入							
3.1.2	建设投资借款							
3.1.3	流动资金借款							
3.1.4	债券							
3.1.5	短期借款							
3.1.6	其他流入							
3.2	现金流出							
3.2.1	各种利息支出							
3.2.2	偿还债务本金							
3.2.3	应付利润（股利分配）							
3.2.4	其他流出							
4	净现金流量(1＋2＋3)							
5	累计盈余资金							

(4) 资产负债表

用于综合反映项目计算期内各年年末资产、负债和所有者权益的增减变化及对应关系，计算资产负债率。

(5) 借款还本付息计划表

反映项目计算期内各年借款本金偿还和利息支付情况，用于计算偿债备付率和利息备付率指标。借款还本付息计划表见表 4-12。

表 4-12 借款还本付息计划表　　　　　　　　　　　单位：万元

序号	项目	合计	计算期					
			1	2	3	4	…	n
1	借款 1							
1.1	期初借款余额							
1.2	当期还本付息							
	其中：还本							
	付息							
1.3	期末借款余额							
2	借款 2							
2.1	期初借款余额							
2.2	当期还本付息							
	其中：还本							
	付息							
2.3	期末借款余额							
3	债券							
3.1	期初债务余额							
3.2	当期还本付息							
	其中：还本							
	付息							
3.3	期末债务余额							
4	借款和债券合计							
4.1	期初余额							
4.2	当期还本付息							
	其中：还本							
	付息							
4.3	期末余额							
计算指标	利息备付率							
	偿债备付率							

4.5.1.4 融资前分析

融资前分析只进行盈利能力分析。

融资前分析应以动态分析（折现现金流量分析）为主，静态分析（非折现现金流量分析）为辅。融资前动态分析应以营业收入、建设投资、经营成本和流动资金的估算为基础，考察整个计算期内现金流入和现金流出，编制项目投资现金流量表，利用资金时间价值的原理进行折现，计算项目投资内部收益率和净现值等指标。融资前分析也可计算静态投资回收期指标，用以反映收回项目投资所需要的时间。

融资前分析排除了融资方案变化的影响，从项目投资总获利能力的角度，考察项目方案设计的合理性。融资前分析计算的相关指标，应作为初步投资决策与融资方案研究的依据和基础。

根据分析角度的不同，融资前分析可选择计算所得税前指标和（或）所得税后指标。按所得税前的净现金流量计算的相关指标，即所得税前指标，是投资盈利能力的完整体现，用以考察由项目方案设计本身所决定的财务盈利能力，它不受融资方案和所得税政策变化的影响，仅仅体现项目方案本身的合理性。所得税前指标可以作为初步投资决策的主要指标，用于考察项目是否基本可行，并值得去为之融资。为了体现与融资方案无关的要求，各项现金流量的估算中都需要剔除利息的影响。所得税前和所得税后分析的现金流入完全相同，但现金流出略有不同，所得税前分析不将所得税作为现金流出，所得税后分析视所得税为现金流出。调整所得税应根据息税前利润乘以所得税率计算。为简化起见，当建设期利息占总投资比例不是很大时，也可按利润表中的息税前利润计算调整所得税。

融资前有下列分析指标。

① 项目投资财务内部收益率。项目投资财务内部收益率（FIRR）是指能使项目计算期内净现金流量现值累计等于零时的折现率，即 FIRR 作为折现率使下式成立。

$$\sum_{t=1}^{n}(CI-CO)_t(1+FIRR)^{-t}=0$$

式中，CI 为现金流入量；CO 为现金流出量；$(CI-CO)_t$ 为第 t 期的净现金流量；n 为项目计算期。

项目投资财务内部收益率、项目资本金财务内部收益率和投资各方财务内部收益率都依据上式计算，但所用的现金流量表、现金流入和现金流出不同。

当财务内部收益率大于或等于所设定的判别基准 i_c（通常称为基准收益率）时，项目方案在财务上可考虑接受。

② 项目财务净现值。项目财务净现值（FNPV）是指按设定的折现率（一般采用基准收益率 i_c）计算的项目计算期内净现金流量的现值之和，可按下式计算。

$$FNPV=\sum_{t=1}^{n}(CI-CO)_t(1+i_c)^{-t}$$

式中，i_c 为设定的折现率。

按照设定的折现率计算的财务净现值大于或等于零时，项目方案在财务上可考虑接受。

③ 项目投资回收期。项目投资回收期（P_t）是指以项目的净收益回收项目投资所需要的时间，一般以年为单位。项目投资回收期可采用下式表达。

$$\sum_{t=1}^{P_t}(CI-CO)_t=0$$

项目投资回收期可借助项目投资现金流量表计算。项目投资现金流量表中累计净现金流量由负值变为零的时点，即为项目投资回收期。投资回收期可按下式计算。

$$P_t = T - 1 + \frac{\left|\sum_{i=1}^{T-1}(CI-CO)_i\right|}{(CI-CO)_T}$$

式中，T 为各年累计净现金流量首次为正值或为零的年数。

投资回收期短，表明项目投资回收快，抗风险能力强。

4.5.1.5 融资后分析

融资后分析应以融资前分析和初步的融资方案为基础，考察项目在拟定融资条件下的盈利能力、偿债能力和财务生存能力，判断项目方案在融资条件下的可行性。融资后分析用于比选融资方案，帮助投资者作出融资决策。

(1) 盈利能力分析

融资后的盈利能力分析应包括动态分析和静态分析。动态分析包括项目资本金现金流量分析和投资各方现金流量分析。项目资本金现金流量分析，应在拟定的融资方案下，从项目资本金出资者整体的角度，确定其现金流入和现金流出，编制项目资本金现金流量表，利用资金时间价值的原理进行折现，计算项目资本金财务内部收益率指标，考察项目资本金可获得的收益水平。投资各方现金流量分析，应从投资各方实际收入和支出的角度，确定其现金流入和现金流出，分别编制投资各方现金流量表，计算投资各方财务内部收益率指标，考察投资各方可能获得的收益水平。静态分析是指不采用折现方式处理数据，依据利润与利润分配表计算项目资本金净利润率和总投资收益率指标。

融资后盈利能力分析有下列分析指标。

① 项目资本金财务内部收益率。根据项目资本金现金流量表中的净现金流量，利用计算公式，计算项目资本金财务内部收益率。当财务内部收益率大于或等于所设定的判别基准 i_c 时，项目方案在财务上可考虑接受。

② 投资各方财务内部收益率。根据投资各方现金流量表中的净现金流量，利用计算公式，计算投资各方财务内部收益率。当财务内部收益率大于或等于所设定的判别基准 i_c 时，项目方案在财务上可考虑接受。

③ 总投资收益率。总投资收益率（ROI）表示总投资的盈利水平，是指项目达到设计能力后正常年份的年息税前利润或运营期内年平均息税前利润与项目总投资的比率。总投资收益率应按下式计算

$$ROI = \frac{EBIT}{TI} \times 100\%$$

式中，EBIT 为项目正常年份的年息税前利润或运营期内年平均息税前利润；TI 为项目总投资。

总投资收益率高于同行业的收益率参考值，表明用总投资收益率表示的盈利能力满足要求。

④ 项目资本金净利润率。项目资本金净利润率（ROE）表示项目资本金的盈利水平，是指项目达到设计能力后正常年份的年净利润或运营期内年平均净利润与项目资本金的比率。项目资本金净利润率应按下式计算

$$ROE = \frac{NP}{EC} \times 100\%$$

式中，NP 为项目正常年份的年净利润或运营期内年平均净利润；EC 为项目资本金。

项目资本金净利润率高于同行业的净利润率参考值，表明用项目资本金净利润率表示的盈利能力满足要求。

【例 4-2】 项目投资现金流量如图 4-1 所示。如果初始投资的一半采用资本金，另一半是向银行贷款。贷款条件是一年以后开始归还，分 5 年等额还本付息，年利率为 10%，求项目投资财务内部收益率和项目资本金财务内部收益率。

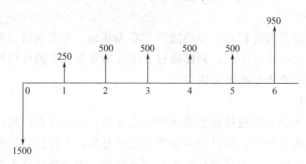

图 4-1 项目投资现金流量图

解：① 计算项目投资财务内部收益率。

$$\mathrm{FNPV}(i) = -1500 + [250 + 500(P/A, i, 4)](P/F, i, 1) + 950(P/F, i, 6)$$

项目投资财务内部收益率 FIRR = 22.48%。

② 计算项目资本金财务内部收益率。

第一年初借款额

$$P = 1500/2 = 750 \text{（万元）}$$

5 年等额还本付息额

$$A = P(A/P, 10\%, n) = 750(A/P, 10\%, 5) = 197.85 \text{（万元）}$$

项目资本金现金流量如图 4-2 所示。

$$\mathrm{FNPV}(i) = -750 + [52.15 + 302.15(P/A, i, 4)](P/F, i, 1) + 950(P/F, i, 6)$$

项目资本金财务内部收益率 FIRR = 29.56%。

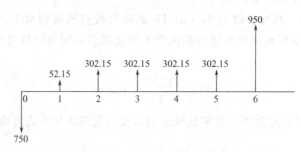

图 4-2 项目资本金现金流量图

(2) 偿债能力分析

偿债能力分析应通过计算利息备付率、偿债备付率和资产负债率等指标，分析判断财务主体的偿债能力。上述指标应按下列公式计算。

① 利息备付率。利息备付率（ICR）是指在借款偿还期内的息税前利润与应付利息的比值，它从付息资金来源的充裕性角度反映项目偿付债务利息的保障程度，应按下式计算

$$\mathrm{ICR} = \frac{\mathrm{EBIT}}{\mathrm{PI}}$$

式中，EBIT 为息税前利润；PI 为计入总成本费用的应付利息。

利息备付率应分年计算。利息备付率高，表明利息偿付的保障程度高。利息备付率应当大于 1，并结合债权人的要求确定。

② 偿债备付率。偿债备付率（DSCR）是指在借款偿还期内，用于计算还本付息的资金与应还本付息金额的比值，它表示可用于计算还本付息的资金偿还借款本息的保障程度，应按下式计算。

$$DSCR = \frac{EBITDA - T_{AX}}{PD}$$

式中，EBITDA 为息税前利润加折旧和摊销；T_{AX} 为企业所得税；PD 为应还本付息金额。

偿债备付率应分年计算，偿债备付率高，表明可用于还本付息的资金保障程度高。偿债备付率应大于 1，并结合债权人的要求确定。

③ 资产负债率。资产负债率（LOAR）是指各期末负债总额与资产总额的比率，应按下式计算。

$$LOAR = \frac{TL}{TA} \times 100\%$$

式中，TL 为期末负债总额；TA 为期末资产总额。

适度的资产负债率，表明企业经营安全、稳健，具有较强的筹资能力，也表明企业和债权人的风险较小。对该指标的分析，应结合国家宏观经济状况、行业发展趋势、企业所处竞争环境等具体条件判断。项目财务分析中，在长期债务还清后，可不再计算资产负债率。

(3) 财务生存能力分析

财务生存能力分析，应在财务分析辅助表和利润与利润分配表的基础上，编制财务计划现金流量表，通过考察项目计算期内的投资、融资和经营活动所产生的各项现金流入和流出，计算净现金流量和累计盈余资金，分析项目是否有足够的净现金流量维持正常经营，以实现财务可持续性。

财务可持续性应首先体现有足够大的经营活动净现金流量，其次各年累计盈余资金不应出现负值。若出现负值，应进行短期借款，同时分析该短期借款的年份长短和数额大小，进一步判断项目的财务生存能力。

4.5.1.6 方案经济比选

方案经济比选是寻求合理的经济和技术方案的必要手段，也是项目评价的重要内容。项目经济评价中宜对互斥方案和可转化为互斥型方案的方案进行比选。

备选方案应满足下列条件。

① 备选方案的整体功能应达到目标要求。
② 备选方案的经济效益应达到可以被接受的水平。
③ 备选方案包含的范围和时间应一致，效益和费用计算口径应一致。

方案经济比较可采用下列方法。

① 净现值比较法。比较备选方案的财务净现值，以净现值大的方案为优。比较净现值时应采用相同的折现率。

② 净年值比较法。比较备选方案的净年值，以净年值大的方案为优。比较净年值时应采用相同的折现率。

③ 差额投资财务内部收益率法。使用备选方案差额现金流，按下式计算。

$$\sum_{t=0}^{n}[(CI-CO)_\text{大}-(CI-CO)_\text{小}](1+\Delta FIRR)^{-t}=0$$

式中，$(CI-CO)_\text{大}$为投资大的方案的财务净现金流量；$(CI-CO)_\text{小}$为投资小的方案的财务净现金流量；$\Delta FIRR$为差额投资财务内部收益率。

计算差额投资财务内部收益率，与设定的基准收益率进行比较，当差额投资财务内部收益率大于或等于设定的基准收益率时，以投资大的方案为优，反之，投资小的方案为优，由小到大排序，再依次就相邻方案两两比较，从中选出最优方案。

4.5.2 综合分析

房地产开发项目一般只进行财务分析，涉及区域开发的项目还应进行综合分析。

4.5.2.1 房地产开发项目综合分析的内涵

房地产开发项目综合分析是从区域社会经济发展的角度，考察房地产开发项目的效益和费用，评价房地产开发项目的合理性。

房地产开发项目综合分析包括综合盈利能力分析和社会影响分析。

4.5.2.2 综合分析中房地产开发项目的效益和费用

（1）综合分析中房地产开发项目的效益

综合分析中房地产开发项目的效益是指房地产开发项目对区域经济的贡献，分为直接效益和间接效益。

① 直接效益。直接效益是指在房地产开发项目范围内政府能够得到的收益，一般包括以下几个方面：

  a. 出让国有土地使用权所得的收益；

  b. 因土地使用权转让而得到的收益，如土地增值税等；

  c. 项目范围内的工商企业缴纳的税费。例如，房产税、土地使用税、车船使用税、印花税、进口关税和增值税、营业税、城市维护建设税及教育费附加、消费税、资源税、所得税等；

  d. 项目范围内基础设施的收益。例如，供电增容费、供水增容费、排水增容费、电费、水费、电信费等。

② 间接效益。间接效益是指由房地产开发项目引起的、在项目直接效益中未得到反映的那部分效益。主要包括增加地区就业人口、繁荣地区商贸服务、促进地区旅游业发展等带来的收益。

（2）综合分析中房地产开发项目的费用

综合分析中房地产开发项目的费用是指区域经济为房地产开发项目付出的代价，分为直接费用和间接费用。

① 直接费用。直接费用是指在房地产开发项目范围内政府所花费的投资和经营管理费用。一般包括以下几个方面：

  a. 征地费用；

  b. 土地开发和基础设施投资费用；

  c. 建筑工程和城市配套设施费用；

  d. 经营管理费用。

② 间接费用。间接费用是指由房地产开发项目引起的、在直接费用中未得到反映的那

部分费用。主要有在项目范围外为项目配套的基础设施投资,为满足房地产开发项目需要而引起的基础服务供应缺口使区域经济产生的损失等。当基础服务(如电力)供不应求时,为满足房地产开发项目需要而使区域经济产生的损失,可用该项服务的当地最高价格计算。

4.5.2.3 房地产开发项目综合分析的内容

(1) 综合盈利能力分析

综合盈利能力分析是根据房地产开发项目的直接效益和直接费用,以及可以用货币计量的间接效益和间接费用,计算综合内部收益率(CIRR),考察房地产开发项目投资的盈利水平。

综合内部收益率是指房地产开发项目在整个计算期内,各期净现金流量现值累计等于零时的折现率。它反映房地产开发项目所占用资金的盈利率,是考察房地产开发项目盈利能力的评价指标。其表达式为

$$\sum_{t=0}^{n}(CI-CO)_t(1+CIRR)^{-t}=0$$

综合内部收益率可根据综合分析现金流量表中的净现金流量用试差法计算求得,并可与政府的期望收益率或银行的贷款利率进行比较,判断项目的盈利能力。

(2) 社会影响分析

社会影响分析是定性和定量描述难以用货币计量的间接效益和间接费用对房地产开发项目的影响。社会影响分析主要包括下列内容。

① 就业效果分析。主要是考查房地产开发项目对区域劳动力就业的影响。

② 对区域资源配置的影响。

③ 对环境保护和生态平衡的影响。

④ 对区域科技进步的影响。

⑤ 对区域经济发展的影响。主要包括对繁荣商业服务的影响、对促进旅游业的影响、对发展第三产业的影响等。

⑥ 对减少进口(节汇)和增加出口(创汇)的影响。

⑦ 对节约及合理利用国家资源(如土地)的影响。

⑧ 对提高人民物质文化生活及社会福利的影响。

⑨ 对远景发展的影响。

4.6 房地产开发项目不确定性分析

4.6.1 房地产开发项目不确定性分析的内涵

房地产开发项目不确定性分析是分析不确定性因素对项目可能造成的影响,并进而分析可能出现的风险。

不确定性分析是房地产开发项目经济评价的重要组成部分,对房地产开发项目投资决策的成败有着重要的影响。房地产开发项目的不确定性分析可以帮助投资者根据房地产开发项目投资风险的大小和特点,确定合理的投资收益水平,提出控制风险的方案,有重点地加强对投资风险的防范和控制。

4.6.2 不确定分析的主要分析因素

对于房地产开发项目而言,涉及的主要不确定性因素有土地费用、建筑安装工程费用、

租售价格、开发期与租售期、建筑容积率、资本化率、贷款利率等。这些因素对房地产开发项目经济评价的结果影响很大。

(1) 土地费用

土地费用是房地产开发项目评估中一个重要的计算参数。在进行项目评估时如果开发商还没有获取土地使用权，则土地费用往往是一个未知数。因此，通常要参照近期土地成交的案例，通过市场比较法或其他方法来估算土地费用。

由于土地费用由出让金、城市建设配套费和土地开发费用组成，在地块现状条件比较复杂和土地交易市场不很健全的情况下，很难准确估算。特别是在土地使用权挂牌出让占主导地位的情况下，房地产市场的变化也会导致土地费用的迅速变化。有关统计分析表明，在大城市中心区，土地费用已经占到了项目总投资的 50%~60%。而且，随着城市发展和城市可利用土地资源的减少，土地费用在城市房地产开发项目总开发成本中所占的比例在日益增大。因此，分析土地费用变化对房地产开发项目经济评价结果的影响就显得十分重要。

(2) 建筑安装工程费用

在房地产开发项目评估过程中，建筑安装工程费用的估算比租金售价的估算要容易一些，即使这样，评估时所使用的估算值与实际值也很难相符。导致建筑安装工程费用发生变化的原因主要有以下两种。

① 开发商在决定购置某块场地进行开发之前，通常要进行或委托房地产评估机构进行整个建筑安装工程费用的详细估算，并在此基础上测算能承受的最高地价。当开发商获得土地使用权后，就要选择一个合适的承包商，并在适宜的时间从该承包商处得到一个可以接受的合理报价，即标价，并据此签订建设工程承发包合同。由于建筑安装工程费用的估算时间与承包商报价时间之间经历了购置土地使用权等一系列前期准备工作，两者往往相差半年到一年的时间，这期间可能会由于建筑材料或劳动力价格水平的变化导致建筑安装工程费用出现上涨或下跌的情况，使进行项目评估时估计的建筑安装工程费用与签订承包合同时的标价不一致。如果合同价高于原估算值，则开发商利润就会减少。反之，如果合同价低于原估算值，则开发商利润就会增加。

② 当建筑工程开工后，由于建筑材料价格和人工费用发生变化，也会导致建筑安装工程费用改变。这种改变对开发商是否有影响要看工程承包合同的形式如何。如果承包合同是一种固定总价合同，则建筑安装工程费用的变动风险由承包商负担，对开发商基本无影响。否则，开发商要承担项目建设阶段由于建筑材料价格和人工费用上涨所引起的建筑安装工程费用增加额。

(3) 租售价格

租金收入或销售收入构成了房地产开发项目的主要现金流入，因此租金或售价对房地产开发项目收益的影响是显而易见的，而准确地估算租金和售价并非易事。在项目评估过程中，租金或售价的确定是通过与市场上近期成交的类似物业的租金或售价进行比较、修正后得出的。这种比较实际上隐含着一个基本假设，即不考虑通货膨胀因素以及租金和售价在开发期间的增加或减少，而仅以估价时点的租金和售价水平估算。但同类型物业市场上供求关系的变化，开发过程中社会、经济、政治和环境等因素的变化，都会对物业租售价格水平产生影响，而这些影响是很难事先定量描述的。

(4) 开发期与租售期

房地产开发项目的开发期由准备期和建造期两个阶段组成。

在第一个阶段，开发商要取得土地使用权，委托设计院作规划设计方案和方案审批，还要办理市政基础设施的使用申请等手续。如果开发商报送的方案不能及时得到政府有关部门的批准或批准的方案开发商不满意，则不仅会使项目的规模、布局发生变化，还会拖延宝贵的时间。另外，在项目的建设工程开工前，开发商还要安排工程招标工作，招标过程所需时间的长短又与项目的复杂程度、投标者的数量有关，而招标时间长短亦会影响到开发期的长短。

建造期，即建筑施工工期，一般能够较为准确地估计，但由于某些特殊因素的影响，也可能会引起施工工期延长。例如，某些建筑材料或设备短缺、恶劣气候、政治经济形势发生突变、劳资纠纷引起工人罢工，或者基础开挖中发现重要文物或未预料到的特殊地质条件等都可能会导致工程停工，使施工工期延长。施工工期延长，开发商一方面要承担更多的贷款利息，另一方面还要承担总费用上涨的风险。另外，承包合同形式选择不当也可能导致承包商有意拖延工期，致使项目开发期延长。

租售期（出租期或出售期）的长短与宏观社会经济状况、市场供求状况、市场竞争状况、预期未来房地产价格变化趋势、房地产开发项目的类型等有直接关系。例如，中低价位的商品住宅和经济适用房项目，其销售周期就远远低于高档商品住宅项目；商用房地产开发项目的租售周期远远大于住宅项目。当房地产市场出现过量供应、预期房地产价格会下降时，租售期就会延长；商品房供应减少、预期房地产价格上涨时，租售期就会缩短。租售期延长会增加房地产开发项目的融资成本和管理费用等项支出，特别是在贷款利率较高的情况下，出租或出售期的延长，将会给开发商带来沉重的财务负担。

(5) 容积率及有关设计参数

当开发项目用地面积一定时，容积率的大小就决定了项目可建设建筑面积的数量，而建筑面积直接关系到项目的租金收入、销售收入和建筑安装工程费用。如前所述，项目评估阶段，开发商不一定能拿到政府有关部门的规划批文，因此容积率和建筑面积可能是不确定的。另外，即使有关部门批准了开发项目的容积率或建筑面积，项目可供出租或出售的面积仍然不能完全肯定。因为项目出售时公共面积的可分摊和不可分摊部分、项目出租时可出租面积占总建筑面积的比例等参数在项目评估阶段只能根据经验大致估算。

(6) 资本化率

资本化率也是影响经济评价结果最主要的因素之一，其稍有变动，将大幅度影响项目总开发价值或物业资本价值的预测值。项目总开发价值或物业资本价值可用项目建成后年净经营收入除以资本化率来得到。现假定某项目年净租金收入期望值为 100 万元。若进行市场调查与分析后认定资本化率为 7%，与认定为 8%，两者相差 1%，但所求得的项目资本价值相差 178 万元（1428 万元－1250 万元）。另外，在利用折现现金流分析法进行项目评估时，行业内部收益率或目标收益率在很大程度上影响着项目的投资决策。

目前选择房地产开发项目资本化率的常用办法是选取若干个参照项目的实际净租金收入与售价的比值，取其平均值作为评估项目的资本化率，即

$$R = \frac{\frac{P_1}{V_1} + \frac{P_2}{V_2} + \frac{P_3}{V_3} + \cdots + \frac{P_n}{V_n}}{n} = \frac{1}{n}\sum_{i=1}^{n}\frac{P_i}{V_i}$$

式中，P_i 为第 i 个参照项目的年净租金收入；V_i 为第 i 个参照项目的市场价值或售价；R 为资本化率。

由于不同估价人员的经验、专业知识以及所掌握的市场资料有限，所选择的参照项目可

能不同，因此会有不同的结论。另外，由于开发周期内市场行情的改变以及参照项目与评估项目之间的差异，评估时所选择的资本化率或折现率与将来实际投资收益率相比，也不可避免地会出现误差，从而使开发商要承担附加风险。

(7) 贷款利率

贷款利率的变化对开发项目财务评价结果的影响也很大。由于房地产开发商在开发建设一个项目时，资本金往往只占到投资总额的 30% 左右，其余部分都要通过金融机构借款或预售商品房的方式筹措，所以资金使用成本即利息支出对开发商最终获利大小的影响极大。

除以上 7 个主要不确定性因素外，开发项目总投资中资本金或借贷资金所占的比例的变动也会对项目评估结果产生较大的影响。

4.6.3 房地产开发项目不确定性分析的方法

房地产开发项目不确定性分析的方法主要包括敏感性分析、临界点分析和概率分析。

4.6.3.1 敏感性分析

(1) 敏感性分析的含义

敏感性分析是通过预计房地产开发项目不确定性因素发生的变化，分析对项目经济效益产生的影响。通过计算这些因素的影响程度，判断房地产开发项目经济效益对各个影响因素的敏感性，并从中找出对房地产开发项目经济效益影响较大的不确定性因素。

(2) 敏感性分析的步骤

房地产开发项目敏感性分析主要包括以下几个步骤。

① 确定用于敏感性分析的经济评价指标。通常采用的指标为净现值，必要时也可选用其他经济指标。在具体选定评价指标时，应考虑分析的目的、显示的直观性、敏感性，以及计算的复杂程度。

② 确定不确定性因素可能的变动范围。

③ 计算不确定因素变动时评价指标的相应变动值。

④ 通过评价指标的变动情况，找出较为敏感的变动因素，作出进一步的分析。

(3) 单因素与多因素敏感性分析

单因素敏感性分析是敏感性分析的最基本方法。进行单因素敏感性分析时，首先假设各因素之间相互独立，然后每次只考查一项可变参数的变化而其他参数保持不变时项目经济评价指标的变化情况。

多因素敏感性分析是分析两个或两个以上的不确定性因素同时发生变化时，对项目经济评价指标的影响。由于项目评估过程中的参数或因素同时发生变化的情况非常普遍，所以多因素敏感性分析也有很强的实用价值。

多因素敏感性分析一般是在单因素敏感性分析基础上进行的，且分析的基本原理与单因素敏感性分析大体相同。需要注意的是，多因素敏感性分析须进一步假定同时变动的几个因素都是相互独立的，且各因素发生变化的概率相同。

【例 4-3】 试针对某房地产开发项目项目投资的主要评价指标，在总投资和租售价格分别变化 ±15%、±10%、±5% 时，对该项目进行敏感性分析（为节省篇幅，略去了原始数据，只展示敏感性分析结果的表达方式）。

解 对该项目进行敏感性分析的结果如表 4-13 所示。从计算结果可知，租金售价降低 15% 对项目经济效益影响很大，使项目不能满足项目投资财务内部收益率、财务净现值和投资回收期的评价标准。

表 4-13　某房地产开发项目投资敏感性分析结果汇总

评价指标		项目投资财务内部收益率/%	财务净现值/万元	投资回收期/年
基本方案		24.80	10938.09	4.84
租售价格变化	15%	37.07	30570.81	3.70
	10%	32.96	24026.27	3.90
	5%	28.87	17482.02	4.25
	−5%	20.73	4394.54	5.31
	−10%	16.66	−2148.58	5.81
	−15%	12.59	−8691.2	6.16
开发项目总投资变化	15%	18.10	170.42	5.62
	10%	20.21	3759.65	5.37
	5%	22.44	7348.87	5.14
	−5%	27.30	14527.31	4.45
	−10%	29.95%	18116.54	4.12
	−15%	32.78	21705.76	3.90

4.6.3.2 临界点分析

(1) 临界点分析的内涵

临界点分析是测算一个或多个不确定性因素变化时，房地产开发项目达到允许的最低经济效益时的极限值，并以不确性因素的临界值组合显示项目的风险程度。

(2) 临界点分析的因素

通常可进行临界点分析的因素有以下几种。

① 最低售价和最低销售量、最低租金和最低出租率。售价和销售量是房地产开发项目重要的不确定性因素，能否在预定的价格下销售出预想的数量，通常是房地产开发项目成败的关键。最低售价是指房地产开发项目产品售价下降到预定可接受的最低盈利水平时的价格，售价低于这一价格时，项目盈利水平将不能满足预定的要求。最低销售量是指在预定的售价下，要达到预定的最低盈利水平，所必须达到的销售量。最低售价与预测售价之间的差距越大，最低销售量与房地产商品可销售量之间的差距越大，说明房地产开发项目抗风险的能力越强。当房地产产品以出租为主时，可相应进行最低租金和最低出租率的分析。

② 最高土地取得价格。土地费用是影响房地产开发项目盈利性的重要因素，也是重要的不确定性因素。最高土地价格是指在房地产开发项目销售额和其他费用不变的条件下，保持预期收益水平所能承受的最高土地费用。当土地费用超过这一价格时，项目将无法获得足够的收益。最高土地取得价格与实际估测的土地价格之间的差距越大，最高土地取得价格越高，房地产开发项目承受土地使用权价格风险的能力就越强。

③ 最高建筑安装工程费。最高建筑安装工程费是指在预定销售额的情况下，满足预期的项目收益要求所能承受的最高建筑安装工程费用。最高建筑安装工程费用与预测的可能建筑安装工程费用之间差距越大，说明房地产开发项目承受建筑安装工程费用增加风险的能力越强。

4.6.3.3 概率分析

(1) 概率分析的内涵

概率分析是使用概率研究预测不确定性因素对房地产开发项目经济效益影响的一种定量

分析方法，通过分析不确定性因素的变化情况和发生的概率，计算在不同概率条件下房地产开发项目的经济评价指标，说明房地产开发项目在特定的收益状态下的风险程度。

敏感性分析是一种动态不确定性分析，是项目评估中不可或缺的组成部分。它用以分析项目经济效益指标对各不确定性因素的敏感程度，找出敏感性因素及其最大变动幅度，据此判断项目承担风险的能力。但是，这种分析尚不能确定各种不确定性因素发生一定幅度的概率，因此其分析结论的准确性就会受到一定的影响。实际生活中，可能会出现这样的情形：敏感性分析找出的某个敏感性因素在未来发生不利变动的可能性很小，引起的项目风险不大；另一因素在敏感性分析时表现出不太敏感，但其在未来发生不利变动的可能性却很大，进而会引起较大的项目风险。为了弥补敏感性分析的不足，在进行项目评估和决策时，须进一步作概率分析。

(2) 概率分析的一般步骤

① 列出需要进行概率分析的不确定性因素。
② 选择概率分析使用的经济评价指标。
③ 分析确定每个不确定性因素发生的概率。
④ 计算在给定的概率条件下经济评价指标的累计概率，并确定临界点发生的概率。

(3) 概率分析中的期望值法

采用期望值法进行概率分析一般需要遵循以下步骤。

① 选用净现值作为分析对象，并分析选定与之有关的主要不确定性因素。
② 按照穷举互斥原则，确定各不确定性因素可能发生的状态或变化范围。
③ 分别估算各不确定性因素每种情况下发生的概率。各不确定性因素在每种情况下的概率必须小于等于1、大于等于零，且所有可能发生情况的概率之和必须等于1。这里的概率为主观概率，是在充分掌握有关资料基础之上，由专家学者依据其自己的知识、经验经系统分析之后主观判断作出的。
④ 分别计算各可能发生情况下的净现值。各年净现值期望值的计算公式为

$$E(\text{NPV}_t) = \sum_{r=1}^{m} X_{rt} P_{rt}$$

式中，$E(\text{NPV}_t)$ 为第 t 年净现值期望值；X_{rt} 为第 t 年第 r 种情况下的净现值；P_{rt} 为第 t 年第 r 种情况发生的概率，m 为发生的状态或变化范围数。

整个项目寿命周期净现值的期望值的计算公式为

$$E(\text{NPV}) = \sum_{t=1}^{n} \frac{E(\text{NPV}_t)}{(1+i)^t}$$

式中，$E(\text{NPV})$ 为整个项目寿命周期净现值的期望值；i 为折现率；n 为项目寿命周期长度。

项目净现值期望值大于零，则项目可行，否则不可行。

⑤ 计算各年净现值标准差、整个项目寿命周期净现值的标准差或标准差系数。各年净现值标准差的计算公式为

$$\delta_t = \sqrt{\sum_{r=1}^{m} [X_{rt} - E(\text{NPV}_t)]^2 P_{rt}}$$

式中，δ_t 为第 t 年净现值的标准差。

整个项目寿命周期的标准差计算公式为

$$\delta = \sqrt{\sum_{t=1}^{n} \frac{\delta_t^2}{(1+i)^t}}$$

式中，δ 为整个项目寿命周期的标准差。

净现值标准差反映每年各种情况下净现值的离散程度和整个项目寿命周期各年净现值的离散程度。在一定的程度上，能够说明项目风险的大小。但由于净现值标准差的大小受净现值期望值影响甚大，两者基本上呈同方向变动。因此，单纯以净现值标准差大小衡量项目风险性高低，有时会得出不正确的结论。因此，需要消除净现值期望值大小的影响，计算整个项目寿命周期的标准差系数。其计算公式为

$$V = \frac{\delta}{E(\text{NPV})} \times 100\%$$

式中，V 为标准差系数。一般情况下，V 越小，项目的相对风险就越小。反之，项目的相对风险就越大。净现值期望值、净现值标准差和标准差系数可以用来选择投资方案。判断投资方案优劣的标准是：期望值相同、标准差小的方案为优；标准差相同、期望值大的方案为优；标准差系数小的方案为优。

⑥ 计算净现值大于或等于零时的累计概率。累计概率值越大，项目所承担的风险就越小。

⑦ 对以上分析结果作综合分析，说明项目是否可行及承担风险性大小。

【例 4-4】 某投资者以 25 万元购买了一个商铺单位 2 年的经营权，第一年净现金流量可能为：22 万元、18 万元和 14 万元，概率分别为 0.2、0.6 和 0.2；第二年净现金流量可能为：28 万元、22 万元和 16 万元，概率分别为 0.15、0.7 和 0.15。若折现率为 10%，问该购买商铺投资是否可行？

解
$$E(\text{NPV}_1) = 22 \times 0.2 + 18 \times 0.6 + 14 \times 0.2 = 18 (万元)$$
$$E(\text{NPV}_2) = 28 \times 0.15 + 22 \times 0.7 + 16 \times 0.15 = 22 (万元)$$
$$E(\text{NPV}) = \frac{E(\text{NPV}_1)}{1+i} + \frac{E(\text{NPV}_2)}{(1+i)^2} - 25 = 9.54 (万元)$$
$$\delta_1 = 2.530, \delta_2 = 3.286, \delta = 3.840$$
$$V = \frac{\delta}{E(\text{NPV})} \times 100\% = 40.25\%$$

因此，该投资项目可行，且风险较小。

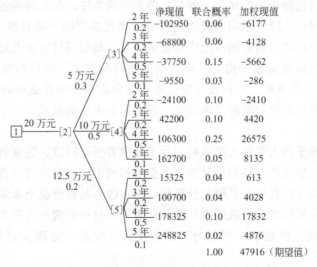

图 4-3　项目净现值及其概率

【例 4-5】 某项目投资 20 万元,建设期 1 年。据预测,经营期内的年收入可能为 5 万元、10 万元、12.5 万元,相应的概率为 0.3、0.5 和 0.2。同时,预计受技术进步的影响,经营期可能为 2、3、4、5 年,对应的可能性为 0.2、0.2、0.5 和 0.1。如果折现率为 10%,请对净现值作累计概率分析。

解 以年收入为 10 万元,经营期 4 年为例。该投资项目的净现值为

$$NPV_{10,4} = -200000(1+10\%)^{-1} + 100000(P/A, 10\%, 4)(1+10\%)^{-1} = 106300 (元)$$

其他各种情况下的净现值如图 4-3 所示。

可以计算,该投资项目的净现值期望值为 47916 元,净现值大于零的累计概率 $P(NPV>0)$ 为 0.6。表明该项目可行。

4.7 房地产开发项目可行性研究报告

4.7.1 房地产开发项目可行性研究报告的基本构成

首先,要筹划可行性研究报告应包括的内容。一般来说,一份正式的可行性研究报告应包括封面、摘要、目录、正文、附表和附图 6 个部分。

(1) 封面

封面上应注明项目名称、开发建设单位、可行性研究报告的撰写单位和撰写的时间等内容。

(2) 摘要

摘要要用简洁的语言,介绍项目所在地的市场情况、项目本身的情况和特点、评估的结论。摘要的读者对象是没有时间看详细报告但又对项目的决策起决定性作用的人,所以摘要的文字要字斟句酌,言必达意,绝对不能有废词冗句,字数以 1000 字左右为宜。

(3) 目录

如果可行性研究报告较长,最好要有目录,方便读者了解可行性研究报告所包括的具体内容以及前后关系,使之能根据自己的兴趣快速找到其所要阅读的部分。

(4) 正文

正文是可行性研究报告的主体,一般要按照逻辑的顺序,从总体到细节循序进行。对于一般的可行性研究报告,通常包括的具体内容有:项目总说明、项目概况、投资环境研究、市场研究、项目地理环境和附近地区竞争性发展项目、规划设计方案及建设条件、建设方式与进度安排、投资估算及资金筹措、基础数据的预测与选定、项目经济评价、不确定性分析、结论与建议等 12 个方面。可行性研究报告正文中应包括些什么内容,要视可行性研究的目的和未来读者所关心的问题来具体确定,没有固定不变的模式。

(5) 附表

对于正文中不便于插入的较大型表格,为了使读者便于阅读,通常将其按顺序编号后附于正文之后。附表一般包括:规划设计方案主要数据列表、项目开发经营周期表、项目总投资估算表、销售收入与经营税金及附加估算表、出租收入与经营税金及附加估算表、项目总投资使用计划与资金筹措表、借款还本付息计划表、项目投资现金流量表、项目资本金现金流量表、投资各方现金流量表、利润与利润分配表、财务计划现金流量表和敏感性分析表等。

(6) 附图

为了辅助文字说明，使读者很快建立空间的概念，通常要有一些附图。这些附图一般包括：项目位置示意图、项目规划用地红线图、规划设计方案平面图、项目用地附近的土地利用现状图、项目用地附近竞争性项目分布示意图等。

4.7.2 项目可行性研究报告正文的写作要点

（1）项目总说明

应着重就项目背景、项目建设单位及主要参与者、可行性研究的目的、可行性研究报告编制的依据及有关说明等向读者予以介绍。

（2）项目概况

应重点介绍项目的合作方式和性质、项目所处的地址、项目拟建规模和标准、项目所需市政配套设施的情况及获得市政建设条件的可能性、项目建成后的服务对象等内容。

（3）投资环境研究

主要包括当地总体社会经济情况、城市基础设施状况、土地使用制度、当地金融和税收等方面的政策、政府鼓励投资的领域等。

（4）市场研究

市场研究的关键是占用大量的第一手市场信息资料。房地产市场状况调查与预测的主要内容包括：供求状况，类似房地产开发项目的价格、租金和经营收入，类似房地产开发项目的投资、费用的构成及数量，房地产开发项目开发和经营的投资、成本、费用、税金的种类及其支付的标准和时间等。

应在房地产市场状况调查与预测的基础上，初步确定项目的潜在消费者，根据潜在消费者对房地产产品功能的要求和能承受的价格，进行项目的规划设计和建筑设计。

（5）项目地理环境和附近地区竞争性发展项目

应就项目所处的地理环境（邻里关系）、项目用地的现状和项目附近地区近期开工建设或筹备过程中的竞争性发展项目予以分析说明。竞争性发展项目的介绍十分重要，它能帮助开发商做到知己知彼，正确地为自己所开发的项目进行市场定位。

（6）规划设计方案及建设条件

主要介绍项目的规划设计方案和建设过程中市政建设条件能否满足工程建设的需要。应根据所掌握的市场情况，在考虑规划设计条件和潜在消费者需求的基础上，提出规划设计方案，并明确方案的主要技术经济指标。

（7）建设方式及进度安排

建设方式是指房地产项目工程建设的发包方式。发包方式的差异往往会带来工程质量、工期、成本等方面的差异，有必要就工程的发包方式提出建议。

进度安排主要是根据建设规律和类似项目数据等情况，确定项目的开发经营周期，并画出横道图。出售型房地产开发项目，项目的开发经营周期为项目开发期与经营期之和。开发期是从投资决策开始到竣工验收的时间周期，经营期是从预售开始到销售完毕的时间周期。当预售商品房时，开发期与经营期有部分时间重叠。出租或自营型房地产开发项目，项目的开发经营周期为项目开发期与经营期之和。开发期是从投资决策开始到竣工验收的时间周期，经营期为预计出租经营或自营的时间周期。

（8）投资估算及资金筹措

房地产开发项目总投资包括开发建设投资和经营资金。开发建设投资包括土地费用、前期工程费用、基础设施建设费、建筑安装工程费、公共配套设施建设费、开发间接费、管理费用、财务费用、销售费用、开发期税费、其他费用和不可预见费。应根据有关取费标准、类似项目数据和本项目的实际情况，估算出项目总投资。按照项目进度安排，估算出项目开发期各期的投资。

通过融资渠道筹集项目建设资金，筹集的资金应能满足项目总投资及项目开发期各期投资的需要。筹资主要包括资本金筹集、向金融机构借款、商品房预售等方式。融资方案应包括资本金、借款、商品房预售的比例、额度及投入的时间。

（9）基础数据的预测与选定

应对项目及项目各期的收入、成本、还本付息、资产、负债、税金等基础数据进行预测与选定。收入包括销售收入、出租收入、自营收入、净转售收入、其他收入、回收固定资产余值、回收经营资金。成本包括经营成本、运营费用、修理费用。还本付息包括借款本金偿还、借款利息支付。资产包括流动资产、在建工程、固定资产净值、无形及递延资产净值。负债包括流动负债、借款。

（10）项目经济评价

房地产开发项目经济评价可分为财务分析和综合分析。房地产开发项目一般只进行财务分析，涉及区域开发的项目还应进行综合分析。

房地产开发项目财务分析是在房地产市场调查与预测、项目策划、投资估算及资金筹措、基础数据的预测与选定的基础上，编制项目投资现金流量表、项目资本金现金流量表、投资各方现金流量表、利润与利润分配表、财务计划现金流量表、借款还本付息计划表等财务报表，计算财务分析指标，考察和分析项目的盈利能力、偿债能力和财务生存能力，判断项目的财务可行性。

财务分析可分为融资前分析和融资后分析。一般宜先进行融资前分析，融资前分析是指在考虑融资方案前就可以开始进行的财务分析，即不考虑债务融资条件下进行的财务分析。在融资前分析结论满足要求的情况下，初步设定融资方案，再进行融资后分析，融资后分析是指以设定的融资方案为基础进行的财务分析。融资前分析只进行盈利能力分析，并以项目投资折现现金流量分析为主，计算项目投资内部收益率和净现值指标，也可计算投资回收指标（静态）。融资后分析主要是针对项目资本金折现现金流量和投资各方折现现金流量进行分析，既包括盈利能力分析，又包括偿债能力分析和财务生存能力分析等内容。

（11）不确定性分析

不确定性分析包括敏感性分析、临界点分析和概率分析。由于历史资料和统计数据等方面的原因，目前国内房地产开发项目的不确定性分析主要采用敏感性分析和临界点分析。

一般对优选方案进行不确定性分析。首先，进行敏感性分析，找出主要的不确定性因素。然后，针对主要不确定性因素进行临界点分析。如果优选方案风险较大，则找出主要风险因素并采取措施。或者是对排序第二的方案进行分析，判断是否有采用的可能。

（12）结论与建议

结论与建议主要包括经济评价的结果、优选的开发经营方案简介和建议等。

复习思考题

1. 房地产开发项目可行性研究作用有哪些？
2. 简述房地产开发项目可行性研究的工作程序。
3. 房地产投资环境的调查应包括哪些主要内容？

4. 房地产开发项目投资、成本、费用有哪些联系与区别？
5. 简述房地产开发项目总投资的构成。
6. 房地产开发项目总投资中的开发期税费主要包括哪些？
7. 房地产开发项目财务分析中的财务分析报表有哪些？各有什么作用？
8. 房地产开发项目财务分析中融资前和融资后财务分析指标有哪些？其中哪些属于动态分析指标？
9. 简述临界点分析的内涵。
10. 简述敏感性分析的步骤。
11. 房地产开发项目可行性研究报告正文中一般应包括哪些方面的内容？
12. 某投资者以 10000 元/平方米的价格购买了一栋建筑面积为 27000 平方米的写字楼用于出租经营。该投资者在购买该写字楼的过程中，又支付了相当于购买价格 4% 的契税、0.5% 的手续费、0.5% 的律师费用和 0.3% 的其他费用。其中，相当于楼价 30% 的购买投资和各种税费均由投资者的资本金（股本金）支付；相当于楼价 70% 的购买投资来自期限为 15 年、固定利率为 7.5%、按年等额还款的商业抵押贷款。假设在该写字楼的出租经营期内，其月租金水平始终保持 160 元/平方米，前 3 年的出租率分别为 65%、75% 和 85%，从第 4 年开始出租率达到 95%，且在此后的出租经营期内始终保持该出租率。出租经营期间的运营成本为毛租金收入的 28%。购买投资发生在第 1 年的年初，每年的净经营收入和抵押贷款还本付息支出均发生在年末，整个出租经营期为 48 年，投资者项目投资和资本金的目标收益率分别为 10% 和 14%。试计算该项目投资财务内部收益率、项目财务净现值和项目资本金财务内部收益率，并判断该投资项目的经济可行性。
13. 某拟投资的房地产开发项目的 A、B 开发经营方案的现金流量图如图 4-4、图 4-5 所示。试选出优选方案（$i_c = 10\%$）。

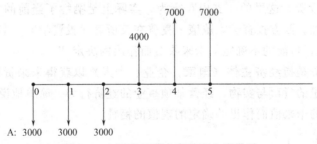

图 4-4　A 开发经营方案的现金流量图

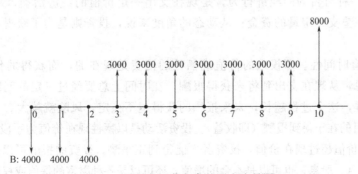

图 4-5　B 开发经营方案的现金流量图

第 5 章
房地产开发资金的筹集

> **本章要点**
> 只有开发建设资金能按时、足额到位,才能保证房地产开发项目能按照总体进度计划的安排顺利进行下去。本章介绍了投资的含义与特点、房地产投资的含义与形式、房地产投资的特性、房地产投资风险、房地产开发资金筹集的内涵、房地产开发资金筹集方式、金融机构对项目贷款的审查、房地产开发项目资金筹集规划等内容。本章的重点是房地产开发资金筹集方式以及房地产开发项目资金筹集规划。

5.1 投资与房地产投资

5.1.1 投资的含义与特征

(1) 投资的含义

在经济生活中,人们往往希望通过各种合法的手段不断增加他们的财富或赚取利润,以满足未来的消费。这样就会经常碰到或使用"投资"这一名词。

在商品经济社会中,投资是普遍存在的经济现象,很多情况下,人们往往把能够带来报酬的支出行为称为投资。这里的"支出"行为,实际上是牺牲了当前的一定消费,"报酬"则是将来的消费增加。西方投资学家威廉·夏普在其所著《投资学》一书中将投资概念表述为:"投资就是为获得可能的不确定的未来收益而作出的决定。"

一般来说,投资是指经济主体(国家、企业、个人)以获得未来货币增值或收益为目的,预先垫付一定量的货币与实物,经营某项事业的经济行为。简单地说,投资就是指为了获得可能的不确定的未来值而作出的确定的现值的牺牲。

(2) 投资的特征

① 投资是一种有目的的经济行为,是现在支出一定价值的经济活动。从静态的角度来说,投资是现在垫支一定量的资金;从动态的角度来说,投资则是为了获得未来的报酬而采取的经济行为。

② 投资具有时间性。即投入的价值或牺牲的消费是现在的,而获得的价值或消费是将来的。也就是说,从现在支出到将来获得报酬,在时间上总要经过一定的间隔。这表明投资是一个行为过程,这个过程越长,未来报酬的获得越不稳定,风险就越大。

③ 投资的目的在于得到报酬(即收益)。投资活动是以牺牲现在价值为手段,以赚取未来价值为目标。未来价值超过现在价值,投资者方能得到正报酬。投资的报酬可以是各种形式的收入,如利润、利息、股息,也可以是本金的增值,还可以是各种财富的保值或权利的获得。

④ 投资具有风险性,即不稳定性。现在投入的价值是确定的,而未来可能获得的收益

是不确定的。这种收益的不确定性即为投资的风险。

5.1.2 房地产投资的含义与形式

5.1.2.1 房地产投资的含义

房地产投资是指经济主体以获得未来的房地产资产增值或收益为目的,预先垫付一定数量的货币与实物,直接或间接地从事或参与房地产开发与经营活动的经济行为。

5.1.2.2 房地产投资的形式

房地产投资分为直接投资和间接投资两类。直接投资是指投资者直接参与房地产开发或购买房地产的过程,参与有关管理工作。间接投资主要是指将资金投入与房地产相关的证券市场的行为,间接投资者不需直接参与房地产经营管理工作。

(1) 房地产直接投资

房地产直接投资的具体投资形式包括房地产开发投资和房地产置业投资两种形式。

① 房地产开发投资。房地产开发投资,是指从事商品房和土地开发经营活动的投资,包括商品房建设投资和土地开发投资。商品房建设投资,是指投资者从投资机会寻找和筛选开始,在资金筹措和获得土地使用权的基础上,通过在土地上的进一步投资活动,即经过规划设计和工程建设等过程,建成可以满足人们某种入住、使用或经营需要的房地产产品,然后将其推向市场进行销售、出租或自营,获取开发利润或自营利润的过程。目前,我国商品房建设投资的房地产主要包括居住类房地产、商业类房地产、工业类房地产、办公类房地产、酒店和休闲娱乐类房地产。土地开发投资,是指房地产开发企业(或者是土地储备机构)进行的土地开发工程所完成的投资,如进行场地平整、道路、给水、排水、供电、供热、通信等工程所完成的投资。开发投资的投资者主要是赚取开发利润,风险较大,但回报丰厚。

② 房地产置业投资。房地产置业投资是指面向建成后的房地产资产,通过购买获得房地产的所有权,以获得物业收益、保值、增值和消费为目的的投资。其对象可以是开发商新竣工的商品房(市场上的增量房地产),也可以是旧有物业(市场上的存量房地产)。

房地产置业投资的目的一般有4个:一是满足自身生活居住即自用为目的,主要是居住房类地产的投资;二是作为投资将购入的物业出租给最终使用者,获取较为稳定的经常性收入;三是作为投资将购入的物业进行储备,待物业增值后进行转售,以获取转售收益;四是购入物业以满足生产经营需要,获取较为稳定的生产经营收入。

(2) 房地产间接投资

随着我国金融创新进程的加快,房地产间接投资的渠道越来越多。房地产间接投资的主要投资形式包括购买房地产开发企业的债券、股票,购买房地产投资信托基金(REITs)的股份、购买房地产抵押贷款支持证券等。

① 购买房地产开发企业的债券、股票。房地产开发企业的债券,是指房地产开发企业为了筹措房地产开发资金而向社会发行的借款信用凭证。信用是指能够履行跟人约定的事情而取得的信任。债券的发行者是债务人,债券的购买者是债权人。债券的债权人有权按照约定的期限和利率获得利息,并到期收回本金,但无权参加房地产开发企业的经营管理,也不对其经营状况承担责任或享受权益。房地产开发企业的股票是股份制房地产开发企业发放的入股凭证。股票购买者就是房地产开发企业的股东,他们对企业拥有以股票体现的部分所有权。股东有权根据企业的经营成果获得股息和红利,但必须对企业经营不良后果负有限责任。股东不能向企业要求退股,但可以通过正常渠道把股票转让给他人。

② 购买房地产投资信托基金的股份。信托基金是一种以发行收益凭证的方式汇集不特

定多数（法人和自然人）投资者的资金，由专门投资机构进行投资经营管理，并将投资综合收益按比例分配给投资者的一种信托基金制度。房地产投资信托基金，是指房地产投资信托机构为经营房地产信托投资业务，将小额投资者的资金汇集成大额房地产基金，再择优投资于房地产项目或有关的金融业务。基金投资实行专家管理和透明化运作，从而实现资金的规模经营，提高经营效益。房地产投资信托基金的主要特点是集体投资、委托经营、分散风险、共同受益。

③ 购买房地产抵押贷款支持证券。房地产抵押贷款二级市场与房地产抵押贷款一级市场相对应。在一级市场中，商业银行和储蓄机构等利用间接融资渠道发放抵押贷款。二级市场是利用类似资本市场的机构、工具，通过购买一级市场发放的抵押贷款债权，将其转化为房地产抵押贷款支持证券，并在证券市场上交易这些证券，实现了房地产抵押贷款市场与资本市场的融合。

房地产抵押贷款证券化是一种债权证券化形式，以房地产抵押贷款债权为基础，由特设中介机构（SPV）对这种债权进行组合，通过信用机构担保，在资本市场上进行筹资。

银行之所以要将房地产抵押贷款债权出售给特设中介机构，并由其发行抵押贷款支持证券，是因为这样的专门机构在发行销售抵押贷款支持证券方面具有优势。银行出售抵押贷款债权面临如何确定贷款债权出售的折扣率的问题。原则上，折扣率为存贷利差的一定比例，即银行与特设中介机构共享这笔贷款的收益。贷款债权出售的价格则为

$$贷款债权出售价格 = 贷款本息账面价值 \times (1 - 折扣率)$$

银行出售贷款债权是一种债权的卖断，只要银行贷款合同是有效的，且在出售贷款债权时不存在欺诈行为，那么特设中介机构买入贷款债权后，将承担原由银行承担的一切风险，并获得应有的收益。

特设中介机构为了能源源不断地买入新的抵押贷款债权，必须有充足的资金支持，其资金来源主要是向投资者发行抵押贷款支持证券。为了使抵押贷款支持证券能顺利发行，有必要将抵押贷款支持证券标准化，采用固定面值、固定期限、固定的发行与兑付时间。特设中介机构发行抵押贷款支持证券应遵循国际惯例，实行公开原则和实质管理原则。所谓公开原则，是指中介机构应将与拟发行抵押贷款支持证券的一切有关资料如实向广大投资者公布，不得隐瞒。所谓实质管理原则，就是要求中介机构在发行抵押贷款支持证券时，不仅要公开有关资料，而且必须符合若干实质条件，经评估机构评估后予以确认。评估机构对抵押贷款支持证券的评级是站在投资者的角度，评价抵押贷款支持证券的质量、中介机构的资信和投资者将承担的投资风险，使投资者的利益得到较好保护。

5.1.3 房地产投资的特性

（1）位置固定性或不可移动性

位置固定性或不可移动性，是房地产资产最重要的一个特性。对于股票、债券、黄金、古玩以及其他有形或无形的财产来说，如果持有人所在地没有交易市场，那么他可以很容易地将其拿到其他有此类交易市场的地方去进行交易。然而，房地产就截然不同了，它不仅受地区经济的束缚，还受到其周围环境的影响。所谓"房地产的价值就在于其位置"，房地产不能脱离周围的环境而单独存在，强调了位置对房地产投资的重要性。

房地产资产的不可移动性，要求房地产所处的区位必须对开发商、置业投资者和租客都具有吸引力。也就是说能使开发商通过开发投资获取适当的开发利润，使置业投资者能获取合理、稳定的经常性收益，使租客能方便地开展其经营活动，以赚取正常的经营利润并具备

支付租金的能力。

当投资者准备进行一项房地产投资时,很重视对房地产所处宏观区位的研究。很显然,租客肯定不愿意长期租用环境日益恶化、城市功能日渐衰退的地区内的物业。此外,房地产投资价值的高低,不仅受其当前净租金水平的影响,而且与其所处地区的物业整体升值潜力密切相关。

由于房地产资产的不可移动性,投资者在进行投资决策时,对未来的地区环境的可能变化和某宗具体物业的考虑是并重的。通过对城市规划的了解和分析,就可以做到正确并有预见性地选择投资地点。

(2) 寿命周期长

土地不会毁损,投资者在其上所拥有的权益通常在40年以上,而且拥有该权益的期限还可以根据法律规定延长。地上建筑物及其附属物也具有很好的耐久性。因此,房地产具有寿命周期长的特点,房地产投资是一种长期投资。

房地产同时具有经济寿命和自然寿命。经济寿命是指在正常市场和运营状态下,房地产的经营收益大于其运营成本,即净收益大于零的持续时间。自然寿命则是指房地产从地上建筑物建成投入使用开始,到建筑物由于主要结构构件和设备的自然老化或损坏而不能继续保证安全使用时止的时间。

自然寿命一般要比经济寿命长得多。从理论上来说,当房地产的维护费用高到没有租客问津时,干脆就让它空置在那里。但实际情况是,如果房地产的维护状况良好,其较长的自然寿命可以令投资者从一宗置业投资中获取几个经济寿命。因为如果对建筑物进行一些更新改造、改变建筑物的使用性质或目标租客的类型,投资者就可以用比重新购置另外一宗房地产少得多的投资继续获取可观的收益。

国外的研究表明,房地产的经济寿命与其使用性质相关。一般来说,公寓、酒店、剧院建筑的经济寿命是40年,工业厂房、普通住宅、写字楼的经济寿命是45年,银行、零售商业用房的经济寿命是50年,仓储用房的经济寿命是60年。应该指出的是,税法中规定的有关固定资产投资回收或折旧年限,往往是根据国家的税收政策来确定的,并不一定和房地产的经济寿命或自然寿命相同。

(3) 适应性

适应性是指为了适应市场环境的变化,投资者调整房地产使用功能的方便程度。房地产本身并不能产生收益,也就是说房地产的收益是在使用过程中产生的。由于这个原因,置业投资者及时调整房地产的使用功能,使之既适合房地产市场的需求特征,又能增加置业投资的收益。如果写字楼的租客需要工作中的短时休息,那就可以通过增加一个小酒吧来满足这种需求;如果公寓内的租客希望获得洗衣服务,那就可以通过增加自助洗衣房、提供出租洗衣设备来解决这一问题。

按照租客的意愿及时调整房地产的使用功能十分重要,这可以极大地增加对租客的吸引力。对置业投资者来说,如果其投资的房地产适应性很差,则意味着他面临着较大的投资风险。例如,对于功能单一、设计独特的餐馆物业,其适应性就很差,因为几乎不可能不花太多的费用来改变其用途或调整其使用功能。在这种情况下,万一租客破产,投资者必须花费很大的投资才能使其适应新租客的要求。所以,投资者一般很重视房地产的适应性这一特点。

(4) 各异性

各异性是指房地产市场上不可能有两宗完全相同的房地产。由于受区位和周围环境的影响，土地不可能完全相同，两栋建筑物也不可能完全一样。即使是在同一条街道两旁同时建设的两栋采用相同设计形式的建筑物，也会由于其内部附属设备、临街情况、物业管理情况等的差异而有所不同。这种差异往往最终反映在两宗物业的租金水平和出租率等方面。

此外，业主和租客也不希望他所拥有或承租的物业与附近的另一物业雷同。因为建筑物所具有的特色，甚至保持某一城市标志性建筑的称号，不仅对建筑师有里程碑或纪念碑的作用，而且对扩大业主和租客的知名度、增强其在公众中的形象和信誉，都有重要作用。从这种意义上来说，每一宗物业在房地产市场中的地位和价值不可能与其他物业完全一致。

(5) 政策影响性

政策影响性是指房地产投资容易受到政府政策的影响。由于房地产在社会经济活动中的重要性，各国政府均对房地产市场倍加关注，经常会有新的政策措施出台，以调整房地产开发建设、交易和使用过程中的法律关系和经济利益关系。由于房地产不可移动等特性的存在，使得房地产很难避免这些政策调整所带来的影响。政府的土地供给、住房、金融、财政税收等政策的变更，均会对房地产的市场价值产生影响，进而对房地产投资产生影响。

(6) 专业管理依赖性

专业管理依赖性是指房地产投资离不开专业化的投资管理活动。在房地产开发投资过程中，需要投资者在获取土地使用权、规划设计、工程管理、市场营销、项目融资等方面具有管理经验和能力。房地产置业投资也需要投资者考虑租客、租约、维护维修、安全保障等问题，即便置业投资者委托了专业物业资产管理公司，也要有能力审查批准物业管理公司的管理计划，与物业管理公司一起制定有关的经营管理策略和指导原则。此外，房地产投资还需要估价师、会计师、律师等提供专业服务，以确保置业投资总体收益的最大化。

(7) 相互影响性

相互影响性是指房地产价值受其周边物业、城市基础设施与市政公用设施和环境变化的影响。政府在道路、公园、博物馆等公共设施方面的投资能显著提高附近房地产的价值。例如，城市快速轨道交通线的建设使沿线房地产大幅升值，大型城市改造项目的实施也会使周边房地产价值大大提高。从过去的经验来看，能准确预测到政府大型公共设施的投资建设并在附近预先投资的房地产商或投机者，都获得了巨大的成功。

5.1.4 房地产投资风险

很显然，投资者在选择投资机会的过程中，如果其他条件都相同，他肯定会选择收益最大的投资方案。但在大多数情况下，收益并非唯一的评判标准，还有许多其他因素影响着投资决策。风险就是影响房地产投资收益的一个重要因素。

5.1.4.1 风险的含义

风险的概念可以从经济学、保险学、风险管理等不同的角度给出不同的定义，至今尚无统一的定义。其中，为学术界和实务界较为普遍接受的有以下两种定义。

① 风险就是与出现损失有关的不确定性。

② 风险就是在给定情况下和特定时间内，可能发生的结果之间的差异（或实际结果与预期结果之间的差异）。

从房地产投资的角度来说，风险可以定义为未获得预期收益可能性的大小。完成投资过程进入经营阶段后，人们就可以计算实际获得的收益与预期收益之间的差别，进而也就可以计算获取预期收益可能性的大小。

5.1.4.2 风险的分类

房地产投资的风险主要体现在投入资金的安全性、期望收益的可靠性、投资项目的变现性和资产管理的复杂性4个方面。对具体风险因素的分析，有多种分类方式，每一种分类方式都从不同的角度分析了可能对房地产投资的净经营收益产生影响的因素。通常情况下，人们往往把风险划分为对市场内所有投资项目均产生影响、投资者无法控制的系统风险和仅对市场内个别项目产生影响、可以由投资者控制的个别风险。

(1) 系统风险

房地产投资首先面临的是系统风险，投资者对这些风险不易判断和控制，如通货膨胀风险、市场供求风险、周期风险、变现风险、利率风险、政策风险、政治风险、或然损失风险等。

① 通货膨胀风险。也称购买力风险，是指投资完成后所收回的资金与初始投入的资金相比，购买力降低给投资者带来的风险。由于所有的投资均要求有一定的时间周期，尤其是房地产投资周期较长，因此只要存在通货膨胀因素，投资者就要面临通货膨胀风险。当收益是通过其他人分期付款的方式获得时，投资者就面临着最严重的购买力风险。不管是以固定利率借出一笔资金还是以固定不变的租金长期出租一宗物业，都面临着由于商品或服务价格上涨所带来的风险。以固定租金方式出租物业的租期越长，投资者所承担的购买力风险就越大。由于通货膨胀将导致未来收益的价值下降，所以按长期固定租金方式出租其所拥有物业的投资者实际上承担了本来应由租客承担的风险。

由于通货膨胀风险直接降低投资的实际收益率，因此房地产投资者非常重视此风险因素的影响，并通过适当调整其要求的最低收益率来减轻该风险对实际收益率影响的程度。但房地产投资的保值性，又使投资者要求的最低收益率并不是通货膨胀率与行业基准折现率的直接加和。

② 市场供求风险。市场供求风险是指投资者所在地区房地产市场供求关系的变化给投资者带来的风险。市场是不断变化的，房地产市场上的供给与需求也在不断变化。供求关系的变化必然造成房地产价格的波动，具体表现为租金收入的变化和房地产价值的变化。这种变化会导致房地产投资的实际收益偏离预期收益。更为严重的情况是，当市场内结构性过剩（某地区某种房地产的供给大于需求）达到一定程度时，房地产投资者将面临房地产积压或空置的严峻局面，导致资金占有压力严重、还贷压力日增，这很容易最终导致房地产投资者的破产。

从总体上来说，房地产市场是地区性的市场，也就是说当地市场环境条件变化的影响比整个国家市场环境条件变化的影响要大得多。只要当地经济的发展是健康的，对房地产的需求就不会发生大的变化。但房地产投资者并不像证券投资者那样有较强的从众心理，每一个房地产投资者对市场都有其独自的观点。房地产市场投资的强度取决于潜在的投资者对租金收益、物业增值可能性等的估计。房地产投资决策以投资者对未来收益估计为基础。投资者可以通过密切关注当地社会经济发展状况、细心使用投资分析结果，来降低市场供求风险的影响。

③ 周期风险。周期风险是指房地产市场的周期波动给投资者带来的风险。正如经济周期的存在一样，房地产市场也存在周期波动或景气循环现象。房地产市场周期波动可分为复苏与发展、繁荣、危机与衰退、萧条4个阶段。研究表明，美国房地产市场的周期为18~20年，中国香港为7~8年，日本约为7年。当房地产市场从繁荣阶段进入危机与衰退阶段，进而进入萧条阶段时，房地产市场将出现持续时间较长的房地产价格下降、交易量锐

减、新开发建设规模收缩等情况，给房地产投资者造成损失。房地产价格的大幅度下跌和市场成交量的萎缩，常使一些实力不强、抗风险能力较弱的投资者因金融债务问题而破产。

④ 变现风险。变现风险是指急于将商品兑换为现金时由于折价而导致资金损失的风险。房地产属于非货币性资产，具有独一无二、价值量大的特性，销售过程复杂，其拥有者很难在短时期内将房地产兑换成现金。因此，当投资者由于偿债或其他原因急于将房地产兑换为现金时，由于房地产市场的不完备，必然使投资者蒙受折价损失。

⑤ 利率风险。调整利率是国家对经济活动进行宏观调控的主要手段之一。通过调整利率，政府可以调节资金的供求关系、引导资金投向，从而达到宏观调控的目的。利率调升会对房地产投资产生两方面的影响。一是导致房地产实际价值的折损。利用升高的利率对现金流折现会使投资项目的财务净现值减小，甚至出现负值。二是会加大投资者的债务负担，导致还贷困难。利率提高还会抑制房地产市场上的需求数量，从而导致房地产价格下降。

长期以来，房地产投资者所面临的利率风险并不显著，因为尽管抵押贷款利率在不断变化，但房地产投资者一般比较容易得到固定利率的抵押贷款，这实际上是将利率风险转嫁给了金融机构。然而现在，房地产投资者越来越难得到固定利率的长期抵押贷款，金融机构越来越强调其资金的流动性、盈利性和安全性，其所放贷的策略已转向短期融资或浮动利率贷款，我国各商业银行所提供的住房抵押贷款几乎都采用浮动利率。因此，如果融资成本增加，房地产投资者的收益就会下降，其所投资物业的价值也就跟着下降。房地产投资者即便得到的是固定利率贷款，在其转售物业的过程中也会因为利率的上升而造成不利的影响。因为新的投资者必须支付较高的融资成本，从而使其置业投资的净经营收益减少。相应地，新投资者所能支付的购买价格也就会大为降低。

⑥ 政策风险。土地供给政策、地价政策、税费政策、住房政策、价格政策、金融政策、环境保护政策等均对房地产投资者收益目标的实现产生巨大的影响，从而给投资者带来风险。我国房地产投资的宏观调控政策使许多房地产投资者在实现其预期收益目标时遇到困难。避免这种风险的最有效的方法是选择政府鼓励的、有收益保证的或有税收优惠政策的项目进行投资。

⑦ 政治风险。房地产的不可移动性，使房地产投资者要承担相当程度的政治风险。政治风险主要由政变、战争、经济制裁、外来侵略、罢工、骚乱等因素造成。政治风险一旦发生，不仅会直接给建筑物造成损害，而且会引起一系列其他风险的发生，是房地产投资中危害最大的一种风险。

⑧ 或然损失风险。或然损失风险是指火灾、风灾或其他偶然发生的自然灾害引起的置业投资损失。尽管投资者可以将这些风险转移给保险公司，然而在有关保单中规定的保险公司的责任并不是包罗万象的，投资者也要承担部分风险。

尽管置业投资者可以要求租客来担负其所承租物业保险的责任，但是租客对物业的保险安排对业主来说往往是不完全的。一旦发生火灾或其他自然灾害，房屋变得不能再出租使用，房地产投资者的租金收入自然也就没有了。所以，有些投资者在物业投保的同时，还希望其租金收入亦能有保障，因此也就租金收益进行保险。虽然投保的项目越多，其投资的安全程度就越高，但投保是要支付费用的。如果保险费用的支出占租金收入的比例太大，投资者就差不多是在替保险公司投资了。所以，最好的办法是加强物业管理工作，定期对建筑物及其附属设备的状况进行检查，防患于未然。

(2) 个别风险

① 收益现金流风险。收益现金流风险是指房地产投资项目的实际收益现金流未达到预期目标要求的风险。不论是开发投资，还是置业投资，都面临着收益现金流风险。对开发投资者来说，未来房地产市场销售价格、开发建设成本和市场吸纳能力等的变化，都会对开发商的收益产生巨大的影响；对置业投资者来说，未来租金水平和房屋空置率的变化、物业毁损造成的损失、资本化率的变化、物业转售收入等，也会对投资者的收益产生巨大影响。

② 未来经营费用风险。未来经营费用风险是指物业实际经营管理费用支出超过预期经营费用而带来的风险。即使对于刚建成的新建筑物的出租，且物业的维修费用和保险费均由租客承担，也会由于建筑技术的发展和人们对建筑功能要求的提高而影响到物业的使用，使后来的物业购买者不得不支付昂贵的更新改造费用，而这些在初始的评估中是不可能考虑到的。

③ 资本价值风险。资本价值在很大程度上取决于预期收益现金流和可能的未来经营费用水平。然而，即使收益和费用都不发生变化，资本价值也会随着收益率的变化而变化。这种情况在证券投资市场上反映得最为明显。房地产投资收益率也经常变化，虽然这种变化并不像证券市场那样频繁，但是在几个月或更长一段时间内的变化往往也很明显，而且从表面上看这种变化和证券市场、资本市场并没有直接联系。房地产投资收益率的变化很复杂，人们至今也没有对这个问题给出权威的理论解释。但是，预期资本价值和现实资本价值之间的差异，即资本价值的风险，在很大程度上影响着置业投资的绩效。

④ 比较风险。比较风险又称机会成本风险，是指投资者将资金投入房地产后，失去了其他投资机会，同时也失去了相应可能收益的风险。

⑤ 时间风险。时间风险是指房地产投资中与时间和时机选择因素相关的风险。房地产投资强调在适当的时间、选择合适的地点和物业类型进行投资，这样才能使其在获得最大投资收益的同时使风险降至最低限度。时间风险的含义不仅表现为选择合适的时机进入市场，还表现为物业持有时间的长短、物业持有过程中对物业重新进行装修或更新改造时机的选择、物业转售时机的选择以及转售过程所需要时间的长短等。

⑥ 持有期风险。持有期风险是指与房地产投资持有时间相关的风险。一般说来，投资项目的寿命周期越长，可能遇到的影响项目收益的不确定性因素就越多。很容易理解，如果某项置业投资的持有期为1年，则对于该物业在1年内的收益以及1年后的转售价格很容易预测；如果这个持有期是8年，那对8年持有期内的收益和8年后转售价格的预测就要困难得多，预测的准确程度也会差很多。因此，置业投资的实际收益和预期收益之间的差异是随着持有期的延长而加大的。

上述所有风险因素都应引起投资者的重视。投资者对这些风险因素将给投资收益带来的影响估计得越准确，他所作出的投资决策就越合理。

5.1.4.3 风险对房地产投资决策的影响

风险对房地产投资决策的第一个影响，就是令投资者根据不同类型房地产投资风险的大小，确定相应的目标投资收益水平。由于投资者的投资决策主要取决于对未来投资收益的预期或期望，所以不论投资的风险是高还是低，只要同样的投资产生的期望收益相同，那么无论选择何种投资途径都是合理的。只是对于不同的投资者，由于其对待风险的态度不同，因而采取的投资策略也会有差异。

风险对房地产投资决策的另外一个影响，就是使投资者尽可能规避、控制或转移风险。人们常说，房地产投资者应该是风险管理的专家，实践也告诉人们，投资的成功与否在很大程度上依赖于投资者对风险的认识和管理。

房地产市场是动态的。房地产投资者通过对当前市场状况的调查研究得出的有关租售价格、成本费用、开发周期及市场吸纳率、吸纳周期、空置率等估计，都会受各种风险因素的影响而有一定的变动范围。随着时间推移，这些估计数据会与实际情况有所出入。为规避风险，分析者要避免仅从乐观的一面挑选数据。对于易变或把握性低的数据，最好能就其在风险条件下对反映投资绩效的主要指标所带来的影响进行分析，以供决策参考。

5.1.5 房地产开发资金筹集的内涵

房地产开发资金筹集，是指房地产开发企业为了满足房地产开发投资的要求，根据房地产开发项目总投资和各期资金投入量的需要，运用各种资金筹集方式，经济有效地筹集项目开发建设资金的过程。

房地产开发资金筹集的主体是房地产开发企业，目的是满足房地产开发项目总投资的需要。项目筹资主体的组织形式主要有既有项目法人筹资和新设项目法人筹资。既有项目法人筹资形式是依托现有法人进行的筹资活动，其特点是不组建新的项目法人，由既有法人统一组织筹资活动并承担筹资责任和风险。新设项目法人筹资形式是指新建项目法人进行的筹资活动，其特点是项目投资由新设项目法人筹集的资本金和债务资金构成，新设项目法人承担相应的筹资责任和风险。

开发项目总投资包括开发建设投资和经营资金。开发建设投资是指在开发期内完成房地产产品开发所需投入的各项费用。开发建设投资包括土地费用、前期工程费用、基础设施建设费、建筑安装工程费、公共配套设施建设费、开发间接费、管理费用、财务费用、销售费用、开发期税费、其他费用和不可预见费。经营资金是指开发企业用于日常经营的周转资金。

5.2 房地产开发资金筹集方式

房地产开发资金的筹集方式，是指围绕着项目开发与经营，房地产开发企业取得资金的具体形式。从表5-1中看出，2014～2016年我国房地产开发企业资金来源中，国内贷款占16.09%，自筹资金占37.96%，其他资金占45.67%，3项合计占总资金的99.72%。其他资金中主要是商品房预售收入，还包括少量债券融资。因此，近阶段房地产开发投资资金主要来源为商品房预售收入、自筹资金和银行贷款，这表明房地产开发资金主要筹集方式为资本金筹集、向金融机构贷款和商品房预售，次要筹集方式为债券融资。

表 5-1 我国房地产开发企业资金来源（2014～2016年）

年份 资金来源	2014		2015		2016		2014～2016	
	资金 /亿元	比例 （%）	资金 /亿元	比例 （%）	资金 /亿元	比例 （%）	资金 /亿元	比例 （%）
国内贷款	21242.61	17.41	20214.38	16.14	21512.40	14.92	62969.39	16.09
利用外资	639.26	0.52	296.53	0.24	140.44	0.10	1076.23	0.27
自筹资金	50419.80	41.33	49037.56	39.17	49132.85	34.06	148590.21	37.96
其他资金	49689.81	40.73	55654.60	44.45	73428.37	50.92	178772.78	45.67
合计	121991.48	100	125203.06	100	144214.05	100	391408.61	100

注：资料来源于国家统计局。

现代企业制度下最普遍的公司形式为股份有限公司和有限责任公司,下面以房地产股份有限公司为例,介绍房地产开发资金筹集方式。

5.2.1 资本金的筹集

5.2.1.1 房地产开发企业自有资金的组成

房地产开发企业的自有资金主要由资本金、资本公积金、盈余公积金、公益金和未分配利润组成。

(1) 资本金

房地产开发企业设立时必须拥有一定数量的资本金。法律、法规、规章中规定的最低限额为法定资本金,房地产开发企业在工商行政管理部门注册登记的注册资金也称为注册资本。

房地产开发资本金的筹集,应根据国家法律、法规的有关规定进行。投资项目资本金可以用货币出资,也可以用实物,或者非专利技术、土地使用权等无形资产作价出资。对作为资本金的实物和无形资产,必须经过有资格的资产评估机构依照法律、法规评估作价。在资本金筹集的过程中,吸收的无形资产(不包括土地使用权)的出资不得超过企业或建设项目注册资金的20%。

按照投资主体的不同,房地产开发企业的资本金一般可分为国家资本金、法人资本金、个人资本金和外商资本金等。国家资本金为有权代表国家投资的政府部门或者机构以国有资产投入房地产开发企业形成的资本金。法人资本金为其他法人依法可以支配的资产投入房地产开发企业形成的资本金。个人资本金为社会个人或者本房地产开发企业内部职工以个人合法财产投入房地产开发企业形成的资本金。外商资本金为国外投资者以及我国香港、澳门和台湾地区投资者投入房地产开发企业形成的资本金。

房地产开发企业成立后的运作过程中,随着投资主体及投资额的变化,房地产开发企业的资本金也是处于变化中的。例如,房地产股份有限公司在设立时各方投资认购股份,动作一段时间后,向社会公开发行股票,随后再进行配股、增发新股等。

(2) 资本公积金

房地产开发企业资本公积金是指房地产开发企业在筹集资本金过程中,对资产进行重估以及接受捐赠等活动中所产生的超过资本金价值的公共积累资金。按照一定的法律手续,房地产开发企业的资本公积金可以转增为企业的资本金。

房地产开发企业资本公积金按照形成方式的不同可分为以下几种。

① 资本金溢价。资本金溢价是指房地产开发企业在筹集资本金活动中,投资者实际缴付的出资额超出其应认缴的资本金的差额。例如,房地产股份有限公司公开发行股票所取得的资金收入,其相当股票面值部分作为资本金,超出面值的溢价收入在扣除发行费用后的净收入作为资本公积金,可供企业长期支配使用。

② 法定资产重估增值。房地产开发企业在实行股份制、吸收外商投资,对外联营投资、兼并、改组以及国家统一组织的资产核资时,均应按有关规定进行资产重估,其重估价值大于账面价值的差额,即为法定资产重估增值。

③ 接受捐赠的财产。房地产开发企业接受捐赠方出于各种考虑给企业的一种无偿赠与,这是捐赠方对企业的一种特殊的投资行为,这种投资不会向企业提出产权、收益回报的要求,捐赠方不是企业的所有者,所以这项投资不会形成企业的资本金。捐赠完成后,其资产产权属于企业的投资各方所共有的财产,并引起企业权益的增加,应当作为资本公积金

处理。

④ 资本汇率折算差额。资本汇率折算差额是指房地产开发企业在接受投资者的外币出资时，实收资本账户与资产账户对外币的出资额采用不同的折算汇率折算成记账本位时所产生的折算差额。

(3) 盈余公积金

盈余公积金是企业按规定从税后利润中提取的属于所有者留存企业内部的资产或权益。房地产开发企业盈余公积金可以按照法定程序转增为房地产开发企业资本金，可以用于弥补房地产开发企业以前年度亏损。房地产股份有限公司还可以按规定将其盈余公积金用于分配股利。盈余公积金按其提取形成方式的不同，可分为法定盈余和任意盈余公积金。

① 法定盈余公积金。根据国家的有关法律、法规、财税制度的规定，按税后利润扣除被没收财物损失、支付各项税收的滞纳金和罚款、弥补企业前年度亏损后的 10% 提取法定盈余公积金。当法定盈余公积金已达到注册资本 50% 时可不用提取。法定盈余公积金可用于转增资本金，但转增资本金后，企业的法定盈余公积金不得低于注册资本的 25%。

② 任意盈余公积金。任意盈余公积金是指企业出于经营管理等方面的需要，在向投资者分配利润前，按照公司章程或者股东会议所决定的比例计算的盈余公积金，以控制向投资者分配利润的水平以及调整各年利润的波动。

(4) 公益金

公益金是指房地产开发企业按照规定从其税后利润中提取的专门用于企业职工福利设施的准备金。

(5) 未分配利润

$$未分配利润＝税后利润－盈余公积金－公益金－可分配利润$$

5.2.1.2 资本金筹集

资本金作为项目投资中由投资者提供的资金，来源于房地产开发企业的自有资金。资本金的投入是获得债务资金的基础。

房地产股份有限公司可通过下列几种方式筹集资本金。

① 注册资本金的筹集。发起人认领股份并交纳股金。

② 向社会公众公开发行股票筹集资金。

③ 向股东配股筹集资金。

④ 资本公积金、盈余公积金转增为资本金。

⑤ 经过股东大会同意未分配利润转增为资本金。

5.2.1.3 股票的发行

(1) 股票的种类和特点

股票是股份公司为筹集自有资金而发行的有价证券，是股东按其所持股份享有权利和承担义务的书面凭证，它代表股东对公司拥有的所有权份额。

根据《中华人民共和国公司法》和《股票发行与交易管理暂行条例》等的规定，我国目前股票的种类主要有以下几种。

① 按照股东承担风险和享有权益的大小，可分为普通股和优先股。普通股股东有权出席股东大会并对公司的经营管理决策按股份持有额计票行使表决权。公司对普通股分配红利，红利的分配根据公司的盈利决定。因此，普通股获利水平与公司的盈亏息息相关。优先股股东对公司的经营管理决策无表决权，在公司利润分配方面较普通股有优先权。公司对优

先股支付固定股息，股息按公司章程规定的息率支付。公司因终止进行清算时，优先股优于普通股取得公司的剩余财产。

② 按投资主体的不同，可划分为国家股、法人股、个人股和外资股。国家股是有权代表国家投资的部门或机构以国有资产投入而形成的股份；法人股是指企业法人和具有法人资格的事业单位或社会团体以其可支配的资产投入而形成的股份；个人股是指社会个人以个人合法财产投入而形成的股份；外资股是指外国和我国港、澳、台地区投资者购买的人民币特种股票。

(2) 设立股份有限公司并申请公开发行股票的条件

① 其生产经营符合国家产业政策。

② 其发行的普通股限于一种，同股同权。

③ 发起人认购的股本数额不少于公司拟发行股本总额的 35%。

④ 在公司拟发行的股本总额中，发起人认购的部分不少于人民币 3000 万元，但是国家另有规定的除外。

⑤ 向社会公众发行的部分不少于公司拟发行股本总额的 25%，其中公司职工认购的股本数额不得超过拟向社会公众发行的股本总额的 10%；公司拟发行的股本总额超过人民币 4 亿元的，证监会按照规定可以酌情降低向社会公众发行部分的比例，但是最低不低于公司拟发行股本总额的 10%。

⑥ 发起人在近 3 年没有重大违法行为。

⑦ 证监会规定的其他条件。

(3) 原有企业改制设立股份有限公司申请公开发行股票的条件

① 其生产经营符合国家产业政策。

② 其发行的普通股限于一种，同股同权。

③ 发起人认购的股本数额不少于公司拟发行股本总额的 35%。

④ 在公司拟发行的股本总额中，发起人认购的部分不少于人民币 3000 万元，但是国家另有规定的除外。

⑤ 向社会公众发行的部分不少于公司拟发行股本总额的 25%，其中公司职工认购的股本数额不得超过拟向社会公众发行的股本总额的 10%；公司拟发行的股本总额超过人民币 4 亿元的，证监会按照规定可以酌情降低向社会公众发行部分的比例，但是最低不低于公司拟发行股本总额的 10%。

⑥ 发起人在近 3 年没有重大违法行为。

⑦ 发行前一年，公司净资产在总资产中所占比例不低于 30%，无形资产在净资产中所占比例不高于 20%，但是证监会另有规定的除外。

⑧ 近 3 年连续盈利。

⑨ 证监会规定的其他条件。

(4) 股份有限公司增资申请公开发行股票的条件

① 其生产经营符合国家产业政策。

② 其发行的普通股限于一种，同股同权。

③ 发起人认购的股本数额不少于公司拟发行股本总额的 35%。

④ 在公司拟发行的股本总额中，发起人认购的部分不少于人民币 3000 万元，但是国家另有规定的除外。

⑤ 向社会公众发行的部分不少于公司拟发行股本总额的 25%，其中公司职工认购的股本数额不得超过拟向社会公众发行的股本总额的 10%；公司拟发行的股本总额超过人民币 4 亿元的，证监会按照规定可以酌情降低向社会公众发行部分的比例，但是最低不低于公司拟发行股本总额的 10%。

⑥ 发起人在近 3 年没有重大违法行为。

⑦ 发行前一年，公司净资产在总资产中所占比例不低于 30%，无形资产在净资产中所占比例不高于 20%，但是证监会另有规定的除外。

⑧ 近 3 年连续盈利。

⑨ 前一次公开发行股票所得资金的使用与其招股说明书所述用途相符，并且资金使用效益良好。

⑩ 距前一次公开发行股票的时间不少于 12 个月。

⑪ 从前一次公开发行股票到本次申请期间没有重大违法行为。

⑫ 证监会规定的其他条件。

(5) 发行股票筹资的优缺点

发行股票的优点主要有以下几点。

① 对于普通股筹资来说，没有固定的利息负担，公司可根据盈利状况、财务经营状况和公司发展的需要，灵活地分配股利；对于优先股筹资来说，股利的支付既固定但又有一定的灵活性，对其固定股利的支付并不构成公司的法定义务。因此，股票筹资相对于债券筹资，具有更大的财务灵活性和较小的财务风险。

② 股本没有固定的到期日，无须偿还本金，是公司永久性资本，除非公司清算时才予以偿还。这对保证公司资金的需求，保证公司长期稳定经营具有重要意义。

③ 股票筹资能增强公司的信用，为利用更多的债务筹资提供强有力支持。

发行股票的缺点主要有以下几点。

① 筹资成本较高，一般高于债券筹资的成本。

② 当发售新股票，增加新股东时，一方面可能会分散公司的控制权；另一方面新股东对公司累积的盈余具有分享权，这就会降低普通股的每股净收益。此外，发行新股票可能被投资者视为消极的信号，从而导致股票价格的下跌，影响公司的市场价值和发展潜力。

5.2.2 向金融机构贷款

向金融机构贷款是指房地产开发企业向银行和非银行金融机构借入资金。其中向银行贷款是房地产开发企业负债经营时所采用的主要资金筹集方式。

贷款种类主要包括房地产开发企业流动资金贷款、房地产开发贷款、房地产抵押贷款等。

5.2.2.1 房地产开发企业流动资金贷款

房地产开发企业流动资金贷款主要用于补充企业为完成计划内土地开发和商品房建设任务所需要的流动资金，使用范围主要包括材料设备等的储备、在建工程的各种开支、售前成品资金的占用、企业在银行的存款和必备库存现金等。一般情况下，房地产开发企业在开户银行申请流动资金贷款。

5.2.2.2 房地产开发贷款

房地产开发贷款是指为了满足开发项目开发建设资金的需要，房地产开发企业以出让方式取得的项目土地使用权或在建工程作为抵押物，向金融机构申请的贷款。

房地产开发贷款是一种抵押贷款，其抵押物为出让方式取得的项目土地使用权或在建工程。房地产开发贷款只能用于指定的项目，不能挪用于其他项目。

房地产开发贷款对象应为具备房地产开发资质、信用等级较高、没有拖欠工程款的房地产开发企业。贷款重点支持符合中低收入家庭购买能力的住宅项目，大户型、大面积、高档商品房、别墅等项目的贷款受到适当限制。重点监控的是商品房空置量大、负债率高的房地产开发企业申请的房地产开发贷款。

5.2.2.3 房地产抵押贷款

（1）房地产抵押的含义

房地产抵押，是指抵押人以其合法的房地产以不转移占有的方式向抵押权人提供债务履行担保的行为。债务人不履行债务时，抵押权人有权依法以抵押的房地产拍卖所得的价款优先受偿。

在房地产项目开发建设中，房地产抵押的抵押人是房地产开发企业，抵押权人是金融机构。

（2）房地产抵押贷款的种类

在房地产项目开发建设中，为满足项目筹资需要的房地产抵押贷款主要有出让方式取得的土地使用权的抵押贷款、在建工程抵押贷款、依法取得《房屋所有权证》的房地产抵押贷款。

（3）房地产抵押合同

房地产抵押当事人应当签订书面抵押合同。

① 依法取得《房屋所有权证》的房地产抵押合同。依法取得《房屋所有权证》的房地产抵押合同应当载明：抵押人、抵押权人的名称；主债权的种类、数额；抵押房地产的处所、名称、状况、建筑面积、用地面积以及四至等；抵押房地产的价值；抵押房地产的占用管理人、占用管理方式、占用管理责任以及意外损毁、灭失的责任；抵押期限；抵押权灭失的条件；违约责任；争议解决方式；抵押合同订立的时间与地点；双方约定的其他事项。

② 以在建工程抵押的房地产抵押合同。在建工程抵押是指抵押人为取得在建工程继续建造资金的贷款，以其合法方式取得的土地使用权连同在建工程投入资产，以不转移占有的方式抵押给贷款银行作为偿还贷款履行担保的行为。以在建工程抵押的房地产抵押合同应当载明：抵押人、抵押权人的名称；主债权的种类、数额；抵押房地产的处所、名称、状况、建筑面积、用地面积以及四至等；抵押房地产的价值；抵押房地产的占用管理人、占用管理方式、占用管理责任以及意外损毁、灭失的责任；《国有土地使用权证》《建设用地规划许可证》和《建设工程规划许可证》编号；已交纳的土地使用权出让金或需交纳的相当于土地使用权出让金的款额；已投入在建工程的工程款；施工进度及工程竣工日期；已完成的工作量和工程量；抵押期限；抵押权灭失的条件；违约责任；争议解决方式；抵押合同订立的时间与地点；双方约定的其他事项。

（4）房地产抵押登记

房地产抵押合同自签订之日起 30 日内，抵押当事人应当到房地产所在地的房地产管理部门办理房地产抵押登记。房地产抵押合同自抵押登记之日起生效。

以依法取得的《房屋所有权证》的房地产抵押的，登记机关应当在原《房屋所有权证》上作他项权利记载后，由抵押人收执，并向抵押权人颁发《房屋他项权证》。

以在建工程抵押的，登记机关应在抵押合同上作记载。抵押的房地产在抵押期间竣工的，当事人应当在抵押人领取房地产权属证书后，重新办理房地产抵押登记。

5.2.3 商品房预售

商品房预售实质上是预收货款，它是一种商业信用行为。在商品供不应求或者生产周期较长，且售价较高时，采用预收货款方式可以缓和企业资金短缺的矛盾。预收货款实质上是销货单位向购货者预借一笔款项，以后再以商品归还。

房地产开发企业预售商品房应当符合下列条件：

① 已交付全部土地使用权出让金，取得《土地使用权证》；

② 持有《建设工程规划许可证》和《施工许可证》；

③ 按提供的预售商品房计算，投入开发建设资金达到工程建设总投资的 25％以上，并已确定施工进度和竣工交付日期；

④ 已办理预售登记，取得《商品房预售许可证明》。

5.2.4 发行债券筹资

(1) 债券的含义

债券是企业为筹集资金而发行的，承诺按期向债权人支付利息和偿还本金的一种有价证券。

企业债券票面应当载明：企业的名称、地址；企业债券的面额；企业债券的利率；还本期限和方式；利息的支付方式；企业债券发行的日期和编号；企业的印记和企业法定代表人的签章；审批机关批准发行的文号和日期。

(2) 企业发行债券的条件

企业发行债券必须符合下列条件：

① 企业规模达到国家规定的要求；

② 企业财务会计制度符合国家规定；

③ 具有偿债能力；

④ 企业经济效益良好，发行企业债券前连续 3 年盈利；

⑤ 所筹资金用途符合国家产业政策；

⑥ 企业发行企业债券所筹资金应当按照审批机关批准的用途，用于本企业的生产经营；

⑦ 企业发行企业债券的总面额不得大于该企业的自有资产净值；

⑧ 企业债券的利率不得高于银行相同期限居民储蓄定期存款利率的 40％；

⑨ 企业发行企业债券，应当由证券经营机构承销。

(3) 企业债券的发行价格

企业债券的发行价格是债券投资者认购新发行债券时实际支付的价格。

企业债券的发行价格通常有等价发行、溢价发行和折价发行 3 种。等价发行又叫面值发行，是指按债券面值出售债券；溢价发行是指按高于债券面值的价格发行债券；折价发行是指以低于票面金额的价格发行债券。

债券的发行价格可能与其面值不一致，主要是因为资金市场上的利率是经常变化的，而企业债券上标明的利率，一经印出就无法改变。但是从债券的印出至正式发行期间，市场上的利率可能会发生变化，为此需调整发行价格，以使投资者实际得到的利息率与市场利息率相等。债券发行价格的计算公式为

$$P_0 = \sum_{t=1}^{n} \frac{\frac{C}{m}}{\left(1+\frac{i}{m}\right)^{mt}} + \frac{F}{\left(1+\frac{i}{m}\right)^{mn}}$$

式中，P_0 为债券的发行价格；C 为债券年利息；i 为市场利率；m 为每年计息次数；n 为到期年限数；F 为债券面值；t 为年份数。

【例 5-1】 某企业发行债券 1000 万元（单位面值 1000 元，共 1 万份），期限 3 年，年利率为 10％。现考虑付息方式为一年计算一次，发行时市场利率为 10％、8％和 12％，试计算单位面值债券的发行价格。

解 ① 一年计息一次，发行时市场利率为 10％。

此时，$F=1000$ 元，$i=10\%$，$m=1$，$n=3$，$C=F\times 10\%$，则发行价格为

$$P_0 = \sum_{t=1}^{n} \frac{\frac{C}{m}}{\left(1+\frac{i}{m}\right)^{mt}} + \frac{F}{\left(1+\frac{i}{m}\right)^{mn}} = \sum_{t=1}^{3} \frac{1000\times 10\%}{(1+10\%)^t} + \frac{1000}{(1+10\%)^3} = 1000 \text{ 元}$$

单位面值发行价格为 1000 元。

② 一年计息一次，发行时市场利率为 8％。

此时，$F=1000$ 元，$i=8\%$，$m=1$，$n=3$，$C=F\times 10\%$，则发行价格为

$$P_0 = \sum_{t=1}^{3} \frac{1000\times 10\%}{(1+8\%)^t} + \frac{1000}{(1+8\%)^3} = 1052 \text{（元）}$$

单位面值发行价格为 1052 元。

③ 一年计息一次，发行时市场利率为 12％。

此时，$F=1000$ 元，$i=12\%$，$m=1$，$n=3$，$C=F\times 10\%$，则发行价格为

$$P_0 = \sum_{t=1}^{3} \frac{1000\times 10\%}{(1+12\%)^t} + \frac{1000}{(1+12\%)^3} = 952 \text{（元）}$$

单位面值发行价格为 952 元。

(4) 企业债券筹资的优缺点

企业债券筹资的优点主要有以下几点。

① 资金成本低。与发行股票筹资相比，发行债券的发行成本较少，债券利息在税前支付，这样有一部分利息实际上由国家负担了。

② 具有保障控制权。债券持有人无权参与发行企业的经营管理决策，发行债券筹资，企业的所有者不会损失其对企业的控制权。

③ 可发挥财务杠杆的作用。通过发行债券筹资，可使企业的资本结构合理，使资本金发挥更大作用。

企业债券筹资的缺点主要有以下几点。

① 财务风险高。债券有固定的到期日，并需定期支付利息，要承担按期还本、付息的义务。

② 限制条件严格。发行债券的限制条件比向银行借款、发行股票都要多且严格。

③ 筹资数量受到限额。根据国家有关规定，企业发行企业债券的总面额不得大于该企业的自有资产净值。

5.3 金融机构对项目贷款的审查

金融机构进行项目贷款审查时，要进行企业资信等级评价、贷款项目评估、贷款担保方式评价和贷款综合评价 4 个方面的工作。

5.3.1 企业资信等级评价

金融机构在向申请贷款的项目贷款前,首先要审查企业的资信等级,即客户评价。通常情况下,金融机构主要根据企业素质、资金实力、企业偿债能力、企业经营管理能力、企业获利能力、企业信誉、企业在贷款银行的资金流量和其他辅助指标,确定房地产开发企业的资信等级。企业资信等级评价的过程,实际上是将上述评价指标,按照一定的评价标准分别给每项指标打分,再根据各项指标的相对重要性确定每一指标或每一类指标的权重,然后加权平均计算出每个企业的资信评价分值,最后再按照企业得分的多少,将其划分为 AAA、AA、A、BBB、BB 和 B 级。通常情况下,BBB 及以上资信等级的企业才能获得银行贷款。

5.3.2 贷款项目评估

金融机构在提供资金融通的过程中,除对开发商进行资信等级评价外,还会对开发商所开发的项目进行详细的审查,以确保开发商能够凭借项目本身的正常运行具备充分的还款能力。

金融机构对项目的审查主要包括 3 个方面,即项目基本情况指标、市场分析指标和财务评价指标。各方面的具体指标如表 5-2 所示。

表 5-2 房地产开发项目贷款评价的指标体系

序号	指标名称	内容及计算公式
一		项目基本情况指标
1	四证落实情况	四证指《土地使用权证》《建设用地规划许可证》《建设工程规划许可证》和《施工许可证》
2	自有资金占总投资比例	自有资金/总投资
3	资金落实情况	自有资金和其他资金落实情况
4	地理与交通位置	项目所处位置的区域条件和交通条件
5	基础设施落实情况	指项目的上下水、电力、燃气、热力、通信、交通等配套条件的落实情况
6	项目品质	指项目自身的产品品质,包括规划和设计风格、容积率、小区环境、户型设计等是否合理,新材料、新技术、新设计、新理念的应用以及这些应用带来的效益和风险
二		市场分析指标
7	市场定位	项目是否有明确的市场定位,是否面向明确的细分市场及这种定位的合理性
8	供需形势分析	项目所在细分市场的供应量与有效需求量之间的关系、市场吸纳率、市场交易的活跃程度等
9	竞争形势分析	项目所在地区人口聚集度、项目所处细分市场的饱和程度、项目与竞争楼盘的优势比较次序内容
10	市场营销能力	项目的营销推广计划是否合理有效、销售策划人员能力、是否有中介顾问公司的配合等
11	认购或预售/预租能力	项目是否已有认购或已经开始预售、预租及认购或预售/预租的比例如何
三		财务评价指标
12	内部收益率	使项目在计算期内各年净现金流量现值累计之和等于零时的折现率
13	销售利润率	利润总额/销售收入
14	贷款偿还期	项目用规定的还款资金(利税及其他还款来源)偿还贷款本息所需要的时间
15	敏感性评价	分析和预测主要指标(如收益率、净现值、贷款偿还期等)对由于通货膨胀、市场竞争等客观原因所引起的成本、利润率等因素变化而发生变动的敏感程度

在项目融资金额较大或某些其他特殊情况下，金融机构还很可能亲自去了解有关开发项目的详情。如果开发商是自己的新客户，更需要这样做。金融机构调查的内容包括项目所在的确切地点、当地对各类楼宇的需求情况、项目改变用途以适应市场需要的可能性、市场上的主要竞争项目等。金融机构批准贷款时通常还会考虑建筑设计质量和建筑师的水平情况。此外，有时金融机构还会对未来租客的选择进行干预，尤其是大宗承租的租客。这也是金融机构控制项目和开发商的重要措施。

在咨询业日益发达的今天，金融机构还会要求开发商向其提供房地产咨询机构提供的项目评估报告，这也是金融机构化解和分散融资风险的有效途径。在咨询机构提供的项目评估报告中，咨询机构会就项目的建设条件、项目所在地的房地产市场供求情况、预期租金和售价水平、总开发成本、项目自身的收益能力和还贷能力、财务评价的有关技术经济指标、不确定性分析的结果等提供专业意见，供银行或其他金融机构参考。

5.3.3 贷款担保方式评价

贷款担保是指为提高贷款偿还的可能性，降低银行资金损失的风险，由借款人或第三人对贷款本息的偿还提供的一种保证。当银行与借款人及其他第三人签订担保协议后，如借款人财务状况恶化、违反借款合同或无法偿还贷款时，银行可以通过执行担保来收回贷款本息。需要指出的是，贷款的担保不能取代借款人的信用状况，仅仅是为已经发生的贷款提供了一个额外的安全保障。银行在发放贷款时，首先应考查借款人的第一还款来源是否充足，贷款的担保并不一定能确保贷款得以足额偿还。房地产贷款担保通常有以下3种形式。

① 保证。指由贷款银行、借款人与第三方签订一个保证协议，当借款人违约或无力归还贷款时，由第三方保证人按照约定履行债务或承担相应的责任。保证通常是由第三方保证人以自身的财产提供的一种可选择的还款来源。而且，只有当保证人有能力和意愿代替借款人偿还贷款，这项保证才是可靠的。贷款银行将在充分审核保证人的财务实力和信誉程度后，方可作出是否接受其保证的决策。一般来说，银行金融机构提供的担保风险最低，然后依次是省级非银行金融机构、AAA级企业、AA级企业、AA级以下企业。

② 抵押。指借款人或第三人在不转移财产占有权的情况下，将财产作为贷款的担保。银行持有抵押财产的担保权益，当借款人不履行合同时，银行有权以该财产折价或以拍卖、变卖该财产的价款优先受偿。在房地产贷款中以土地房屋等设定贷款抵押是最常见的担保形式。从抵押担保的质量来看，商品房优于其他房屋，建成后的房地产优于纯粹的土地，商品住宅优于商用房地产。

③ 质押。指借款人或第三人以其动产或权力（包括商标权、专利权等）移交银行占有，将该动产或权力作为债权的担保。当借款人不履行债务时，银行有权将该动产或权力折价出售收回贷款，或者以拍卖、变卖该动产或权力的价款优先受偿。

5.3.4 贷款综合评价

金融机构考查完开发商的资信状况和房地产开发项目以后，还要结合对企业和项目考查的结果，综合企业信用等级、项目风险等级、贷款担保方式、贷款期限等因素，对项目贷款进行综合评价。贷款综合评价的主要工作是计算贷款综合风险度。

某笔贷款风险额＝某笔贷款额×信用等级系数×贷款方式系数×期限系数×项目风险等级系数

$$某笔贷款的综合风险度 = \frac{某笔贷款风险额}{某笔贷款额} \times 100\%$$
$$= 信用等级系数 \times 贷款方式系数 \times 期限系数 \times 项目风险等级系数$$

① 信用等级系数的取值规则是：AAA级企业为30%，AA级企业为50%，A级企业为70%，BBB级企业为90%。

② 贷款方式系数的取值规则是：信用贷款为100%，由银行金融机构提供担保的为10%~20%，由省级非银行金融机构提供担保的为50%，AA级以下企业提供担保的为100%；用商品房抵押的为50%，由其他房屋及建筑物抵押的为100%（如参加保险，保险期长于贷款到期日的，系数取值为50%）。

③ 贷款期限系数的取值规则是：中短期贷款期限在半年以内的为100%，期限在半年以上不满1年的为120%，中长期贷款期限在1年以上不满3年的为120%，期限在3年以上不满5年的为130%，期限在5年以上的为140%。

④ 项目风险等级系数的确定：先按照项目建设条件、市场和产品分析以及财务评价的结果，将项目划分成AAA、AA、A和BBB 4个风险等级，其对应的风险系数分别为80%、70%、60%和50%。

按照上述公式计算，凡综合风险度超过60%的，即为高风险贷款。对高风险贷款，银行一般不予发放贷款。例如，某开发企业申请贷款5000万元，该企业的信用等级为AA级，以商品房做抵押，期限2年，项目风险等级为A级。代入公式得：贷款综合风险度=50%×50%×120%×60%=18%，所以银行可以发放贷款。

5.4 房地产开发项目资金筹集规划

5.4.1 房地产开发项目资金筹集规划的概念

房地产开发项目资金筹集规划就是根据项目可行性研究估算的总投资需要量和年度投资需要量（或分期投资需要量），通过编制投资计划与资金筹措表，研究、安排资金的来源与运用，通过对各种可能的筹资方案的安全性、经济性和可行性的比较分析，为项目寻求适宜的资金筹集方案，以适应项目预期的现金流量。

5.4.2 房地产开发项目资金筹集规划的主要内容

（1）对企业和项目的内外因素进行分析

内部因素主要包括项目开发经营的可行性、企业的筹资能力、企业的财务状况等；外部因素主要包括社会经济环境、政策法规、资本市场供需状况等。

（2）合理确定筹资活动期望达到的目的和要求

一般包括企业资本结构要求、企业长期资金与短期资金的比例要求、项目资金数量与使用时机要求、较低的资金成本、较低的财务风险等。

（3）编制投资计划与资金筹措计划

编制投资计划与资金筹措计划主要步骤如下：

① 项目总投资（不含财务费用）的估算及用款计划的编制；

② 资金筹措方式规划。对于一般项目，资金筹措方式主要包括资本金筹集、向金融机构贷款、商品房预售；

③ 编制贷款还本付息表、投资计划与资金筹措表。

【例 5-2】 某房地产开发项目预计总投资（不含财务费用）为 11669 万元，试根据开发企业的实际情况和类似项目的有关数据，编制项目的用款计划、贷款还本付息表和投资计划与资金筹措表。

解 ① 开发项目预计总投资（不含财务费用）为 11669 万元，根据开发项目实际情况和类似项目的有关数据，编制项目的用款计划。

② 根据开发企业的实际情况，项目总投资中，拟投入资本金 3800 万元，向商业银行贷款 4200 万元，不足的资金拟由预售房款解决。贷款条件：年利率 5.85%，每年支付当年利息，从第 3 年起分 3 年等额还本。

③ 编制贷款还本付息估算表和投资计划与资金筹措表。如表 5-3 和表 5-4 所示。

表 5-3　贷款还本付息估算表　　　　　　　　　　　　单位：万元

序号	项目	合计	1	2	3	4	5
1.1	年初贷款累计			1000	4200	2800	1400
1.2	本年贷款	4200	1000	3200			
1.3	本年应计利息	672.75	29.25	152.10	245.70	163.80	81.90
1.4	本年还本付息	4872.75	29.25	152.10	1645.70	1563.80	1481.90
	还本	4200			1400	1400	1400
	付息	672.75	29.25	152.10	245.70	163.80	81.90

表 5-4　投资计划与资金筹措表　　　　　　　　　　　　单位：万元

序号	项目	合计	0	1	2
1	投资计划	11850.35	1968	3783.25	6099.10
	项目投资	11850.35	1968	3783.25	6099.10
	其中:不含财务费用	11669	1968	3754	5947
	财务费用	181.35		29.25	152.10
2	资金筹措	11850.35	1968	3783.25	6099.10
2.1	资本金	3800	1968	1332	500
2.2	商品房预售收入	3850.35		1451.25	2399.10
2.3	银行贷款	4200		1000	3200

（4）筹资方案的选择

根据投资计划与资金筹措计划中各费用发生时间的不同以及各费用筹资渠道与方式的不同，某一房地产项目可组合出多种筹资方案。通过对筹资方案的比较分析，可以选择出较优的筹资方案。

在实际工程中，通过对各筹资方案的安全性、经济性和可行性进行分析后择优选择方案。

① 安全性。安全性指标，依风险程序分为 A、B、C、D 四级。

A 级：风险很小，即对利率风险、汇率风险等主要风险都作了调整或已基本消除；提供资金的机构资信等级很高；代理筹资的金融机构也有很好的资信，并已承担了部分风险；整个筹资过程因出现大事故而发生损失的可能性很小。

B 级：风险较小，即筹资的主要风险已在一定程度上减小，但并没有完全消除；资金提供者的资信等级较高；代理筹资者资信较好；整个筹资过程因出现意外事故而发生损失的可能性较小。

C级：风险较大，即尽管筹资的主要风险已作调整，但尚未消除的风险仍然很大；提供资金者资信不足；没有委托金融机构代理筹资；整个筹资过程可能因意外事故的发生而导致损失。

D级：风险极大，即筹资的主要风险没有经过调整；提供资金者的资信很低；没有金融机构承担代理筹资业务；整个筹资过程因意外事故而发生损失的可能性很大。

② 经济性。经济性指标根据综合筹资成本费用率可分为 A、B、C、D 四级。

筹资的资金成本是指企业为筹集和使用资金所必须付出的费用。资金成本由筹资费用和使用费用两部分组成。资金成本是企业比较筹资方式，进行资本结构决策的基本依据。

筹资费用是指在筹资过程中为获得资金而付出的费用。例如，向银行贷款时需要支付的手续费、评估费、罚金，发行股票、债券等而支付的申请费、中介代理费、手续费等。

使用费用是指开发企业在开发经营过程中因使用资金而支付的费用。例如，向股东支付的红利、向债权人支付的利息以及在资金使用过程中支付的资金占用费等。

综合筹资成本费用率计算公式为

$$C_p = \frac{\sum C}{\sum M}$$

式中，C_p 为综合筹资成本费用率；$\sum C$ 为筹资渠道、方式筹资的资金成本之和；$\sum M$ 为筹资总额。

令 R 为筹资同期银行贷款利率，R 与 C_p 比较，经济性指标可分为 A、B、C、D 四级。

A级：筹资成本低，$C_p \leqslant 70\% R$。

B级：筹资成本较低，$70\% R < C_p \leqslant 100\% R$。

C级：筹资成本较高，$100\% R < C_p \leqslant 130\% R$。

D级：筹资成本很高，$C_p > 130\% R$。

③ 可行性。可行性指标依资金渠道方式落实情况亦可分为 A、B、C、D 四级。

A级：承诺的资金达 100%。

B级：承诺的资金达 90% 以上。

C级：承诺的资金达 80%～90%。

D级：承诺的资金额低于 80%。

对若干筹资方案，根据安全性、经济性、可行性指标进行判断。某一方案 3 个指标都为 A，则该方案较优。有 D 的方案应尽量不选。

(5) 筹资方案的实施及调整

一般情况下，选择出的最满意筹资方案则为实施的方案。在实施的过程中，影响筹资规划的内外因素可能会发生变化，可能会发生偏离筹资目的和要求的情况，这时应及时跟踪调整，以便及时发现问题和调整筹资方案。

复习思考题

1. 投资有哪些特性？
2. 房地产投资的形式有哪些？
3. 房地产投资有哪些特性？
4. 房地产投资的系统风险和个别风险分别包括哪些方面？

5. 简述房地产开发资金筹集的内涵。
6. 房地产开发资金筹集方式主要有哪些？
7. 房地产开发企业自有资金有哪几部分组成？
8. 房地产股份有限公司可通过哪几种方式筹集资本金？
9. 在房地产项目开发建设中，为满足项目筹资需要的房地产抵押贷款主要有哪几种？
10. 以在建工程抵押的房地产抵押合同应当载明哪些内容？
11. 某开发企业申请贷款8000万元，期限3年，以商品房做抵押，该企业的信用等级为A级，项目风险等级为AAA级。试计算贷款综合风险度。
12. 筹资的资金成本由哪几部分组成？
13. 房地产开发项目资金筹集规划的主要内容有哪些？
14. 评价筹资方案优劣的主要指标有哪些？

第 6 章
房地产开发用地的取得

> **本章要点**
> 房地产开发用地必须是国有建设用地。一般情况下,土地储备机构对增量国有土地和存量国有土地完成前期开发整理后,纳入当地市、县土地供应计划,由市、县人民政府国土资源管理部门统一组织供地,房地产开发企业通过公开的土地市场取得经营性用地使用权。本章介绍了与房地产开发有关的土地分类,土地储备、与土地储备有关的集体土地征收与补偿、与土地储备有关的国有土地上房屋征收与补偿,房地产开发用地的取得方式。本章的重点是房地产开发用地的取得方式。

6.1 与房地产开发有关的土地分类

6.1.1 与房地产开发有关的土地物权分类

物权是指权利人依法对特定的物享有直接支配和排他的权利,包括所有权、用益物权和担保物权。土地所有权包括国家所有土地的所有权与集体土地所有权;土地用益物权包括土地承包经营权、建设用地使用权、宅基地使用权、地役权等;土地担保物权主要是土地的抵押权。与房地产开发有关的土地物权主要是土地所有权和国有建设用地使用权。

(1) 土地所有权

中华人民共和国实行土地的社会主义公有制,即全民所有制和劳动群众集体所有制。国家为了公共利益的需要,可以依法对土地实行征收或者征用并给予补偿。征收主要是所有权的改变,是国家为了公共利益需要而强制取得所有权的行为,其结果是所有权发生转移。征用是在土地所有权不变的前提下有条件的使用权的改变,如因抢险救灾等紧急需要而强制使用的行为,一旦紧急需要结束,被征用的土地应当如数返还给原权利人。房地产开发用地必须是国有土地。房地产开发中涉及的国有土地包括国家所有的土地和国家征收的原属于农民集体所有的土地。

土地所有权人对土地依法享有占有、使用、收益和处分的权利。

全民所有,是指国家所有土地的所有权由国务院代表国家行使。城市的土地属于国家所有。法律规定农村和城市郊区的土地,属于国家所有。

农村和城市郊区的土地,除由法律规定属于国家所有的以外,属于农民集体所有;宅基地和自留地、自留山,属于农民集体所有。农民集体所有的土地,由县级人民政府登记造册,核发证书,确认所有权。农民集体所有的土地依法属于村农民集体所有的,由村集体经济组织或者村民委员会经营、管理;已经分别属于村内两个以上农村集体经济组织的农民集体所有的,由村内各该农村集体经济组织或者村民小组经营、管理;已经属于乡(镇)农民集体所有的，由乡（镇）农村集体经济组织经营、管理。

(2) 国有建设用地使用权

根据《中华人民共和国土地管理法》的规定，任何单位和个人进行建设，需要使用土地的，必须依法申请使用国有土地；但是，兴办乡镇企业和村民建设住宅经依法批准使用本集体经济组织农民集体所有的土地的，或者乡（镇）村公共设施和公益事业建设经依法批准使用农民集体所有的土地的除外。

房地产开发用地的使用权应是国有建设用地使用权。国有建设用地使用权人依法对国家所有的土地享有占有、使用和收益的权利，有权利用该土地建造建筑物、构筑物及其附属设施。

6.1.2 土地利用总体规划中土地用途分类

国家编制土地利用总体规划，规定土地用途，将土地分为农用地、建设用地和未利用地。严格限制农用地转为建设用地，控制建设用地总量，对耕地实行特殊保护。

农用地是指直接用于农业生产的土地，包括耕地、林地、草地、农田水利用地、养殖水面等；建设用地是指建造建筑物、构筑物的土地，包括城乡住宅和公共设施用地、工矿用地、交通水利设施用地、旅游用地、军事设施用地等；未利用地是指农用地和建设用地以外的土地。

使用土地的单位和个人必须严格按照土地利用总体规划确定的用途使用土地。

6.1.3 《城市用地分类与规划建设用地标准》中的城市建设用地分类

《城市用地分类与规划建设用地标准》为国家标准，编号为 GB 50137—2011，自 2012 年 1 月 1 日起实施。城市建设用地包括：居住用地、公共管理与公共服务用地、商业服务业设施用地、工业用地、物流仓储用地、交通设施用地、公共设施用地、绿地。

居住用地可进一步分为一类居住用地、二类居住用地、三类居住用地和四类居住用地。一类居住用地是指市政公用设施齐全、布局完整、环境良好，以低层住宅为主的土地。二类居住用地是指市政公用设施齐全、布局完整、环境较好，以多、中、高层住宅为主的土地。三类居住用地是指市政公用设施比较齐全、布局不完整、环境一般，或住宅与工业等用地有混合交叉的用地。四类居住用地是指以简陋住宅为主的用地。

工业用地可分为一类工业用地、二类工业用地和三类工业用地。一类工业用地是指对居住和公共设施等环境基本无干扰和污染的工业用地，如电子工业等用地。二类工业用地是指对居住和公共设施等环境有一定干扰和污染的工业用地，如食品工业、医药制造工业、纺织工业等用地。三类工业用地是指对居住和公共设施等环境有严重干扰和污染的工业用地，如采掘工业、冶金工业、大中型机械制造工业、化学工业、造纸工业、制革工业、建材工业等用地。

6.1.4 《土地利用现状分类》(GB/T 21010—2017)中的土地分类

(1) 耕地

(2) 园地

(3) 林地

(4) 草地

(5) 商服用地

① 零售商业用地。以零售功能为主的商铺、商场、超市、市场和加油、加气、充换电站等的用地。

② 批发市场用地。以批发功能为主的市场用地。

③ 餐饮用地。饭店、餐厅、酒吧等用地。

④ 旅馆用地。宾馆、旅馆、招待所、服务型公寓、度假村等用地。

⑤ 商务金融用地。指商务服务用地，以及经营性的办公场所用地。包括写字楼、商业性办公场所、金融活动场所和企业厂区外独立的办公场所；信息网络服务、信息技术服务、电子商务服务、广告传媒等用地。

⑥ 娱乐用地。指剧院、音乐厅、电影院、歌舞厅、网吧、影视城、仿古城以及绿地率小于65%的大型游乐等设施用地。

⑦ 其他商服用地。指零售商业、批发市场、餐饮、旅馆、商务金融、娱乐用地以外的其他商业、服务业用地。包括洗车场、洗染店、照相馆、理发美容店、洗浴场所、赛马场、高尔夫球场、废品物资回收站、机动车、电子产品和日用产品修理网点、物流营业网点、居住小区及小区级以下的配套的服务设施等用地。

(6) 工矿仓储用地

① 工业用地。工业生产、产品加工制造、机械和设备修理及直接为工业生产等服务的附属设施用地。

② 采矿用地。采矿、采石、采砂（沙）场，砖瓦窑等地面生产用地，排土（石）及尾矿堆放地。

③ 盐地。指用于生产盐的土地，包括晒盐场所、盐池及附属设施用地。

④ 仓储用地。指用于物资储备、中转的场所用地，包括物流仓储设施、配送中心、转运中心等。

(7) 住宅用地

① 城镇住宅用地。城镇用于生活居住的各类房屋用地及其附属设施用地，不含配套的商业服务设施等用地。

② 农村宅基地。农村用于生活居住的宅基地。

(8) 公共管理与公共服务用地

① 机关团体用地。用于党政机关、社会团体、群众自治组织等的用地。

② 新闻出版用地。用于广播电台、电视台、电影厂、报社、杂志社、通讯社、出版社等的用地。

③ 教育用地。指用于各类教育的用地。

④ 科研用地。指独立的科研、勘察、研发、设计、检验检测、技术推广、环境评估与监测、科普等科研事业单位及其附属设施用地。

⑤ 医疗卫生用地。指医疗、保健、卫生、防疫、康复和急救设施等用地。

⑥ 社会福利用地。指为社会提供福利和慈善服务的设施及其附属设施用地。

⑦ 文化设施用地。指图书、展览等公共文化活动设施用地。

⑧ 体育用地。指体育场馆和体育训练基地等用地。

⑨ 公用设施用地。指用于城乡基础设施的用地。

⑩ 公园与绿地。指城镇、村庄范围内的公园、动物园、植物园、街心花园、广场和用于休憩、美化环境及防护的绿化用地。

(9) 特殊用地

(10) 交通运输用地

(11) 水域及水利设施用地

(12) 其他土地

6.1.5 按照房地产开发用地的来源分类

按照房地产开发用地的来源不同,开发用地可分为存量国有土地和增量国有土地。存量国有土地是指城市规划区内原有的国有土地。增量国有土地是指城市规划区内被政府征收的原集体所有制土地。

6.1.6 按照土地前期开发程度分类

按照土地前期开发程度的不同,开发用地可分为:生地、毛地和熟地。

① 生地。是指不具有城市基础设施的土地,例如荒地、农地。

② 毛地。是指具有一定城市基础设施,有待征收房屋,尚未完成房屋征收补偿的土地。

③ 熟地。是指具有较完善的城市基础设施且场地平整,能直接在其上建造建筑物的土地。熟地又可分为"三通一平""五通一平""七通一平"等的土地。"三通一平",一般是指具有了道路、通水、通电等基础设施条件和场地平整。"五通一平",一般是指具有了道路、供水、排水、电力、电信等基础设施条件和场地平整。"七通一平",一般是指具有了道路、供水、排水、电力、电信、燃气、热力等基础设施条件和场地平整。

6.1.7 国有建设用地使用权出让中土地用途分类

① 居住用地。

② 工业用地。

③ 教育、科技、文化、卫生、体育用地。

④ 商业、旅游、娱乐用地。

⑤ 综合或者其他用地。

6.2 土地储备

房地产开发用地必须是国有土地,房地产开发中涉及的国有土地包括存量的国有土地和增量的国有土地。房地产开发用地,一般是先储备后供应。对于存量的国有土地,土地储备机构作为房屋征收部门,通过国有土地上房屋征收与补偿,取得储备的土地。对于增量的国有土地,市、县人民政府通过征收集体所有土地,将集体所有制土地转变为国有土地,增量的国有土地由土地储备机构储备,土地储备机构对原集体土地所有者和使用者进行补偿。

土地收购储备制度的建立,推动了公开、公平和透明的土地供应市场建设,改变了传统的开发商获取土地使用权的程序,对房地产开发企业获取土地使用权的价格也产生了较大影响。

6.2.1 土地储备简介

(1) 土地储备的实施单位

土地储备,是指市、县人民政府国土资源管理部门为实现调控土地市场、促进土地资源合理利用目标,依法取得土地,进行前期开发、储存以备供应土地的行为。

土地储备工作的具体实施,由土地储备机构承担。土地储备机构应为市、县人民政府批准成立、具有独立的法人资格、隶属于国土资源管理部门、统一承担本行政辖区内土地储备工作的事业单位。

(2) 土地储备计划

市、县人民政府国土资源管理、财政及当地人民银行相关分支行等部门应根据当地经济和社会发展计划、土地利用总体规划、城市总体规划、土地利用年度计划和土地市场供需状况等共同编制年度土地储备计划，报同级人民政府批准，并报上级国土资源管理部门备案。

年度土地储备计划应包括下列内容：
① 年度储备土地规模；
② 年度储备土地前期开发规模；
③ 年度储备土地供应规模；
④ 年度储备土地临时利用计划；
⑤ 计划年度末储备土地规模。

（3）储备土地的前期开发

土地储备机构应对储备土地特别是依法征收后纳入储备的土地进行必要的前期开发，使之具备供应条件。前期开发涉及道路、供水、供电、供气、排水、通信、照明、绿化、土地平整等基础设施建设的，要按照有关规定，通过公开招标方式选择工程实施单位。

（4）土地供应

储备土地完成前期开发整理后，纳入当地市、县土地供应计划，由市、县人民政府国土资源管理部门统一组织供地。

6.2.2 集体土地征收与补偿

6.2.2.1 集体土地征收与补偿的主要依据

征收集体土地是国家为了公共利益的需要，依法将集体所有土地转变为国有土地并给予补偿的行为。国家征收土地，依照法定程序批准后，由县级以上地方人民政府予以公告并组织实施。被征用土地的所有权人、使用权人应当在公告规定期限内，持土地权属证书到当地人民政府土地行政主管部门办理征地补偿登记。

集体土地征收与补偿的主要法律依据：

① 《中华人民共和国宪法》第十条：国家为了公共利益的需要，可以依照法律规定对土地实行征收或者征用并给予补偿。

② 《中华人民共和国物权法》第四十二条：为了公共利益的需要，依照法律规定的权限和程序可以征收集体所有的土地和单位、个人的房屋及其他不动产。征收集体所有的土地，应当依法足额支付土地补偿费、安置补助费、地上附着物和青苗的补偿费等费用，安排被征地农民的社会保障费用，保障被征地农民的生活，维护被征地农民的合法权益。

③ 《中华人民共和国土地管理法》第二条：国家为了公共利益的需要，可以依法对土地实行征收或者征用并给予补偿。

6.2.2.2 集体土地征收的特点

集体土地征收具有三个明显的特点。

① 有一定的强制性，征地是国家的特有行为，被征地单位和人员要服从国家的需要。

② 要妥善安置被征地单位及人员的生产和生活，用地单位向被征地单位给予经济补偿，保证被征地农民的生活水平不因征收土地而降低。

③ 被征收后的土地所有权发生了转移，即由集体所有的土地变为国家所有的土地。

6.2.2.3 集体土地征收补偿及被征地农民安置

征收集体所有的土地，应当根据《中华人民共和国土地管理法》《中华人民共和国物权法》等法律法规以及各地的地方性法规规章的规定，依法足额支付土地补偿费、安置补助费、地上附着物和青苗的补偿费等费用，安排被征地农民的社会保障费用，保障被征地农民的生活，维护被征地农民的合法权益。征收个人住宅的，还应当保障被征收人的居住条件。

6.2.2.4　集体土地征收、补偿及土地供应程序

（1）根据土地利用总体规划和土地利用年度计划的要求，确定年度征收集体土地的数量和范围

城市人民政府应当依据国民经济和社会发展规划、国土整治和资源环境保护的要求、土地供给能力以及各项建设对土地的需求，组织编制土地利用总体规划。土地利用总体规划的规划期限一般为15年。土地利用年度计划，根据国民经济和社会发展计划、国家产业政策、土地利用总体规划以及建设用地和土地利用的实际状况编制。土地利用年度计划中应包括年度征收集体土地和农用地转用计划指标。

（2）征收集体土地，办理农用地转用审批手续

征收集体土地，依照法定程序批准后，由县级以上地方人民政府予以公告并组织实施。建设占用土地，涉及农用地转为建设用地的，应当办理农用地转用审批手续。在土地利用总体规划确定的城市建设用地规模范围内，为实施该规划而将农用地转为建设用地的，按土地利用年度计划分批次由原批准土地利用总体规划的机关批准。在已批准的农用地转用范围内，具体建设项目用地可以由城市人民政府批准。

（3）集体土地征收补偿

征收集体土地的，由县级以上地方人民政府土地行政主管部门具体负责实施，由土地储备机构负责征收补偿。

（4）土地储备与土地供应

土地储备机构对被征收的土地，进行前期开发、储备以备供应土地。城市人民政府土地行政主管部门，根据土地利用计划，供应土地。房地产开发企业通过公开的土地市场，通过出让方式取得房地产开发用地土地使用权。房地产开发企业也可接受政府委托，通过划拨方式取得保障性住房建设用地使用权。

6.2.3　国有土地上房屋征收与补偿

国有土地上房屋征收，主要是通过房屋征收，收回房屋占用范围内的土地使用权。征收国有土地上单位、个人的房屋，应当对被征收房屋所有权人（简称被征收人）给予公平补偿。

6.2.3.1　国有土地上房屋征收与补偿的主要依据

①《中华人民共和国物权法》第四十二条：征收单位、个人的房屋及其他不动产，应当依法给予拆迁补偿，维护被征收人的合法权益；征收个人住宅的，还应当保障被征收人的居住条件。

②《国有土地上房屋征收与补偿条例》（国务院590号令）中的规定。

6.2.3.2　国有土地上房屋征收与补偿的实施部门

市、县级人民政府负责本行政区域的房屋征收与补偿工作。市、县级人民政府确定的房屋征收部门组织实施本行政区域的房屋征收与补偿工作。土地储备机构接受国土资源管理部门的委托，作为房屋征收部门，征收房屋的目的是取得房屋占用范围内的土地使用权。房屋征收部门拟定征收补偿方案，报市、县级人民政府。市、县级人民政府应当组织有关部门对

征收补偿方案进行论证并予以公布，征求公众意见。征求意见期限不得少于30日。房屋征收部门可以委托房屋征收实施单位，承担房屋征收与补偿的具体工作。

6.2.3.3 国有土地上房屋征收补偿

（1）补偿范围

对被征收人给予如下补偿。

① 被征收房屋价值的补偿。

② 因征收房屋造成的搬迁、临时安置的补偿。

③ 因征收房屋造成的停产停业损失的补偿。

市、县级人民政府应当制定补助和奖励办法，对被征收人给予补助和奖励。

市、县级人民政府作出房屋征收决定前，应当组织有关部门依法对征收范围内未经登记的建筑进行调查、认定和处理。对认定为合法建筑和未超过批准期限的临时建筑的，应当给予补偿；对认定为违法建筑和超过批准期限的临时建筑的，不予补偿。

（2）补偿标准

对被征收房屋价值的补偿，不得低于房屋征收决定公告之日被征收房屋类似房地产的市场价格。被征收房屋的类似房地产是指与被征收房屋的区位、用途、权利性质、档次、新旧程度、规模、建筑结构等相同或者相似的房地产。被征收房屋类似房地产的市场价格是指被征收房屋的类似房地产在评估时点的平均交易价格。确定被征收房屋类似房地产的市场价格，应当剔除偶然的和不正常的因素。被征收房屋价值，是指被征收房屋及其占用范围内的土地使用权在正常交易情况下，由熟悉情况的交易双方以公平交易方式在评估时点自愿进行交易的金额。被征收房屋的价值由具有相应资质的房地产价格评估机构按照房屋征收评估办法评估确定。被征收房屋价值评估时点为房屋征收决定公告之日。被征收房屋价值评估应当考虑被征收房屋的区位、用途、建筑结构、新旧程度、建筑面积以及占地面积、土地使用权等影响被征收房屋价值的因素。注册房地产估价师应当根据评估对象和当地房地产市场状况，对市场法、收益法、成本法、假设开发法等评估方法进行适用性分析后，选用其中一种或者多种方法对被征收房屋价值进行评估。被征收房屋的类似房地产有交易的，应当选用市场法评估；被征收房屋或者其类似房地产有经济收益的，应当选用收益法评估；被征收房屋是在建工程的，应当选用假设开发法评估。

因征收房屋造成搬迁的，房屋征收部门应当向被征收人支付搬迁费；选择房屋产权调换的，产权调换房屋交付前，房屋征收部门应当向被征收人支付临时安置费或者提供周转用房。

对因征收房屋造成停产停业损失的补偿，根据房屋被征收前的效益、停产停业期限等因素确定。具体办法由省、自治区、直辖市制定。

被征收房屋室内装饰装修价值，机器设备、物资等搬迁费用，以及停产停业损失等补偿，由征收当事人协商确定；协商不成的，可以委托房地产价格评估机构通过评估确定。

（3）补偿方式

被征收人可以选择货币补偿，也可以选择房屋产权调换。

被征收人选择房屋产权调换的，市、县级人民政府应当提供用于产权调换的房屋，并与被征收人计算、结清被征收房屋价值与用于产权调换房屋价值的差价。用于产权调换房屋价值评估时点应当与被征收房屋价值评估时点一致。

因旧城区改建征收个人住宅，被征收人选择在改建地段进行房屋产权调换的，作出房屋征收决定的市、县级人民政府应当提供改建地段或者就近地段的房屋。

（4）补偿协议

房屋征收部门与被征收人依照《国有土地上房屋征收与补偿条例》的规定，就补偿方式、补偿金额和支付期限、用于产权调换房屋的地点和面积、搬迁费、临时安置费或者周转用房、停产停业损失、搬迁期限、过渡方式和过渡期限等事项，订立补偿协议。

补偿协议订立后，一方当事人不履行补偿协议约定的义务的，另一方当事人可以依法提起诉讼。

6.3 房地产开发用地的取得方式

6.3.1 国有建设用地使用权划拨

（1）国有建设用地使用权划拨的含义

国有建设用地使用权划拨，是指县级以上人民政府依法批准，在土地使用者缴纳补偿、安置等费用后将该幅土地交付其使用，或者将国有建设用地使用权无偿交付给土地使用者使用的行为。

依照法律规定以划拨方式取得国有建设用地使用权的，除法律、行政法规另有规定外，没有使用期限的限制。

下列建设用地的国有建设用地使用权，确属必需的，可以由县级以上人民政府依法批准划拨。

① 国家机关用地和军事用地。
② 城市基础设施用地和公益事业用地。
③ 国家重点扶持的能源、交通、水利等项目的用地。
④ 法律、行政法规规定的其他用地。

（2）房地产开发中涉及的国有建设用地使用权划拨

《关于加强土地供应管理促进房地产市场持续健康发展的通知》[国土资发〔2003〕356号]中规定：经济适用住房用地，也应严格控制总量，审时度势，及时调控。市、县国土资源管理部门要积极参与经济适用住房发展计划的编制工作，在年度房地产开发土地供应计划中合理确定经济适用住房土地供应量。经济适用房建设用地，要按照土地利用总体规划和城市规划的要求，合理布局，并按照政策规定，可以划拨方式提供土地。

《经济适用住房管理办法》（建住房〔2007〕258号）中规定：经济适用住房建设用地以划拨方式供应。经济适用住房建设用地应纳入当地年度土地供应计划，在申报年度用地指标时单独列出，确保优先供应。

根据现行法律、法规和政策的规定，保障性住房建设用地可通过国有建设用地使用权划拨方式取得。

6.3.2 国有建设用地使用权出让

6.3.2.1 国有建设用地使用权出让的含义

国有建设用地使用权出让，是指国家将国有建设用地使用权在一定年限内出让给土地使用者，由土地使用者向国家支付国有建设用地使用权出让金的行为。

6.3.2.2 国有建设用地使用权出让年限

应在《国有建设用地使用权出让合同》中明确国有建设用地使用权出让年限，但不能超过国家规定的最高年限。

国有建设用地使用权出让最高年限按下列用途确定：

① 居住用地70年；

② 工业用地50年；

③ 教育、科技、文化、卫生、体育用地50年；

④ 商业、旅游、娱乐用地40年；

⑤ 综合或者其他用地50年。

6.3.2.3 国有建设用地使用权出让计划

市、县人民政府国土资源行政主管部门根据经济社会发展计划、产业政策、土地利用总体规划、土地利用年度计划、城市规划和土地市场状况，编制国有建设用地使用权出让年度计划，报同级人民政府批准后，及时向社会公开发布。国有建设用地使用权出让年度计划应当包括年度土地供应总量、不同用途土地供应面积、地段以及供地时间等内容。

国有建设用地使用权出让计划经批准后，市、县人民政府国土资源行政主管部门应当在土地有形市场等指定场所，或者通过报纸、互联网等媒介向社会公布。因特殊原因，需要对国有建设用地使用权出让计划进行调整的，应当报原批准机关批准，并按照规定及时向社会公布。

6.3.2.4 国有建设用地使用权出让方式

出让国有建设用地使用权，除依照法律、法规和规章的规定应当采用招标、拍卖或者挂牌方式外，也可采取协议方式。工业、商业、旅游、娱乐和商品住宅等经营性用地以及同一宗地有两个以上意向用地者的，应当以招标、拍卖或者挂牌方式出让。应当采用招标、拍卖或者挂牌方式出让的工业用地，包括仓储用地，不包括采矿用地。经营性用地以外用途的土地的供地计划公布后，同一地块只有一个意向用地者的，市、县人民政府国土资源行政主管部门方可采取协议方式出让。

6.3.2.5 协议出让国有建设用地使用权

（1）协议出让国有建设用地使用权的含义

协议出让国有建设用地使用权，是指国家以协议方式将国有建设用地使用权在一定年限内出让给土地使用者，由土地使用者向国家支付国有建设用地使用权出让金的行为。

（2）协议出让土地方案

对符合协议出让条件的，市、县人民政府国土资源行政主管部门会同城市规划等有关部门，依据国有土地使用权出让计划、城市规划和意向用地者申请的用地项目类型、规模等，制定协议出让土地方案。

协议出让土地方案应当包括拟出让地块的具体位置、界址、用途、面积、年限、土地使用条件、规划设计条件、供地时间等。

（3）协议出让的出让金

以协议方式出让国有建设用地使用权的出让金不得低于按国家规定所确定的最低价。低于最低价时国有建设用地使用权不得出让。协议出让最低价不得低于新增建设用地的土地有偿使用费、征地（国有土地上房屋征收）补偿费用以及按照国家规定应当缴纳的有关税费之和；有基准地价的地区，协议出让最低价不得低于出让地块所在级别基准地价的70%。

市、县人民政府国土资源行政主管部门应当根据国家产业政策和拟出让地块的情况，按照《城镇土地估价规程》的规定，对拟出让地块的土地价格进行评估，经市、县人民政府国土资源行政主管部门集体决策，合理确定协议出让底价。协议出让底价不得低于协议出让最低价。协议出让底价确定后应当保密，任何单位和个人不得泄露。

协议出让底价经有批准权的人民政府批准后，市、县人民政府国土资源行政主管部门应当与意向用地者就土地出让价格等进行充分协商，协商一致且议定的出让价格不低于出让底价的，方可达成协议。

6.3.2.6 招标拍卖挂牌出让国有建设用地使用权的含义

招标出让国有建设用地使用权，是指市、县人民政府国土资源行政主管部门（简称出让人）发布招标公告，邀请特定或者不特定的自然人、法人和其他组织参加国有建设用地使用权投标，根据投标结果确定国有建设用地使用权人的行为。

拍卖出让国有建设用地使用权，是指出让人发布拍卖公告，由竞买人在指定时间、地点进行公开竞价，根据出价结果确定国有建设用地使用权人的行为。

挂牌出让国有建设用地使用权，是指出让人发布挂牌公告，按公告规定的期限将拟出让宗地的交易条件在指定的土地交易场所挂牌公布，接受竞买人的报价申请并更新挂牌价格，根据挂牌期限截止时的出价结果或者现场竞价结果确定国有建设用地使用权人的行为。

6.3.2.7 招标拍卖挂牌出让地块的出让方案

市、县人民政府国土资源行政主管部门应当按照出让年度计划，会同城市规划等有关部门共同拟订拟招标拍卖挂牌出让地块的出让方案，报经市、县人民政府批准后，由市、县人民政府国土资源行政主管部门组织实施。出让方案应当包括出让地块的空间范围、用途、年限、出让方式、时间和其他条件等。

6.3.2.8 招标拍卖挂牌出让文件

出让人应当根据招标拍卖挂牌出让地块的情况，编制招标拍卖挂牌出让文件。招标拍卖挂牌出让文件应当包括出让公告、投标或者竞买须知、土地使用条件、标书或者竞买申请书、报价单、中标通知书或者成交确认书、国有建设用地使用权出让合同文本。

6.3.2.9 招标拍卖挂牌公告

出让人应当至少在投标、拍卖或者挂牌开始日前20日，在土地有形市场或者指定的场所、媒介发布招标、拍卖或者挂牌公告，公布招标拍卖挂牌出让宗地的基本情况和招标拍卖挂牌的时间、地点。

招标拍卖挂牌公告应当包括下列内容：

① 出让人的名称和地址；
② 出让宗地的面积、界址、空间范围、现状、使用年期、用途、规划指标要求；
③ 投标人、竞买人的资格要求以及申请取得投标、竞买资格的办法；
④ 索取招标拍卖挂牌出让文件的时间、地点和方式；
⑤ 招标拍卖挂牌时间、地点、投标挂牌期限、投标和竞价方式等；
⑥ 确定中标人、竞得人的标准和方法；
⑦ 投标、竞买保证金；
⑧ 其他需要公告的事项。

6.3.2.10 招标拍卖挂牌标底或者底价

市、县人民政府国土资源行政主管部门应当根据土地估价结果和政府产业政策综合确定标底或者底价。标底或者底价不得低于国家规定的最低价标准。确定招标标底，拍卖和挂牌的起叫价、起始价、底价，投标、竞买保证金，应当实行集体决策。招标标底和拍卖挂牌的底价，在招标开标前和拍卖挂牌出让活动结束之前应当保密。

6.3.2.11 招标出让国有建设用地使用权程序

投标、开标依照下列程序进行。

① 投标人在投标截止时间前将标书投入标箱。招标公告允许邮寄标书的，投标人可以邮寄，但出让人在投标截止时间前收到的方为有效。标书投入标箱后，不可撤回。投标人应当对标书和有关书面承诺承担责任。

② 出让人按照招标公告规定的时间、地点开标，邀请所有投标人参加。由投标人或者其推选的代表检查标箱的密封情况，当众开启标箱，点算标书。投标人少于三人的，出让人应当终止招标活动。投标人不少于三人的，应当逐一宣布投标人名称、投标价格和投标文件的主要内容。

③ 评标小组进行评标。评标小组由出让人代表、有关专家组成，成员人数为五人以上的单数。评标小组可以要求投标人对投标文件作出必要的澄清或者说明，但是澄清或者说明不得超出投标文件的范围或者改变投标文件的实质性内容。评标小组应当按照招标文件确定的评标标准和方法，对投标文件进行评审。

④ 招标人根据评标结果，确定中标人。按照价高者得的原则确定中标人的，可以不成立评标小组，由招标主持人根据开标结果，确定中标人。

对能够最大限度地满足招标文件中规定的各项综合评价标准，或者能够满足招标文件的实质性要求且价格最高的投标人，应当确定为中标人。

6.3.2.12 拍卖出让国有建设用地使用权程序

拍卖依照下列程序进行。

① 主持人点算竞买人。

② 主持人介绍拍卖宗地的面积、界址、空间范围、现状、用途、使用年期、规划指标要求、开工和竣工时间以及其他有关事项。

③ 主持人宣布起叫价和增价规则及增价幅度。没有底价的，应当明确提示。

④ 主持人报出起叫价。

⑤ 竞买人举牌应价或者报价。

⑥ 主持人确认该应价或者报价后继续竞价。

⑦ 主持人连续三次宣布同一应价或者报价而没有再应价或者报价的，主持人落槌表示拍卖成交。

⑧ 主持人宣布最高应价或者报价者为竞得人。

竞买人的最高应价或者报价未达到底价时，主持人应当终止拍卖。拍卖主持人在拍卖中可以根据竞买人竞价情况调整拍卖增价幅度。

6.3.2.13 挂牌出让国有建设用地使用权程序

挂牌依照以下程序进行。

① 在挂牌公告规定的挂牌起始日，出让人将挂牌宗地的面积、界址、空间范围、现状、用途、使用年期、规划指标要求、开工时间和竣工时间、起始价、增价规则及增价幅度等，在挂牌公告规定的土地交易场所挂牌公布。

② 符合条件的竞买人填写报价单报价。

③ 挂牌主持人确认该报价后，更新显示挂牌价格。

④ 挂牌主持人在挂牌公告规定的挂牌截止时间确定竞得人。

挂牌时间不得少于 10 日。挂牌期间可根据竞买人竞价情况调整增价幅度。

挂牌截止应当由挂牌主持人主持确定。挂牌期限届满，挂牌主持人现场宣布最高报价及其报价者，并询问竞买人是否愿意继续竞价。有竞买人表示愿意继续竞价的，挂牌出让转入现场竞价，通过现场竞价确定竞得人。挂牌主持人连续三次报出最高挂牌价格，没有竞买人表示愿意继续竞价的，按照下列规定确定是否成交。

① 在挂牌期限内只有一个竞买人报价，且报价不低于底价，并符合其他条件的，挂牌成交。

② 在挂牌期限内有两个或者两个以上的竞买人报价的，出价最高者为竞得人；报价相同的，先提交报价单者为竞得人，但报价低于底价者除外。

③ 在挂牌期限内无应价者或者竞买人的报价均低于底价或者均不符合其他条件的，挂牌不成交。

6.3.2.14 挂牌出让国有建设用地使用权案例

（1）国有建设用地使用权挂牌出让公告

根据《招标拍卖挂牌出让国有建设用地使用权规定》（国土资源部第 39 号令）等法律法规规定，某某市国土资源局对表 6-1 地块国有建设用地使用权进行挂牌出让，地块范围内原土地使用权同时收回。现就有关出让事项公告如下。

① 地块基本情况及出让条件。

地块具体出让条件详见挂牌出让文件。

② 土地交付条件。土地交付条件为净地交付，即地块范围内建筑物、构筑物拆至室内地坪，其余维持自然现状。外部条件（道路、水、电、气等）均以现状为准。

③ 中华人民共和国境内外的法人和其他组织，除法律、法规另有规定者外，均可参加竞买。可以独立竞买，也可以联合竞买。在竞得人所持股份大于 50% 的前提下，可就该地块开发成立项目公司。

④ 有意竞买者按以下时间，到某某市土地矿产市场管理办公室办理报名、报价手续，并按规定交付竞买保证金。

接受竞买报名时间（工作日）：

起始时间：2011 年 11 月 8 日上午 8:30；

表 6-1 挂牌出让地块基本情况及出让条件

地块编号	NO.2011G59
地块位置/名称	白下区通济门外大街 7 号酿酒总厂地块
四至	东至规划道路；西至龙蟠中路；北至凯悦天琴花园；南至酒精厂路
总用地面积（平方米）	16625.3
出让面积（平方米）	13445.8
规划用地性质	二类居住用地
出让年限	70 年
容积率	$1.0 < R \leqslant 2.78$
建筑密度	$\leqslant 24\%$
建筑高度	$\leqslant 55$ 米
绿地率	$\geqslant 47\%$
挂牌出让起始价（万元）	42000
加价幅度	800 万元或其整数倍
竞买保证金（万元）	8400

截止时间：2011年11月17日上午11:00（截止时间以现场公证部门确认的时间为准），到某某市土地矿产市场管理办公室办理报名手续，按规定交付竞买保证金。

有关挂牌出让文件可于2011年10月27日起到某某市土地矿产市场管理办公室按规定申领。

⑤ 接受竞买报价时间（工作日）。

起始时间：2011年11月8日上午8:30。

截止时间：2011年11月17日下午2:40（以现场公证部门确认的时间为准）。

⑥ 挂牌现场会时间及地点：2011年11月17日下午2:30，某某市公共资源交易中心一楼多功能厅。

⑦ 竞买人报价必须采用某某市土地矿产市场管理办公室统一制作的《国有建设用地使用权公开出让竞买报价书》，进行书面报价。不接受电话、邮寄、口头等报价方式。

在挂牌期限截止时，对出让地块有两个或两个以上竞买人，且该地块已有有效报价的，出让人主持对该地块进行现场竞价，出价最高者为竞得人。

⑧ 竞买人竞得后，凭《国有建设用地使用权公开出让成交确认书》《国有建设用地使用权出让合同》办理项目审批等有关手续。竞得人应按国家有关规定和《国有建设用地使用权出让合同》约定开发建设。

⑨ 本次国有建设用地使用权挂牌出让由某某市土地矿产市场管理办公室具体承办。

（2）挂牌出让地块成交信息

挂牌出让地块信息表请见表6-2。

表6-2 挂牌出让地块信息表

项目	信息详情	项目	信息详情
地块编号	NO.2011G59	地块位置	东至规划道路；西至龙蟠中路；北至凯悦天琴花园；南至酒精厂路
容积率	$1.0<R\leqslant 2.78$	用地性质	二类居住用地
规划面积	16625.3平方米	实际出让面积	13445.8平方米
公告发布时间	2011-10-19	挂牌起始价	42000万元
成交时间	2011-11-17	成交价格	53200万元
竞得人	某某房地产开发有限责任公司	公告编号	2011年第14号

6.3.3 国有建设用地使用权转让

6.3.3.1 国有建设用地使用权转让的含义

国有建设用地使用权转让是指土地使用者将国有建设用地使用权再转移的行为，包括出售、交换和赠与等方式。

按照《中华人民共和国城市房地产管理法》的规定，以出让和划拨方式取得的土地使用权，都可以向开发投资者转让。房地产开发企业一般通过出售方式取得转让地块的国有建设用地使用权。

6.3.3.2 以出让方式取得的土地使用权的转让

以出让方式取得的建设用地使用权的地块，在使用人缴付全部出让金取得土地使用权证并对其进行了一定程度的开发之后，可向有意向的房地产开发企业转让。

所谓"一定程度的开发"，属于房屋建设工程的，完成开发投资总额的25%以上，属于成片开发土地的，依照规划对土地进行开发建设，完成供排水、供电、供热、道路交通、通信等市政基础设施、公用设施的建设，达到场地平整，形成工业用地或者其他建设用地条件。

房地产开发企业可通过媒体、交易会、招商会、公开土地市场等渠道，获悉拟转让地块及转让方式的资料，房地产开发企业可结合自身的经营计划，对这些资料进行分析、评估。房地产开发企业在找到目标地块后，即可与地块的使用权人进行接洽和协商谈判，双方意见达到基本一致后，一般由原土地使用权人向国土资源管理部门提出申请；申请被批准后，双方签订土地使用权转让合同；双方持转让合同到国土资源管理部门办理土地使用权变更手续。

在建设用地使用权转让的具体工作中，应注意以下内容。

① 国有建设用地使用权转让应当签订转让合同。国有建设用地使用权转让时，国有建设用地使用权出让合同和登记文件中所载明的权利、义务随之转移。

② 土地使用权转让，只是对原权利剩余期限的转让，即转让后的土地使用权的使用年限为原出让合同约定的使用年限减去原土地使用者已使用年限后的剩余年限。

③ 改变原出让合同约定的土地用途的转让，必须取得原出让方和相应的规划行政主管部门的同意，签订土地使用权出让合同变更协议，并调整出让金。用途变更大的，应重新签订出让合同，重新确定出让金数额。

6.3.3.3 以划拨方式取得的土地使用权的转让

《中华人民共和国城市房地产管理法》规定：以划拨方式取得土地使用权的，转让房地产时，应当按照国务院规定，报有批准权的人民政府审批。有批准权的人民政府准予转让的，应当由受让方办理土地使用权出让手续，并依照国家有关规定缴纳土地使用权出让金。这实质上由划拨方式转化为有偿出让方式而使该幅地块土地使用权进入市场。有意向对该幅地块投资的房地产开发企业，可以此途径取得土地使用权。

房地产开发企业在找到目标地块后，可与土地使用者接洽，应核实其是否领有国有建设用地使用证，是否具有地上建筑物、其他附着物合法的产权证明。经核实确定后，房地产开发企业可进一步与之协商、谈判，双方意见基本达成一致后，一般先草签土地使用权转让协议；由土地使用者向政府土地管理部门提出转让申请，经批准后，由房地产开发企业与原土地使用者签订土地权转让合同，与土地管理部门签订土地使用权出让合同；房地产开发企业在缴付出让金后，到土地管理部门办理土地使用权变更登记手续。

复习思考题

1. 我国有哪几种土地所有制形式？
2. 简述土地所有权、国有建设用地使用权的权能。
3. 土地利用总体规划中，按照土地用途土地可分为哪几种类型？
4. 什么是"一类居住用地""二类居住用地"？
5. 什么是"三通一平""五通一平""七通一平"？
6. 简述生地、毛地、熟地的区别。
7. 年度土地储备计划应包括哪些内容？
8. 储备土地的前期开发包括哪些内容？
9. 我国法律法规对集体土地征收补偿及被征地农民安置有哪些规定？
10. 简述集体土地征收、补偿及土地供应程序。

11. 简述国有土地上房屋征收补偿范围、标准和方式。
12. 房地产开发用地有哪几种取得方式？
13. 国有建设用地使用权出让年限是如何确定的？
14. 国有建设用地使用权出让有哪几种方式？
15. 招标拍卖挂牌出让地块的出让方案应包括哪些内容？
16. 招标拍卖挂牌出让地块的出让文件应包括哪些内容？
17. 招标拍卖挂牌公告应包括哪些内容？
18. 简述挂牌出让国有建设用地使用权程序。
19. 简述招标出让国有建设用地使用权程序。
20. 简述拍卖出让国有建设用地使用权程序。

第 7 章
房地产开发项目规划设计

> **本章要点**
>
> 房地产开发企业应认真研究城市规划，对拟开发项目进行科学选址，选择有潜力的地块进行开发。开发项目的规划设计既要符合城市规划的需求，又要满足未来消费者的要求，还要考虑其经济效益。本章介绍了城市规划的层次、房地产开发与城市规划的关系、房地产开发项目的规划管理、居住区分级、居住区规划设计的内容、居住区规划设计中的技术经济指标、开发项目勘察、开发项目设计、开发项目规划设计方案评价步骤、开发项目规划设计方案评价的指标体系、综合评分法和层次分析法在开发项目规划设计方案评价中的应用。本章的重点是居住区规划设计的内容、居住区规划设计中的技术经济指标、房地产开发项目方案设计。

7.1 房地产开发项目的规划管理

7.1.1 城市规划的层次

城市规划是为了实现一定时期内城市的经济和社会发展目标，进行的确定城市性质、规模和发展布局，合理利用城市土地，协调城市空间布局和进行各项建设的综合部署和全面安排。城市规划是建设城市和管理城市的基本依据，是保证城市空间资源有效配置和土地合理利用的前提和基础，是实现城市经济和社会发展目标的重要手段之一。

城市规划分为总体规划和详细规划。详细规划分为控制性详细规划和修建性详细规划。城市规划经过法定程序审批确定后，城市规划区内的各项土地利用和建设活动，都必须按照城市规划进行。

7.1.1.1 城市总体规划

城市总体规划的期限一般为 20 年，城市总体规划应当对城市长远的发展作出预测性安排。近期建设规划是总体规划的一个组成部分，近期建设规划应当以重要基础设施、公共服务设施和中低收入居民住房建设以及生态环境保护为重点内容，明确近期建设的时序、发展方向和空间布局。近期建设规划的规划期限为 5 年。

（1）城市总体规划的主要任务

城市总体规划的主要任务是：综合研究和确定城市性质、规模和空间发展形态，统筹安排城市各项建设用地，合理配置城市各项基础设施，处理好远期发展与近期建设的关系，指导城市合理发展。

（2）城市总体规划的内容

城市总体规划应当包括：城市的发展布局，功能分区，用地布局，综合交通体系，禁止、限制和适宜建设的地域范围，各项专业规划等。

规划区范围、规划区内建设用地规模、基础设施和公共服务设施用地、水源地和水系、基本农田和绿化用地、环境保护、自然与历史文化遗产保护以及防灾减灾等内容，应当作为城市总体规划的强制性内容。

专业规划主要包括：道路系统和综合交通规划，城市基础设施建设规划，园林绿地系统规划，环境保护规划，城市人防建设和防灾系统规划，风景名胜、文物古迹、传统街区保护规划，旧区改建和用地调整规划，郊区规划等。

7.1.1.2 城市详细规划

城市详细规划是以城市总体规划为依据，详细规定建设用地的各项控制指标和其他规划管理要求，或者直接对建设用地作出具体安排和规划设计。城市详细规划的对象是城市中功能比较明确和地域空间相对完整的区域。按功能可以划分为居住区、工业区等详细规划。根据城市建设的阶段和工作需要，城市详细规划分为控制性详细规划和修建性详细规划。

城市人民政府城乡规划主管部门根据城市总体规划的要求，组织编制城市控制性详细规划，经本级人民政府批准后，报本级人民代表大会常务委员会和上一级人民政府备案。城市人民政府城乡规划主管部门可以组织编制重要地块的修建性详细规划，修建性详细规划应当符合控制性详细规划的要求。

(1) 控制性详细规划

控制性详细规划是以城市总体规划为依据，确定建设地区的土地使用性质和使用强度的控制指标、道路和工程管线控制性位置以及空间环境控制的规划要求，强化城市规划的控制功能，并指导修建性详细规划的编制。

① 控制性详细规划的基本内容：
a. 确定规划范围内各类不同使用性质的用地面积与用地界线；
b. 规定各地块土地使用、建筑容量、建筑形态、交通、配套设施及其他控制要求；
c. 确定各级支路的红线位置，控制点坐标和标高；
d. 根据规划容量，确定工程管线的走向、管径和工程设施的用地界线；
e. 制定相应的土地使用和建筑管理规定。

② 控制性详细规划对地块的控制指标。控制性详细规划对地块的控制指标有规定性指标和指导性指标两类。规定性指标是必须遵照的指标，一般包括：用地性质、用地面积、建筑密度、建筑控制高度、建筑后退红线距离、容积率、绿地率、交通出入口方位、停车泊位及其他需要配置的公共设施。指导性指标是参照执行的指标，一般包括：人口容量，建筑形式、体量、色彩、风格要求，其他环境要求。

(2) 修建性详细规划

修建性详细规划是以城市总体规划、控制性详细规划为依据，将城市建设的各项物质要素在当前拟建设开发的地区进行空间布置。

修建性详细规划的主要内容如下：
① 建设条件分析和综合技术经济论证；
② 建筑、道路和绿地的空间布局，景观规划设计，建筑布置的总平面图；
③ 道路系统规划设计；
④ 绿地系统规划设计；
⑤ 工程管线规划设计；

⑥ 竖向规划设计；

⑦ 估算工程量、拆迁量和总造价，分析投资效益。

城市总体规划、控制性详细规划和修建性详细规划，具有从宏观到微观，从概要说明到详细布局，从整体到局部，从远期目标到近期实施等特点，从而构成了完整的城市规划层次体系，是指导房地产开发的重要依据。

7.1.2 房地产开发与城市规划的关系

从总体上看，房地产开发与城市规划有如下关系。

(1) 房地产开发必须服从城市规划

城市规划是在一定时期内城市建设的发展计划，是对城市各项建设的综合部署。经过审批后的城市规划是具有法规效力和行政权力的文件，城市规划是城市建设、城市管理的主要依据，因此房地产开发必须服从城市规划。

城市规划要能贯彻执行，首先付诸实施的城市规划应是科学合理的。因此，城市规划的制定要有透明度，增加公众参与的机会，广泛地听取各方面的意见。

(2) 房地产开发有利于城市规划的实施

城市规划的实施，有赖于城市建设资金的投入。房地产开发是城市建设中很重要的方面，房地产开发有利于城市规划的实施。

7.1.3 房地产开发项目的规划管理

(1) 选址意见书

按照国家规定需要有关部门批准或者核准的建设项目，以划拨方式提供国有土地使用权的，建设单位在报送有关部门批准或者核准前，应当向城乡规划主管部门申请核发选址意见书。其他建设项目不需要申请选址意见书。

(2) 建设用地规划许可证

在城市规划区内以划拨方式提供国有土地使用权的建设项目，经有关部门批准、核准、备案后，建设单位应当向城市人民政府城乡规划主管部门提出建设用地规划许可申请，由城市人民政府城乡规划主管部门依据控制性详细规划核定建设用地的位置、面积、允许建设的范围，核发建设用地规划许可证。建设单位在取得建设用地规划许可证后，方可向县级以上地方人民政府土地主管部门申请用地，经县级以上人民政府审批后，由土地主管部门划拨土地。

在城市规划区内以出让方式提供国有土地使用权的，在国有土地使用权出让前，城市人民政府城乡规划主管部门应当依据控制性详细规划，提出出让地块的位置、使用性质、开发强度等规划条件，作为国有土地使用权出让合同的组成部分。未确定规划条件的地块，不得出让国有土地使用权。以出让方式取得国有土地使用权的建设项目，在签订国有土地使用权出让合同后，建设单位应当持建设项目的批准、核准、备案文件和国有土地使用权出让合同，向城市、县人民政府城乡规划主管部门领取建设用地规划许可证。城市人民政府城乡规划主管部门不得在建设用地规划许可证中，擅自改变作为国有土地使用权出让合同组成部分的规划条件。规划条件未纳入国有土地使用权出让合同的，该国有土地使用权出让合同无效；对未取得建设用地规划许可证的建设单位批准用地的，由县级以上人民政府撤销有关批准文件；占用土地的，应当及时退回；给当事人造成损失的，应当依法给予赔偿。

(3) 建设工程规划许可证

在城市规划区内进行建筑物、构筑物、道路、管线和其他工程建设的，建设单位应当向城市人民政府城乡规划主管部门申请办理建设工程规划许可证。申请办理建设工程规划许可证，应当提交使用土地的有关证明文件、建设工程设计方案等材料。需要建设单位编制修建性详细规划的建设项目，还应当提交修建性详细规划。对符合控制性详细规划和规划条件的，由城市人民政府城乡规划主管部门核发建设工程规划许可证。城市人民政府城乡规划主管部门应当依法将经审定的修建性详细规划、建设工程设计方案的总平面图予以公布。

在核发建设工程规划许可证的过程中，城市人民政府城乡规划主管部门应对建设工程设计方案进行审查。城乡规划主管部门按照城市规划的要求，对建设工程的性质、规模、位置、标高、高度、体量、体形、朝向、间距、建筑密度、容积率、建筑色彩和风格等进行审查，对各类道路的走向、坐标和标高、道路宽度、道路等级、交叉口设计、道路附属设施等进行审查，对各项管线工程（包括地下埋设和地上架设的给水、雨水、污水、电力、通信、燃气、热力及其他管线）的性质、断面、走向、坐标、标高、架埋方式、架设高度、埋置深度、管线相互间的水平距离与垂直距离及交叉点的处理等进行审查。

为了保证建设单位能够按照建设工程规划许可证的规定组织施工，建设工程的坐标、标高确认无误，城乡规划主管部门应派专门人员或认可的勘测单位到施工现场进行放线，建设工程经城乡规划主管部门验线后，方可破土动工。

7.2 居住区规划设计

开发区可分为居住、工业区、商业区、风景旅游区等。根据近年来的统计数据和未来一段时期的趋势，无论是建筑面积还是投资额，居住区占的比例较大；另外，居住区的规划设计配置较齐全。因此，本节以居住区为例，介绍规划设计的有关内容。

城市控制性详细规划中的居住区规划应符合《城市居住区规划设计规范》（GB 50180）和城市总体规划的要求，居住区修建性详细规划以及居住类房地产开发项目的方案设计应符合城市控制性详细规划和《城市居住区规划设计规范》的要求。

7.2.1 居住区分级

居住区的规模，广义上讲，有用地规模、建筑规模、居住户数或人口规模。居住区按居住户数或人口规模可分为居住区、小区、组团三级，居住区分级控制规模见表7-1。居住区根据居住人口规模进行分级配置是居住区规划的基本原则，分级的主要目的是配置满足不同层次居民基本的物质与文化生活所需的相关设施。

表7-1 居住区分级控制规模

项目	居住区	小区	组团
户数/户	10000～16000	3000～5000	300～1000
人口/人	30000～50000	10000～15000	1000～3000

居住区的规划布局形式可采用居住区—小区—组团、居住区—组团、小区—组团、独立式组团等多种类型。居住区—小区—组团这种规划布局形式，是一种三级结构，居住区由若干个小区组成，每个小区又由若干个组团组成。居住区—组团这种规划布局形式，是一种二级结构，居住区直接由若干个组团组成。小区—组团这种规划布局形式，也是一种二级结构，这种居住区仅为小区规模，它由若干个组团组成。

(1) 居住组团

居住组团,一般称组团,是指被小区道路分割,并与居住人口规模(1000～3000 人、300～1000 户)相对应,配套建设有居民所需的基层公共服务设施的居住生活聚居地。组团由若干幢住宅组成,通常是构成居住区的基本单位。

(2) 居住小区

居住小区,一般称小区,是指被城市道路或自然分界线所围合,并与居住人口规模(10000～15000 人、3000～5000 户)相对应,配套建设有一套能满足该区居民基本的物质与文化生活所需的公共服务设施的居住生活聚居地。

(3) 居住区

居住区泛指不同居住人口规模的居住生活聚居地和特指城市干道或自然分界线所围合,并与居住人口规模(30000～50000 人、10000～16000 户)相对应,配套建设有一整套较完善的、能满足该区居民物质与文化生活所需的公共服务设施的居住生活聚居地。

7.2.2 居住区规划总用地与居住区内建筑

7.2.2.1 居住区规划总用地

居住区规划总用地,应包括居住区用地和其他用地两类。

(1) 居住区用地

居住区用地包括住宅用地、公共服务设施用地、道路用地和公共绿地。

① 住宅用地。住宅用地是指住宅建筑基底占地及其四周合理间距内的用地(含宅间绿地和宅间小路等)。

② 公共服务设施用地。公共服务设施用地一般称为公建用地,是与居住人口规模相对应配套建设的、为居民服务和使用的各类设施的用地,应包括建筑基底占地及其所属场院、绿地和配套建设停车场等。

③ 道路用地。道路用地是指居住区(级)道路、小区(级)路、组团(级)路及非公建配建的居民汽车地面停放场地。

④ 公共绿地。公共绿地是指满足规定的日照要求、供居民共享的集中绿地,包括居住区公园、小游园和组团绿地及其他块状、带状绿地等。

(2) 其他用地

其他用地是指规划范围内除居住区用地以外的各种用地,应包括非直接为本区居民配套建设的道路用地、绿化用地或不可建设用地等。

7.2.2.2 居住区内建筑

居住区内建筑应包括住宅建筑和公共服务设施建筑(也称公建)两部分。在居住区规划用地内的其他建筑的设置,应符合无污染不扰民的要求。

7.2.3 居住区规划布局与空间环境

(1) 居住区规划布局

居住区的规划布局,应综合考虑周边环境、路网结构、公建与住宅布局、群体组合、绿地系统及空间环境等的内在联系,构成一个完善的、相对独立的有机整体。

居住区的规划布局应遵循下列原则:

① 方便居民生活,有利于安全防卫和物业管理;

② 组织与居住人口规模相对应的公共活动中心,方便经营、使用和社会化服务;

③ 合理组织人流、车流和车辆停放，创造安全、安静、方便的居住环境。

(2) 居住区的空间与环境设计

居住区的空间与环境设计，应遵循下列原则：

① 规划布局和建筑应体现地方特色，与周围环境相协调；

② 合理设置公共服务设施，避免烟、气（味）、尘及噪声对居民的污染和干扰；

③ 精心设置建筑小品，丰富与美化环境；

④ 注重景观和空间的完整性，市政公用站点等宜与住宅或公建结合安排；供电、电信、路灯等管线宜地下埋设；

⑤ 公共活动空间的环境设计，应处理好建筑、道路、广场、院落、绿地和建筑小品之间及其与人的活动之间的相互关系。

7.2.4 住宅建筑的规划设计

① 住宅建筑的规划设计，应综合考虑用地条件、选型、朝向、间距、绿地、层数与密度、布置方式、群体组合、空间环境和不同使用者等因素确定。住宅按层数划分如下：低层住宅为一至三层，多层住宅为四至六层，中高层住宅为七至九层，高层住宅为十层及以上。

② 住宅间距，应以满足日照要求为基础，综合考虑采光、通风、消防、防灾、管线埋设、视觉卫生等要求确定。正面间距，可按日照标准确定的不同方位的日照间距系数控制。条式住宅，多层之间侧面间距不宜小于 6 米，高层与各种层数住宅之间的侧面间距不宜小于 13 米。高层塔式住宅、多层和中高层点式住宅与侧面有窗的各种层数住宅之间应考虑视觉卫生因素，适当加大侧面间距。

③ 根据城市规划要求和综合经济效益，确定经济的住宅层数与合理的层数结构。无电梯住宅不应超过六层。

7.2.5 公共服务设施

① 居住区公共服务设施（也称配套公建），应包括：教育、医疗卫生、文化体育、商业服务、金融邮电、社区服务、市政公用、行政管理及其他八类设施。根据习惯直观地把商业、饮食、服务、修理称为商业服务类，把医疗、卫生、保健称为医疗卫生类，把邮电、银行称为金融邮电类，把变电室、高压水泵房等称为市政公用类，把居委会、社区服务中心、老年设施等称为社区服务类，把不能归类合并的称为其他类，把其他类与行政管理合称为行政管理及其他类。

② 居住区配套公建的配建水平，必须与居住人口规模相对应。并应与住宅同步规划、同步建设和同时投入使用。

③ 凡国家确定的一类、二类人防重点城市均应按国家人防部门的有关规定配建防空地下室，并应遵循平战结合的原则，与城市地下空间规划相结合，统筹安排。将居住区使用部分的面积，按其使用性质纳入配套公建。

④ 居住区配套公建各项目的规划布局，应符合下列规定：根据不同项目的使用性质和居住区的规划布局形式，应采用相对集中与适当分散相结合的方式合理布局，并应利于发挥设施效益，方便经营管理、减少干扰；商业服务与金融邮电、文化等有关项目宜集中布置，形成居住区各级公共活动中心；基层服务设施的设置应方便居民，满足服务半径的要求。

⑤ 居住区内公共活动中心、集贸市场和人流较多的公共建筑，必须相应配建公共停车场（库）。配建公共停车场（库）应就近设置，并宜采用地下或多层车库。

7.2.6 绿地

① 居住区内绿地有公共绿地、宅旁绿地、配套公建所属绿地和道路绿地，其中包括了满足当地植树绿化覆土要求、方便居民出入的地下或半地下建筑的屋顶绿地。

② 居住区内绿地应符合下列规定：一切可绿化的用地均应绿化，并宜发展垂直绿化；宅间绿地应精心规划与设计；新区建设绿地率不应低于30%。公共绿地、宅旁绿地、配套公建所属绿地和道路绿地四类绿地面积的总和占居住区用地总面积的比例即绿地率，是衡量居住区环境质量的重要标志。

③ 居住区内的绿地规划，应根据居住区的规划布局形式、环境特点及用地的具体条件，采用集中与分散相结合，点、线、面相结合的绿地系统。并宜保留和利用规划范围内的已有树木和绿地。

④ 居住区内的公共绿地，应根据居住区不同的规划布局形式设置相应的中心绿地，以及老年人、儿童活动场地和其他的块状、带状公共绿地。

⑤ 居住区内公共绿地的总指标，应根据居住人口规模分别达到：组团不少于0.5平方米/人，小区（含组团）不少于1平方米/人，居住区（含小区和组团）不少于1.5平方米/人，并应根据居住区规划布局形式统一安排、灵活使用。

7.2.7 道路

① 居住区的道路规划，应遵循下列原则：根据地形、气候、用地规模、用地四周的环境条件、城市交通系统以及居民的出行方式，选择经济、便捷的道路系统和道路断面形式；小区内应避免过境车辆的穿行，道路通而不畅、往返迂回，适于消防车、救护车、商店货车和垃圾车等的通行；有利于居住区内各类用地的划分和有机联系，以及建筑物布置的多样化；当公共交通线路引入居住区级道路时，应减少交通噪音对居民的干扰；在地震烈度不低于六度的地区，应考虑防灾救灾的要求；应满足居住区的日照通风和地下工程管线的埋设要求；应便于居民汽车的通行，同时保证行人、骑车人的安全便利。

② 居住区内道路可分为：居住区道路、小区路、组团路和宅间小路四级。其道路宽度，应符合下列规定。

a. 居住区道路：红线宽度不宜小于20米。

b. 小区路：路面宽6~9米。建筑控制线之间的宽度，需敷设供热管线的不宜小于14米；无供热管线的不宜小于10米。

c. 组团路：路面宽3~5米。建筑控制线之间的宽度，需敷设供热管线的不宜小于10米；无供热管线的不宜小于8米。

d. 宅间小路：路面宽度不宜小于2.5米。

③ 居住区内道路设置，应符合下列规定。

a. 小区内的道路至少应有两个出入口；居住区主要道路至少应有两个方向与外围道路相连；机动车道对外出入口间距不应小于150米。沿街建筑物长度超过150米时，应设不小于4米×4米的消防车通道。人行出口间距不宜超过80米，当建筑物长度超过80米时，应在底层加设人行通道。

b. 居住区道路与城市道路相接时，其交角不宜小于75°；当居住区内道路坡度较大时，应设缓冲段与城市道路相接。

c. 进入组团的道路，既应方便居民出行和利用消防车、救护车的通行，又应维护院落的完整性和利于治安保卫。

d. 在居住区内的公共活动中心,应设置为残疾人通行的无障碍通道。通行轮椅车的坡道宽度不应小于 2.5 米,纵坡不应大于 2.5%。

e. 居住区内尽端式道路的长度不宜大于 120 米,并应在尽端设不小于 12 米×12 米的回车场地。

f. 当居住区内用地坡度大于 8% 时,应辅以梯步解决竖向交通,并宜在梯步旁附设推自行车的坡道。

④ 居住区内必须配套设置居民汽车停车场、停车库,并应符合以下规定。

a. 居民汽车停车率不应小于 10%。

b. 居住区内地面停车率(居住区内居民汽车的停车位数量与居住户数的比率)不宜超过 10%。

c. 居民停车场、库的布置应方便居民使用,服务半径不宜大于 150 米。

d. 居民停车场、库的布置应留有必要的发展余地。

7.2.8 竖向

① 居住区的竖向规划,应包括地形地貌的利用、确定道路控制高程和地面排水规划等内容。

② 居住区竖向规划设计,应遵循下列原则:

a. 合理利用地形地貌,减少土方工程量;

b. 各种场地的适用坡道应符合有关规定;

c. 满足排水管线的埋设要求;

d. 避免土壤受冲刷;

e. 有利于建筑布置与空间环境的设计;

f. 对外联系道路的高程应与城市道路标高相衔接。

③ 当自然地形坡度大于 8%,居住区地面连接形式宜选用台地式,台地之间应用挡土墙或护坡连接。

④ 居住区内地面水的排水系统,应根据地形特点设计。

7.2.9 综合管线

① 居住区内应设置给水、污水、雨水和电力管线,在采用集中供热居住区内还应设置供热管线,同时还应考虑燃气、通信、电视公用天线、闭路电视、智能化等管线的设置或预留埋设位置。

② 居住区内各类管线的设置,应编制管线综合规划确定,并应符合下列规定。

a. 必须与城市管线衔接。

b. 应根据各类管线的不同特征和设置要求综合布置。各类管线相互间的水平与垂直净距应符合有关规定。

c. 宜采用地下敷设的方式。地下管线的走向,宜沿道路或与主体建筑平行布置,并力求线型顺直、短捷和适当集中,尽量减少转弯,并应使管线之间及管线与道路之间尽量减少交叉。

d. 应考虑不影响建筑物安全和防止管线受腐蚀、沉陷、震动及重压。各种管线与建筑物和构筑物之间的最小水平间距应符合相关规定。

e. 电力电缆与电信管、缆宜远离,并按照电力电缆在道路东侧或南侧,电信电缆在道路西侧或北侧的原则布置。

f. 地下管线不宜横穿公共绿地和庭院绿地。与绿化树种间的最小水平净距应符合相关规定。

③ 各种管线的埋设顺序应符合下列规定。

a. 离建筑物的水平排序，由近及远为：电力管线或电信管线、燃气管、热力管、给水管、雨水管、污水管。

b. 各种管线的垂直排序，由浅入深宜为：电信管线、热力管、电力电缆、燃气管、给水管、雨水管、污水管。

④ 管线之间遇到矛盾时，应按下列原则处理：

a. 临时管线避让永久管线；

b. 小管线避让大管线；

c. 压力管线避让重力自流管线；

d. 可弯曲管线避让不可弯曲管线。

7.2.10 综合技术经济指标

居住区综合技术经济指标有必要指标和可选指标之分，具体见表7-2。反映基本数据和习惯上要直接引用的数据为必要指标；习惯上较少采用的数据或根据规划需要有可能出现的内容为可选指标。

表7-2 居住区综合技术经济指标一览表

序号	指标名称	单位	指标性质
1	居住区总用地	公顷	必要指标
1.1	居住区用地	公顷	必要指标
1.1.1	住宅用地	公顷	必要指标
1.1.2	公建用地	公顷	必要指标
1.1.3	道路用地	公顷	必要指标
1.1.4	公共绿地	公顷	必要指标
1.2	其他用地	公顷	必要指标
2	居住户(套)数	户(套)	必要指标
3	居住人数	人	必要指标
4	户均人数	人/户	必要指标
5	居住区用地内建筑总面积	万平方米	必要指标
5.1	住宅建筑面积	万平方米	必要指标
5.2	公建面积	万平方米	必要指标
6	住宅平均层数	层	必要指标
7	高层住宅比例	%	选用指标
8	中高层住宅比例	%	选用指标
9	人口毛密度	人/公顷	必要指标
10	人口净密度	人/公顷	选用指标
11	住宅建筑套密度(毛)	套/公顷	必要指标
12	住宅建筑套密度(净)	套/公顷	必要指标

续表

序号	指标名称	单位	指标性质
13	住宅建筑面积毛密度	万平方米/公顷	必要指标
14	住宅建筑面积净密度	万平方米/公顷	必要指标
15	建筑面积毛密度（容积率）	万平方米/公顷	必要指标
16	停车率	%	必要指标
17	停车位	辆	必要指标
18	地面停车率	%	必要指标
19	地面停车位	辆	必要指标
20	住宅建筑净密度	%	必要指标
21	总建筑密度	%	必要指标
22	绿地率	%	必要指标

（1）居住区总用地

居住区总用地包括居住区用地和其他用地。居住区用地包括住宅用地、公共服务设施用地、道路用地和公共绿地。其他用地是指规划范围内除居住区用地以外的各种用地，包括非直接为本区居民配套建设的道路用地、绿化用地或不可建设用地等。

（2）居住户（套）数

居住户（套）数是指居住区内可以容纳的总户（套）数。

（3）居住人数

居住人数是指居住区内可以容纳的总人数。

（4）户均人数

户均人数是指居住区内每个住户的平均人口数量。

（5）居住区用地内建筑总面积

居住区用地内建筑总面积包括住宅建筑面积和公建面积。

（6）住宅平均层数

$$住宅平均层数 = \frac{住宅总建筑面积}{住宅基底总面积}$$

（7）高层住宅比例

住宅按层数分为低层住宅、多层住宅、中高层住宅和高层住宅。低层住宅是指一至三层的住宅，多层住宅是指四至六层的住宅，中高层住宅是指七至九层的住宅，高层住宅是指十层及以上的住宅。

$$高层住宅比例 = \frac{高层住宅总建筑面积}{住宅总建筑面积}$$

（8）中高层住宅比例

$$中高层住宅比例 = \frac{中高层住宅总建筑面积}{住宅总建筑面积}$$

（9）人口毛密度

$$人口毛密度 = \frac{居住人数}{居住区用地面积}$$

（10）人口净密度

$$人口净密度 = \frac{居住人数}{住宅用地面积}$$

(11) 住宅建筑套密度（毛）

$$住宅建筑套密度(毛) = \frac{住宅建筑套数}{居住区用地面积}$$

(12) 住宅建筑套密度（净）

$$住宅建筑套密度(净) = \frac{住宅建筑套数}{住宅用地面积}$$

(13) 住宅建筑面积毛密度

$$住宅建筑面积毛密度 = \frac{住宅建筑面积}{居住区用地面积}$$

(14) 住宅建筑面积净密度

$$住宅建筑面积净密度 = \frac{住宅建筑面积}{住宅用地面积}$$

(15) 建筑面积毛密度（容积率）

居住区用地内总建筑面积包括住宅建筑面积和公建面积。

$$建筑面积毛密度(容积率) = \frac{居住区总建筑面积}{居住区用地面积}$$

(16) 停车率

$$停车率 = \frac{停车位数量}{居住户(套)数}$$

(17) 停车位

停车位是指居住区应配置的停车车位数，通常按下限控制。

(18) 地面停车率

$$地面停车率 = \frac{地面停车位数量}{居住户(套)数}$$

(19) 地面停车位

地面停车位是指居住区地面的停车车位数。

(20) 住宅建筑净密度

$$住宅建筑净密度 = \frac{住宅建筑基底总面积}{住宅用地面积}$$

(21) 总建筑密度

$$总建筑密度 = \frac{居住区建筑基底总面积}{居住区用地面积}$$

(22) 绿地率

$$绿地率 = \frac{居住区绿地面积}{居住区用地面积}$$

7.3 房地产开发项目勘察

工程勘察是开发项目规划、设计和施工的重要依据，一般由房地产开发企业委托勘察设计单位完成。它的主要任务是：通过对开发用地的地形测量、工程地质钻探、地表水和气象调查，掌握开发用地及邻近重要地段的地形地貌、地层结构、土壤性质、水文资料、地基承载能力及其稳定性、不冻季节的延续期、土壤冻结厚度等资料，并编制成图和报告，从而为开发项目的规划、建筑设计、管网设置和工程施工提供可靠的依据。

工程勘察可分为选址勘察、初步勘察、详细勘察和施工勘察。

7.3.1 选址勘察

选址勘察是通过测绘和勘探，对工程地质的稳定性和适宜性作出评价，绘制成 1∶5000 的地形图，为选址提供资料。选址勘察的主要工作有：搜集区域地质、地形地貌、地震、矿产和附近地区的工程地质资料及当地的建筑经验；在搜集和分析已有资料的基础上，通过踏勘，了解场地的地层、构造、岩石和土的性质、不良地质现象及地下水等工程地质条件；对工程地质条件复杂，已有资料不能符合要求，但其他方面条件较好且倾向于选取的场地，应根据具体情况进行地质测绘及必要的勘探工作。

确定开发场地时，在工程地质条件方面，宜避开下列地段：不良地质现象发育且对场地稳定性有直接危害或潜在威胁；对建筑物抗震有危险的地段；洪水或地下水对建筑场地有严重不良影响；地下有未开采的有价值矿藏或未稳定的地下采空区。

7.3.2 初步勘察

初步勘察是通过勘察，对场地是否适用于建设作出评价，绘制出 1∶2000 的地形图，作为详细规划或建筑总平面布置以及重要建筑物地基基础设计的依据。

初步勘察前，应取得附有建筑区范围的地形图和有关工程的性质及规模的文件。初步勘察的主要工作有：初步查明地层、构造、岩石和土的物理力学性质，地下水埋藏条件及冻结深度；查明场地不良地质现象的成因、分布范围、对场地稳定性的影响程度及其发展趋势；对地震设防烈度为 7 度及 7 度以上的建筑物，应判定场地和地基的地震效应。

7.3.3 详细勘察

详细勘察是对建筑物地基进一步勘探，作出工程地质评价，为地基基础设计、地基处理加固以及不良地质现象防治提供地质资料，并绘制出 1∶1000 的地形图。

详细勘察前，应取得下列资料：附有坐标及地表的建筑总平面布置图；各建筑物的地面整平标高、上部结构特点及地下设施情况等；可能采取的基础的形式、尺寸、埋置深度、单位荷载或总荷载，以及有特殊要求的地基基础设计、施工方案。

详细勘察阶段主要有如下工作：查明建筑物范围内的地层结构、岩石和土的物理力学性质，并对地基的稳定性及承载能力作出评价；提供不良地质现象的防治工程所需的计算指标及资料；查明地下水的埋藏条件和侵蚀性，必要时，还应查明地层的渗透性，水位变化幅度及规律；判定地基岩石及地下水在建筑物施工和使用中可能产生的变化及影响，并提出防治建议。

7.3.4 施工勘察

施工勘察是对地质构造复杂、工程要求较高以及与施工有关的工程地质问题进行勘察，从而作为制定施工方案的依据。

需要进行施工勘察的情况有如下几种：对较重要建筑物的复杂地基，需要进行施工验槽；基槽开挖后，地质条件与原勘察资料不符，并可能影响工程质量时；深基础施工设计及施工中需进行有关地基监测工作；地基处理、加固时，需进行设计和检验工作；地基中溶洞或土洞较发育，需进一步查明及处理；施工中出现边坡失稳，需进行观测及处理。

施工勘察阶段的主要工作如下。

① 验槽时,应对基槽作地质素描,实测地层界限,查明人工填土的分布和均匀性等,必要时应进行补充勘探测试工作。

② 对深基础进行施工勘察时,应根据不同的施工方法,分别进行下列工作:当进行大幅度、大面积人工降低地下水位时,应提供地层渗透系数,并判定降水漏斗区域内土层塌陷或建筑物产生附加沉陷的可能性;当判定深层开挖对地基变形及邻近建筑物的影响时,宜在施工过程中实测基底回弹、隆起或土的侧向位移,依据邻近建筑物的附加沉降等;当采用沉井、沉箱基础工程方案时,应提供其与地基土的摩擦系数,并判定其正常下沉的可能性。

③ 对需要进行地基处理、加固的工程,应分别进行下列工作:采用重锤夯实时,应查明地下水位及其变动情况,并在夯实前测定土的含水量、干容重及最优含水量;采用硅化法时应测定土的渗透系数,地下水的流动速度和 pH 值;采用人工冻结法开挖地基时,应提供地下水的水位、流速、流向、水头、水力坡度、水温、化学成分及地下水位以下各有关土层的渗透系数。

工程勘察的结果用勘察报告表示,勘察报告一般包括以下内容。

① 文字部分。任务要求及勘察工作概况;场地位置、地形地貌、地质构造、不良地质现象、地层成层条件、岩石和土的物理力学性质及建筑经验等;场地的稳定性和适宜性、岩石和土的均匀性和容许承载力、地下水的影响、土的最大冻结深度、地震基本烈度以及由于工程建设可能引起的工程地质问题等的结论和建议。

② 图表部分。勘探点平面布置图;综合工程地质图或工程地质分区图;工程地质剖面图;地质柱状图或综合地质柱状图;有关侧视图等。

7.4 房地产开发项目设计

7.4.1 方案设计

7.4.1.1 概念性方案设计

(1) 设计总说明

① 总体说明。

a. 设计依据。列出设计依据性文件、任务书、规划条件、基础资料等。

b. 方案总体构思。设计方案总体构思理念、功能分区、交通组织、建筑总体与周边环境关系,主要建筑材料、建筑节能、环境保护措施、竖向设计原则。

② 设计说明。

a. 建筑物使用功能、交通组织、环境景观说明;

b. 单体、群体的空间构成特点;

c. 若采用新材料、新技术,说明主要技术、性能及造价估算;

d. 主要技术经济指标(见表 7-3);

e. 结构、电气、暖通、给排水等专业设计简要说明;

f. 消防设计专篇说明;

g. 节能设计专篇说明;

h. 环境保护。

表 7-3 概念性方案设计主要技术经济指标表

序号	名称	单位	数量		备注
1	总用地面积	平方米			
2	总建筑面积	平方米	地上：		地上、地下部分可分列
			地下：		
3	建筑基地总面积	平方米			
4	道路广场面积	平方米			
5	绿地面积	平方米			
6	容积率				(2)/(1)
7	建筑密度	%			(3)/(1)
8	绿地率	%			(5)/(1)
9	汽车停车数量	辆	地上：		地上、地下部分可分列
			地下：		
10	自行车停车数量	辆	地上：		地上、地下部分可分列
			地下：		

③ 工程造价估算。工程造价估算编制应以单位指标形式表达。

a. 编制说明。工程造价估算说明包括：编制依据、编制方法、编制范围、主要技术经济指标以及其他必要说明的问题。

b. 估算表。工程造价估算表应提供各单项工程的土建、设备安装的单位估价及总价，室外公共设施、环境工程的单位估价及总价。

(2) 图纸内容

① 总平面图纸。应明确表示建筑物位置及周边状况。

② 设计分析图纸。通常包括功能分析图、交通组织分析图、环境景观分析图等。

③ 建筑效果图纸。

a. 主要单体主要楼层平面图，深度视项目而定。

b. 主要单体主要立面图，体现设计特点。

c. 主要单体主要剖面图，说明建筑空间关系。

d. 建筑效果图纸。建筑效果图必须准确地反映设计意图及环境状况。

7.4.1.2 实施性方案设计

1. 设计总说明

(1) 总体说明

① 设计依据。

a. 有关文件名称及文号。如政府有关审批机关对项目建议书的批复文件、政府有关审批机关对项目可行性研究报告的批复文件、经有关部门核准或备案的项目确认书、规划审批意见书等。

b. 设计基础资料。如地形、区域位置、气象、水文地质、抗震设防资料等初勘资料；水、电、燃气、供热、环保、通信、市政道路等基础资料。

c. 政府有关部门对项目的设计要求。如总平面布置、建筑控制高度、建筑造型、建筑材料等；对周围环境需要保护的建筑、水体、树木等。

d. 设计采用的主要法规和标准。

② 方案总体构想。方案设计总体构思理念，外形特点，建筑功能，区域划分，环境景观，建筑总体与周边环境的关系。

(2) 设计说明

① 总平面设计说明。

a. 场地现状和周边环境概况。

b. 项目若分期建设，说明分期划分。

c. 环境与绿化设计分析。

d. 道路与广场布置、交通分析、停车场地设置、总平面无障碍设施等。

e. 规划场地内原有建筑的利用和保护，古树、名木、植被保护措施。

f. 地形复杂时的竖向设计。

② 建筑方案设计说明。

a. 平面布置、功能分析、交通流线。

b. 空间构成及剖面设计。

c. 立面设计。

d. 采用的主要建筑材料及技术，若采用新材料、新技术，如实陈述其适用性、经济性；说明有无相应规范、标准，若采用国外规范，说明其名称及适用范围并履行审查批准程序。

e. 建筑声学、建筑热工、建筑防护、空气洁净、人防地下室等方面有特殊要求的建筑，应说明拟采用的相关技术。

③ 主要技术经济指标。

④ 关键建造技术问题说明（必要时）。

⑤ 建筑结构系统方案说明。

a. 建筑结构设计采用的规范和标准，风压雪荷载取值、地震情况及工程地质条件等。

b. 结构安全等级、设计使用年限和抗震设防类别。

c. 主体建筑结构体系、基础结构体系、屋盖结构体系、人防设计考虑。

d. 采用计算软件的名称。

⑥ 电气系统方案设计说明。应分别对供电电源、变压器及变电室、照明系统、动力电源系统、防雷与接地等予以说明。

⑦ 采暖通风系统方案设计说明。应分别对通风系统、防排烟系统、空调系统（如采用高新技术及高性能设备亦需简要说明）、供暖系统等予以说明。

⑧ 给排水系统方案设计说明。应分别对给水系统、排水系统、雨水系统、污水系统、中水系统（如有必要）、节水措施等予以说明。

⑨ 消防控制设计专篇说明。应分别对火灾自动报警系统及消防控制室、灭火系统（喷淋或气体灭火系统）、防火分区、排烟系统、消防疏散设计考虑等内容予以说明。

⑩ 建筑节能设计专篇说明。说明采用的规范和标准，详述建筑节能技术要点及技术措施。

⑪ 环境保护措施专篇说明。进行建筑环境影响分析，说明采取的环境保护措施。

⑫ 楼宇智能化及通信系统方案设计说明。对项目设计中涉及的计算机网络系统、综合布线系统、电话通信系统、视频会议系统（包括同声传译系统）、卫星与有线电视系统、广播系统、楼宇自动化管理系统予以说明。

⑬ 安全防护系统方案设计说明。应对项目中涉及的门禁系统、电视监视系统、安防通信系统、安防供电系统、取证记录系统予以说明。

(3) 工程造价估算

工程造价估算应依据项目所在地造价管理部门发布的有关造价文件和项目有关资料，如项目批文、方案设计图纸、市场价格信息和类似工程技术经济指标等。

工程造价估算编制应以单位指标形式表达。

① 编制说明。工程造价估算说明包括：编制依据、编制方法、编制范围、主要技术经济指标、限额设计说明（如有）以及其他必要说明的问题。

② 估算表。工程造价估算表应以单个单项工程为编制单元，由土建、给排水、电气、暖通、空调、动力等单位工程的估算和土石方、道路、室外管线、绿化等室外工程估算两部分内容组成。

2. 图纸内容

(1) 总平面图纸

① 区域位置图纸。

② 场地现状地形图纸。

③ 总平面设计图纸。图中应标明用地范围、退界、建筑布置、周边道路、周边建筑物、绿化环境、用地内道路宽度等；标明主要建筑物名称、编号、层数、出入口位置、标注建筑物距离、各主要建筑物相对标高、城市及用地区域内道路、广场标高等。

(2) 设计分析图纸

① 功能分析图纸。功能分区及空间组合。

② 总平面交通分析图纸。交通分析图应包括：主要道路宽度、坡度，人行、车行系统，停车场地（包括无障碍停车场地）主要道路剖面及停车位，消防车通行道路、停靠场地及回转场地；各主要人流出入口、货物及垃圾出入口、地下车库出入口位置，自行车库出入口位置等。

③ 环境景观分析图纸。要求说明景观性质、视线、形态或色彩设计理念与城市关系。

④ 日照分析图纸。绘制符合当地规定的日照分析图并明确分析结果。住宅建筑的日照条件应严格执行国家相关标准；一般建筑应分析日照影响，确保环境效果和公共利益。

⑤ 其他图纸。根据项目方案设计需要，可增加分期建设分析图、交通分析图、室外景观分析图、建筑声学分析图、视线分析图、特殊建筑内部交通流线分析图、采光通风分析图。

(3) 建筑设计图纸

① 各层平面图纸；

② 主要立面图纸；

③ 主要剖面图纸。

(4) 建筑效果图纸

根据建筑工程项目特点，提供反映建筑环境、建筑形态及空间关系的建筑效果图。

7.4.2 初步设计

(1) 设计总说明（总设计说明书和各专业设计说明书）

总设计说明书包括工程设计的主要依据、工程设计的规模和设计范围、设计的指导思想和设计特点、总指标，以及需提请在设计审批时解决或确定的主要问题等。各专业设计说明在专业设计中给出，若工程简单、规模小，设计总说明和各专业设计说明可合并编写，并作适当简化。

（2）总平面设计

包括区域位置图、总平面布置图、竖向设计图、标准横断面图、土方工程图、管道综合平面图等及其有关说明书。

（3）建筑设计

包括建筑设计说明书和设计图纸。设计说明的内容有：设计依据及设计要求，设计参数及技术经济指标，对室内声、光、热工、通风、视线、消防、节能、人防等所采取的技术措施、装修标准以及室内外墙面、屋顶的做法。图纸部分有建筑平面图、立面图和剖面图。

（4）结构设计

在初步设计阶段，结构设计是以设计说明书作为交付的主要文件（少数需要概略图表示）。设计说明书中除包括设计依据外，重点对结构设计方案进行比较确定，如结构选型、地基处理及基础形成、主要结构材料的选用以及伸缩缝、沉降缝和防震缝的设置。

（5）给水排水设计

设计说明书的内容有：设计依据和范围、水源情况、用水量、取水-输水-净化处理、室内外给水系统和排水系统设计方案等。设计图纸有：给水排水管道总平面图、给水排水工程局部总平面图、场外输水管线平面图、大型和重要的民用建筑室内给水排水平面图。还应列出主要设备和材料表。

（6）电气设计

设计说明书的内容有：设计依据和范围，有关供电、电力、电气照明等设计方案的说明，建筑物防雷保护措施等。设计图纸有：供电总平面图，高低压供电系统图（需确定主要设备以满足订货要求），变、配电所平面图，电力平面图及系统草图，照明平面及系统草图，自动控制和自动调节方框图或原理图。还应列出主要设备和材料表。

（7）弱电设计

设计说明书的内容有：设计依据和范围，有关电话、广播、电视、火警等设计方案及其参数的确定。设计图纸有与设计说明书中内容相对应的平面布置图、系统图等。还应列出主要设备和材料表。

（8）采暖、通风和空调设计

设计说明书的内容有：设计依据和范围、采暖系统的形式及其组成、管道敷设方式、采暖耗热量、采暖设备的选择、节能措施、有害物及其消除的措施、通风及除尘方案、通风及除尘设备的选择、空气调节及制冷的设计参数和主要指标、自动控制方案、空调设备的选择。

（9）工程概算书

包括土建工程概算，给排水工程概算，电气工程概算，采暖、通风和空调设计概算，其他专业工程概算以及技术经济指标。

7.4.3 施工图设计

施工图设计是在已批准的初步设计文件的基础上编制的，即将初步设计文件中的文字说明和初步设计图进一步用可供施工的图纸表达出来，从而作为施工的依据。因此，施工图设计的成果以图纸为主，其主要内容与初步设计相同，只是施工图设计所涉及的内容更具体、图纸要求更深。一般情况下，施工图设计应满足下列要求：能据此编制施工图预算、安排材料和设备、进行施工和安装。

7.5 房地产开发项目规划设计方案的评价

本节以居住区为例，介绍居住区规划设计方案评价指标体系及评价方法。

7.5.1 开发项目规划设计方案评价的特点

（1）评价主体的多元性

居住区规划设计方案的评价主体除开发企业外，还涉及未来的使用者、城市规划行政主管部门、设计者和施工者。

选定的规划设计方案，首先要得到城市规划行政主管部门的批准，同时要考虑到未来消费者的需要，还要考虑到开发者的经济效益。因此，主要的评价主体是城市规划行政主管部门、开发商及未来的消费者（或使用者）。

（2）评价目标的多样性

不同的评价主体对规划设计方案评价的目标会有所侧重。

① 城市规划行政主管部门侧重于综合效益的评价，即经济效益、社会效益和环境效益三者的统一。

② 房地产开发企业在侧重经济效益同时，兼顾社会效益和环境效益，以综合效益作为评价方案的标准。

③ 未来消费者侧重于经济效益和环境效益的评价。

（3）评价值的不确定性

居住区规划设计方案评价值的不确定性包含两方面含义。

① 评价指标体系中有很多定性指标难以定量描述，只能根据主观判断来确定，评价者由于经验、价值观和专业水平存在着差异，往往对同一方案，不同的评价者所作的评价结论也不尽相同。

② 对规划设计方案的评价实际上是对方案实施后所取得的效益进行评估，由于设计方案未经实施，因而对未来情况难以准确描述，很难保证这种预测性的判断是非常准确的。

7.5.2 开发项目规划设计方案评价步骤

① 明确评价目标。房地产开发企业应选定是对开发项目规划设计方案进行综合评价？还是侧重对规划设计方案进行经济评价？一般情况下，通过综合评价选定用于实施的规划设计方案，而在可行性研究阶段侧重于通过技术经济指标的分析来选择规划设计方案。

② 选择评价的指标体系。

③ 选定合适的评价方法。

④ 比较分析并优选方案。

7.5.3 开发项目规划设计方案评价的指标体系

（1）利用主要技术经济指标进行分析和评价

居住区规划设计的主要技术经济指标有 22 个，这些指标在第二节中已进行了介绍。若对规划设计方案进行经济评价，一般是把该居住小区规划设计方案中的主要技术经济指标的计算数据与城市规划定额指标、类似项目的数据以及该项目规划设计条件通知书中规定标准进行对比，然后进行分析和判断。

(2) 利用综合评价指标进行分析和评价

居住区规划设计综合评价指标体系,是以追求居住区开发的综合效益为目标,从社会、经济和环境等方面评价规划设计的效果而设置的,评价指标除定量指标外,还有定性指标。居住区规划设计的综合评价考虑的因素较多,且视具体的评价对象不同,其评价的侧重点也有差异。因此,很难建立一套统一的和固定的评价指标体系。在实际工作中,往往根据具体情况确定评价指标。

7.5.4 综合评分法在开发项目规划设计方案评价中的应用

对规划设计方案的各项评价指标进行评分,其中定性指标采取专家打分,定量指标则转化为相应的评分,最后将各项指标的得分累加,求出该方案的综合评分值。

设有 K 个方案,每个方案有 n 个评价指标,V_i^k 为第 k 个方案第 i 个指标的评分,则第 k 个方案的综合评分值为

$$V^k = \sum_{i=1}^{n} V_i^k \quad k = 1, 2, \cdots, K$$

若对评价指标依其重要性赋予不同的权重 $W_i(i=1,2,\cdots,n)$,则综合评分值为

$$V^k = \sum_{i=1}^{n} W_i V_i^k \quad k = 1, 2, \cdots, K$$

则综合评价值最大的方案为最优方案。

表 7-4 所示的是国家康居住宅示范工程规划设计方案评价的评分表。

7.5.5 层次分析法在开发项目规划设计方案评价中的应用

用层次分析法评价开发项目的规划设计方案的基本思路是:按照评价问题中各类因素之间的隶属关系把它们排成从高至低的若干层次,建立不同层次元素之间的相互关系。根据对同一层次元素相对重要性比较的结果,决定层次各元素重要性的先后次序,以此来作为决策的依据。

7.5.5.1 层次分析法的解题步骤

(1) 建立评价模型

将评价问题分为 3 层:目标层、指标层和方案层。

(2) 构造判断矩阵

表 7-4 国家康居住宅示范工程规划设计方案评分表

项目	评审内容	指标权重	评分分值	实际得分
一、规划结构(25%)	(1)住宅区选址得当,避免不良的环境影响,环境和城市景观相协调	5%		
	(2)小区规划布局功能分区明确,用地配置合理,布局结构清晰,整体协调有序	8%		
	(3)合理利用原有地形、地物,因地制宜,体现小区特色	6%		
	(4)小区的组织结构方便居民生活,有利邻里交往,方便物业管理的需要	6%		
二、住宅群体(15%)	(5)住宅布置满足日照、通风等要求,保证室内外环境质量,同时做到节地、节能	6%		
	(6)小区空间层次清楚、丰富多样,有利于邻里交往和居民生活的安静与安全	5%		
	(7)空间尺度宜人,体现地方文化特色和城市文脉	4%		

续表

项目	评 审 内 容	指标权重	评分分值	实际得分
三、道路与交通(20%)	(8)小区内道路系统构架清楚,分级明确,与城市公交系统有机衔接,方便与外界联系	4%		
	(9)小区主次入口设置符合城市人流方向	4%		
	(10)小区道路简明、顺畅,能避免区外交通穿越,同时能满足消防、救护、抗灾、避灾等要求,道路断面选择合理	4%		
	(11)组织好区内人行与车行的关系,减少人车的相互干扰,保障居住环境质量和居民安全。停车位置恰当,数量充足	4%		
	(12)小区内道路设计符合无障碍通行的规定	4%		
四、绿地与室外环境(20%)	(13)小区绿地率满足30%的要求,并尽可能采用多种手法,如垂直绿化、屋顶绿化等扩大绿化覆盖率	6%		
	(14)公共绿地位置适当,并做到集中绿地与分散绿地相结合,观赏性与实用性相结合,方便居民使用	6%		
	(15)景观环境设计注意点、线、面的结合,并重点处理好公共绿地、道路沿线及人口等重要部位景观设计	4%		
	(16)小区空间形态美观并具有识别性	4%		
五、公共建筑与服务设施(15%)	(17)小区公共服务设施配套齐全,布局合理。方便居民日常使用,并避免对居民生活造成干扰	8%		
	(18)小区公共建筑平面功能合理,造型美观、新颖,并与小区环境相协调	7%		
六、技术经济分析(5%)	(19)各种指标齐全、真实,符合国家有关规定	5%		
总 计		100%		

判断矩阵表示同层次元素相对于上层次元素的重要程度,以指标层相对于目标层为例,其判断矩阵的形式见表7-5。

表 7-5 判断矩阵

A	B_1	B_2	⋯	B_n
B_1	b_{11}	b_{12}	⋯	b_{1n}
B_2	b_{21}	b_{22}	⋯	b_{2n}
⋮	⋮	⋮	⋮	⋮
B_n	b_{1n}	b_{2n}	⋯	b_{nn}

令 $b_{ij}=B_i/B_j$,故 b_{ij} 反映了 B_i 对 B_j 相对重要性的值的表现形式,$b_{ij}=1,2,\cdots,9$,其含义为:1—B_i 与 B_j 一样重要;3—B_i 比 B_j 稍重要;5—B_i 比 B_j 重要;7—B_i 比 B_j 重要很多……。显然 $b_{ij}=1/b_{ji}$。

(3)层次单排序

根据判断矩阵,计算该判断矩阵的特征向量 H_A,H_A 为单排序权数(即指标 B 对目标 A 的重要程度或权重)。其近似算法如下。

① 指标层相对于目标层的层次单排序。

将判断矩阵每列正规化

$$b'_{ij} = \frac{b_{ij}}{\sum_{i=1}^{N} b_{ij}}, \quad j = 1, 2, \cdots, N$$

将每列正规化后判断矩阵按行加总

$$b''_i = \sum_{j=1}^{N} b'_{ij}, \quad i = 1, 2, \cdots, N$$

将 b''_i 正规化，则得特征向量 H_A，其中 H_{Ai} 为 H_A 的第 i 个元素

$$H_{Ai} = \frac{b''_i}{\sum_{i=1}^{N} b''_i}, \quad i = 1, 2, \cdots, N$$

一致性检验：

a. 计算判断矩阵 A 的最大特征根 $\lambda_{\max}^A$，即

$$\lambda_{\max}^A = \sum_{i=1}^{N} \frac{(AH_A)_i}{NH_{Ai}}$$

b. 计算判断矩阵一致性指标 CI，即

$$CI = \frac{\lambda_{\max}^A - N}{N - 1}$$

c. 计算判断矩阵随机一致性比例 CR，即

$$CR = \frac{CI}{RI}$$

式中，RI 是判断矩阵 A 同阶的平均随机一致性指标，可查表 7-6。

表 7-6　1～9 阶矩阵的随机一致性指标

阶数	1	2	3	4	5	6	7	8	9
RI	0	0	0.58	0.9	1.12	1.24	1.32	1.41	1.45

d. 进行判断。若 CR<0.1 时，判断矩阵具有满意的一致性。

② 方案层相对于指标层的层次单排序。按上述方法分别构造指标层与方案层的判断矩阵 $B_i(i=1,2,\cdots,N)$。并计算特征向量 H_{Bi}，最大特征根 $\lambda_{\max}^{B_i}$，检验判断矩阵 B_i 的一致性。

(4) 方案总排序

① 方案总排序的计算方法。方案总排序的计算方法见表 7-7，总排序的结果也就是各方案的优先次序。

② 方案总排序计算结果的一致性检验。

$$CI = \sum_{i=1}^{N} H_{Ai} CI_i$$

$$RI = \sum_{i=1}^{N} H_{Ai} RI_i$$

$$CR = \frac{CI}{RI}$$

若 CR<0.10，则方案总排序结果具有满意的一致性。

表 7-7 方案总排序计算方法

方案＼指标	B_1	B_2	...	B_N	方案总排序结构 H_{Ci}
	H_{A1}	H_{A2}	...	H_{AN}	
C_1	H_{B11}	H_{B21}	...	H_{BN1}	$H_{C1} = \sum_{i=1}^{N} H_{Ai} H_{Bi1}$
C_2	H_{B12}	H_{B22}	...	H_{BN2}	$H_{C2} = \sum_{i=1}^{N} H_{Ai} H_{Bi2}$
⋮	⋮	⋮		⋮	⋮
C_K	H_{B1K}	H_{B2K}	...	H_{BNK}	$H_{CK} = \sum_{i=1}^{N} H_{Ai} H_{Bik}$

7.5.5.2 实例

【例 7-1】 某开发项目的规划设计有 3 个方案：C_1、C_2 和 C_3，试根据规划设计方案的综合效果，用层次分析法选定最佳方案。

解 （1）建立评价模型

将开发小区的规划设计方案综合评价的总目标分解为 5 个指标，建立如图 7-1 的评价模型。

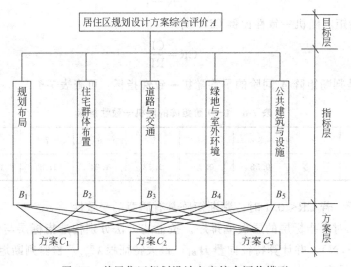

图 7-1 某居住区规划设计方案综合评价模型

（2）构造判断矩阵

指标层相对于目标层的判断矩阵见表 7-8。

表 7-8 指标层相对于目标层的判断矩阵

A	B_1	B_2	B_3	B_4	B_5
B_1	1	1	1/3	1/7	1/3
B_2	1	1	1/3	1/7	1/3
B_3	3	3	1	1/4	1
B_4	7	7	4	1	4
B_5	3	3	1	1/4	1

(3) 层次单排序

① 指标层相对于目标层的层次单排序。

将判断矩阵 A 每列正规化

$$b'_{ij} = \frac{b_{ij}}{\sum_{i=1}^{5} b_{ij}}, \quad j = 1, 2, \cdots, 5$$

其中，$\sum_{i=1}^{5} b_{i1} = 15$，$\sum_{i=1}^{5} b_{i2} = 15$，$\sum_{i=1}^{5} b_{i3} = 6.6667$，$\sum_{i=1}^{5} b_{i4} = 1.7857$，$\sum_{i=1}^{5} b_{i5} = 6.6667$。

则判断矩阵 A 每列正规化后的数据见表 7-9。

表 7-9 判断矩阵 A 每列正规化后的数据

A	B_1	B_2	B_3	B_4	B_5
B_1	0.0667	0.0667	0.05	0.08	0.05
B_2	0.0667	0.0667	0.05	0.08	0.05
B_3	0.2	0.2	0.15	0.14	0.15
B_4	0.4669	0.4669	0.60	0.56	0.6
B_5	0.2	0.2	0.15	0.14	0.15

将每列正规化后的判断矩阵按行加总。

公式为 $b''_1 = \sum_{j=1}^{5} b'_{1j} = 0.3134$，$b''_2 = \sum_{j=1}^{5} b'_{2j} = 0.3134$

$b''_3 = 0.84$，$b''_4 = 2.6938$，$b''_5 = 0.84$

将 b''_i 正规化得特征向量 H_A。

公式为 $$H_{Ai} = \frac{b''_i}{\sum_{i=1}^{5} b''_i}, \quad i = 1, 2, 3, 4, 5$$

其中 $\sum_{i=1}^{5} b''_i = b''_1 + b''_2 + b''_3 + b''_4 + b''_5 = 5$

则 $H_{A1} = 0.062$，$H_{A2} = 0.062$，$H_{A3} = 0.168$，$H_{A4} = 0.539$，$H_{A5} = 0.168$

$H_A = (0.062, 0.062, 0.168, 0.539, 0.168)^T$

一致性检验

$$AH_A = \begin{bmatrix} 1 & 1 & 1/3 & 1/7 & 1/3 \\ 1 & 1 & 1/3 & 1/7 & 1/3 \\ 3 & 3 & 1 & 1/4 & 1 \\ 7 & 7 & 4 & 1 & 4 \\ 3 & 3 & 1 & 1/4 & 1 \end{bmatrix} \begin{bmatrix} 0.062 \\ 0.062 \\ 0.168 \\ 0.539 \\ 0.168 \end{bmatrix} = \begin{bmatrix} 0.313 \\ 0.313 \\ 0.843 \\ 2.751 \\ 0.843 \end{bmatrix}$$

则 $\lambda_{\max}^A = \sum_{i=1}^{5} \frac{(AH_A)_i}{NH_{Ai}} = \frac{0.313}{5 \times 0.062} + \frac{0.313}{5 \times 0.062} + \frac{0.843}{5 \times 0.168} + \frac{2.751}{5 \times 0.539} + \frac{0.843}{5 \times 0.168}$

$= 5.122$

a. 计算判断矩阵的一致性指标 CI，即

$$CI = \frac{\lambda_{\max}^A - N}{N - 1} = \frac{5.122 - 5}{5 - 1} = 0.030$$

b. 计算判断矩阵一致性比例 CR。因为 $N=5$，所以 $RI=1.12$，则

$$CR = \frac{CI}{RI} = \frac{0.03}{1.12} = 0.03$$

c. 判断。因为 $CR=0.03<0.10$，则判断矩阵 A 具有满意的一致性。

② 方案层对指标层的层次单排序。

按上述方法，分别对方案 C_1，C_2 和 C_3 相对于指标 B_i（$i=1,2,\cdots,5$）的层次单排序。

a. 方案 C_1、C_2、C_3 相对于指标 B_1 的层次单排序数据见表 7-10。

表 7-10　方案 C_1、C_2、C_3 相对于指标 B_1 的层次单排序数据

B_1	C_1	C_2	C_3	C_{B1}	
C_1	1	7	9	0.790	$\lambda_{\max}^{B1}=3.022$
C_2	1/7	1	2	0.133	$CI=0.011$
C_3	1/9	1/2	1	0.077	$RI=0.58$
					$CR=0.019<0.1$

b. 方案 C_1、C_2、C_3 相对于指标 B_2 的层次单排序数据见表 7-11。

表 7-11　方案 C_1、C_2、C_3 相对于指标 B_2 的层次单排序数据

B_2	C_1	C_2	C_3	H_{B2}	
C_1	1	1/3	3	0.249	$\lambda_{\max}^{B2}=3.018$
C_2	3	1	6	0.655	$CI=0.009$
C_3	1/3	1/6	1	0.095	$RI=0.58$
					$CR=0.016<0.1$

c. 方案 C_1、C_2、C_3 相对于指标 B_3 的层次单排序数据见表 7-12。

表 7-12　方案 C_1、C_2、C_3 相对于指标 B_3 的层次单排序数据

B_3	C_1	C_2	C_3	H_{B3}	
C_1	1	1/7	1/5	0.075	$\lambda_{\max}^{B3}=3.014$
C_2	7	1	2	0.591	$CI=0.007$
C_3	5	1/2	1	0.333	$RI=0.58$
					$CR=0.012<0.1$

d. 方案 C_1、C_2、C_3 相对于指标 B_4 的层次单排序数据见表 7-13。

表 7-13　方案 C_1、C_2、C_3 相对于指标 B_4 的层次单排序数据

B_4	C_1	C_2	C_3	H_{B4}	
C_1	1	1/3	1/5	0.105	$\lambda_{\max}^{B4}=3.038$
C_2	3	1	1/3	0.258	$CI=0.019$
C_3	5	3	1	0.637	$RI=0.58$
					$CR=0.033<0.1$

e. 方案 C_1、C_2、C_3 相对于指标 B_5 的层次单排序数据见表 7-14。

表 7-14　方案 C_1、C_2、C_3 相对于指标 B_5 的层次单排序数据

B_5	C_1	C_2	C_3	H_{B5}	
C_1	1	1/3	3	0.249	$\lambda_{\max}^{B5}=3.018$
C_2	3	1	6	0.655	$CI=0.009$
C_3	1/3	1/6	1	0.095	$RI=0.58$
					$CR=0.016<0.1$

(4) 方案总排序

① 方案总排序。方案总排序结果见表 7-15。

表 7-15 方案总排序结果

A	B_1	B_2	B_3	B_4	B_5	总排序比	优先次序
	0.062	0.062	0.168	0.539	0.168		
C_1	0.790	0.249	0.075	0.105	0.249	0.175	③
C_2	0.133	0.655	0.591	0.258	0.655	0.397	②
C_3	0.077	0.095	0.333	0.637	0.095	0.426	①

② 一致性检验。

$$\text{CI} = \sum_{i=1}^{5} H_{Ai} \text{CI}_i = 0.062 \times 0.011 + 0.062 \times 0.009 + 0.168 \times 0.007 + 0.539 \times 0.019 + 0.168 \times 0.009 = 0.014$$

$$\text{RI} = \sum_{i=1}^{5} H_{Ai} \text{RI}_i = (0.062 + 0.062 + 0.168 + 0.539 + 0.168) \times 0.58 = 0.58$$

$$\text{CR} = \text{CI}/\text{RI} = 0.014/0.58 = 0.024$$

因为 CR＝0.024＜0.1 故总排序具有满意的一致性。

由总排序及总排序一致性检验结果可知：C_3 方案最优，C_2 方案次之，C_1 方案最差。

复习思考题

1. 控制性详细规划有哪些基本内容？
2. 修建性详细规划有哪些基本内容？
3. 房地产开发项目的规划管理主要体现在哪些方面？
4. 居住区规划设计主要包括哪几个方面的内容？
5. 简述居住区、居住小区、居住组团的内涵。
6. 简述居住区总用地的构成。
7. 居住区规划设计的综合技术经济指标有哪些？各指标的含义是什么？
8. 房地产开发项目勘察的主要任务是什么？
9. 房地产开发项目实施性方案设计应提交哪些类型的图纸？
10. 简述房地产开发项目规划设计方案评价的步骤。
11. 指标 B_1、B_2、B_3 对评价目标 A 的判断矩阵部分数据如下表，试用层次分析法计算特征向量，并对判断矩阵的一致性进行检验（计算结果保留到小数点后 3 位）。

A	B_1	B_2	B_3
B_1	1		
B_2	7	1	
B_3	5	1/2	1

第 8 章

房地产开发项目施工管理

> **本章要点**
>
> 房地产开发项目是建设工程项目中的一种类型,房地产开发企业或监理单位进行的工程项目管理中涉及的施工阶段管理仍属于建设项目管理,施工项目管理的主体是施工企业。本章介绍了建设工程项目管理的含义、建设工程项目管理的内容、施工阶段的特点、施工阶段房地产开发企业的主要工作、施工阶段监理、施工项目管理、竣工验收、保修等内容。本章的重点是施工阶段房地产开发企业的主要工作、施工阶段监理。

8.1 建设工程项目管理

8.1.1 建设工程项目管理的含义

(1) 建设工程项目的含义

建设工程项目是指为完成依法建设的新建、扩建、改进等各种工程而进行的、有起止日期的、达到规定要求的一组相互关联的受控活动组成的特定过程,包括策划、勘察、设计、采购、施工、试运行、竣工验收和考核评价等。

建设工程项目具有以下特征。

① 建设工程项目是在一个总体设计或初步设计范围内,由一个或若干个互相有内在联系的单项工程组成的,建设中实行统一核算、统一管理的工程项目。

② 建设工程项目在一定的约束条件下,以形成固定资产为特定目标。约束条件有以下 3 方面:一是时间约束,即一个建设工程项目有合理的建设工期目标;二是资源约束,即一个建设工程项目有一定的投资总量目标;三是质量约束,即一个建设工程项目有预期的生产能力、技术水平或使用效益目标。

③ 建设工程项目需要遵循必要的建设程序和经过特定的建设过程。即一个建设工程项目要经过策划、勘察、设计、采购、施工、试运行、竣工验收、交付使用和考核评价,是一个有序的全过程。

④ 建设工程项目按照特定的任务,进行一次性组织。表现为建设过程的一次性实施,建设地点的一次性固定,设计单一,施工单件。

⑤ 建设工程项目具有投资限额标准。只有达到一定限额标准的投资才作为建设项目,不满限额标准的称为零星固定资产购置。

(2) 建设工程项目管理的含义

建设工程项目管理是指运用系统的理论和方法,对建设工程项目进行的计划、组织、指挥、协调和控制等专业化活动。

建设工程项目管理是从项目法人（建设单位）的角度对项目建设进行的综合性管理工作。建设工程项目管理是通过一定的组织形式，采取各种措施、方法，对投资建设的一个项目的所用工作的系统实施过程进行计划、协调、监督、控制和总结评价，以达到保证建设项目质量、缩短工期、提高投资效益的目的。

8.1.2 建设工程项目管理的内容

（1）项目范围管理

项目范围管理是指对合同中约定的项目工作范围进行定义、计划、控制和变更等活动。项目范围管理应以确定并完成项目目标为根本目的，通过明确项目有关各方的职责界限，以保证项目管理工作的充分性和有效性。项目范围管理对象应包括为完成项目所必需的专业和管理工作。项目范围管理的过程包括项目范围的确定、项目结构分析、项目范围控制等。项目范围管理应作为项目管理的基础工作，并贯穿于项目的全过程。

确定项目范围应主要依据下列资料：

① 项目目标的定义或范围说明文件；

② 环境条件调查资料；

③ 项目的限制条件和制约因素；

④ 同类项目的相关资料。

项目结构分析应包括下列内容：

① 项目分解；

② 工作单元定义；

③ 工作界面分析。

项目范围变更管理应符合下列要求：

① 项目范围变更要有严格的审批程序和手续；

② 范围变更后应调整相关的计划；

③ 组织对重大的项目范围变更，应提出影响报告。

（2）项目管理规划

项目管理规划作为指导项目管理工作的纲领性文件，应对项目管理的目标、依据、内容、组织、资源、方法、程序和控制措施进行确定。项目管理规划应包括项目管理规划大纲和项目管理实施规划两类文件。项目管理规划大纲应由组织的管理层或组织委托的项目管理单位编制。项目管理实施规划应由项目经理组织编制。

项目管理规划大纲可包括下列内容，组织应根据需要选定：

① 项目概述；

② 项目范围管理规划；

③ 项目管理目标规划；

④ 项目管理组织规划；

⑤ 项目成本管理规划；

⑥ 项目进度管理规划；

⑦ 项目质量管理规划；

⑧ 项目职业健康安全与环境管理规划；

⑨ 项目采购与资源管理规划；

⑩ 项目信息管理规划；

⑪ 项目沟通管理规划；

⑫ 项目风险管理规划；

⑬ 项目收尾管理规划。

项目管理实施规划应包括下列内容：
① 项目概述；
② 总体工作计划；
③ 组织方案；
④ 技术方案；
⑤ 进度计划；
⑥ 质量计划；
⑦ 职业健康安全与环境管理计划；
⑧ 成本计划；
⑨ 资源需求计划；
⑩ 风险管理计划；
⑪ 信息管理计划；
⑫ 项目沟通管理计划；
⑬ 项目收尾管理计划；
⑭ 项目现场平面布置图；
⑮ 项目目标控制措施；
⑯ 技术经济指标。

（3）项目管理组织

项目管理组织是指实施或参与项目管理工作，且有明确的职责、权限和相互关系的人员及设施的集合，包括发包人、承包人、分包人和其他有关单位为完成项目管理目标而建立的管理组织。

项目管理组织的建立应遵循下列原则：
① 组织结构科学合理；
② 有明确的管理目标和责任制度；
③ 组织成员具备相应的职业资格；
④ 保持相对稳定，并根据实际需要进行调整。

组织管理层的项目管理活动应符合下列规定：
① 制定项目管理制度；
② 实施计划管理，保证资源的合理配置和有序流动；
③ 对管理层的工作进行指导、监督、检查、考核和服务。

（4）项目经理责任制

项目经理是企业法定代表人在建设工程项目上的授权委托代理人。项目经理应由法定代表人任命，并根据法定代表人授权的范围、期限和内容履行管理职责，对项目实施全过程、全面管理。

项目经理责任制，是指企业制定的、以项目经理为责任主体，确保项目管理目标实现的责任制度。项目经理责任制应作为项目管理的基本制度，是评价项目经理绩效的依据。项目经理责任制的核心是项目经理承担实现项目管理目标责任书所确定的责任。

项目经理应具备下列素质：
① 符合项目管理要求的能力，善于进行组织协调与沟通；
② 相应的项目管理经验和业绩；
③ 项目管理需要的专业技术、管理、经济、法律和法规知识；
④ 良好的职业道德和团结协作精神，遵纪守法、爱岗敬业、诚信尽责；
⑤ 身体健康。

项目经理应履行下列职责：
① 项目管理目标责任书规定的职责；
② 主持编制项目管理实施规划，并对项目目标进行系统管理；
③ 对资源进行动态管理；
④ 建立各种专业管理体系并组织实施；

⑤ 进行授权范围内的利益分配；
⑥ 收集工程资料，准备结算资料，参与工程竣工验收；
⑦ 接受审计，处理项目经理部解体的善后工作；
⑧ 协助组织进行项目的检查、鉴定和评奖申报工作。

项目经理应具有下列权限：
① 参与项目招标、投标和合同签订；
② 参与组建项目经理部；
③ 主持项目经理部工作；
④ 决定授权范围内的项目资金的投入和使用；
⑤ 决定内部计酬办法；
⑥ 参与选择并使用具有相应资质的分包人；
⑦ 参与选择物资供应单位；
⑧ 在授权范围内协调与项目有关的内、外部关系；
⑨ 法定代表人授权的其他权利。

(5) 项目合同管理

项目合同管理，是指对项目合同的编制、签订、实施、变更、索赔和终止等的管理活动。组织应建立合同管理制度，应设立专门机构或人员负责合同管理工作。

项目合同管理的基本原则是符合法律规定的原则、平等自愿的原则、公平原则、诚实信用原则、等价有偿原则、不得损害公共利益和扰乱社会经济秩序原则。

项目的合同是一个体系，一般按照建设程序中不同阶段划分，包括前期咨询合同、勘察设计合同、监理合同、招标代理合同、工程造价咨询合同、工程施工合同、材料设备采购合同、租赁合同、贷款合同等。

项目合同管理主要包括合同评审、制订合同实施计划、合同实施控制以及合同评价。合同评审应在合同签订之前进行，主要是对招标文件和合同文件进行审查、认定和评价。合同实施计划应包括合同实施总体安排、分包策划以及合同实施保证体系建立等内容。合同实施控制主要包括合同交底、合同跟踪与诊断、合同变更管理和索赔管理等工作。合同评价是总结合同签订和执行过程中的经验教训，提出总结报告。

(6) 项目采购管理

项目采购管理是指对项目的勘察、设计、施工、资源供应、咨询服务等采购工作进行的计划、组织、指挥、协调和控制等活动。

采购管理应遵循下列程序：
① 明确采购产品或服务的基本要求、采购分工及有关责任；
② 进行采购策划，编制采购计划；
③ 进行市场调查，选择合格的产品供应或服务单位，建立名录；
④ 采用招标或协商等方式实施评审工作，确定供应或服务单位；
⑤ 签订采购合同；
⑥ 运输、验证、移交采购产品或服务；
⑦ 处置不合格产品或不符合要求的服务；
⑧ 采购资料归档。

(7) 项目进度管理

项目进度管理是为实现预定的进度目标而进行的计划、组织、指挥、协调和控制等活动。组织应建立项目进度管理制度，制订进度管理目标。项目进度管理目标应按项目实施过程、专业、阶段或实施周期进行分解。

项目经理部应按下列程序进行进度管理：

① 制订进度计划；

② 进度计划交底，落实责任；

③ 实施进度计划，跟踪检查，对存在的问题分析原因并纠正偏差，必要时对进度计划进行调整；

④ 编制进度报告，报送组织管理部门。

(8) 项目质量管理

项目质量管理是为确保工程项目的质量特性满足要求而进行的计划、组织、指挥、协调和控制等活动。组织应遵照《建设工程质量管理条例》和《质量管理体系 GB/T 19000》族标准的要求，建立持续改进质量管理体系，设立专职管理部门或专职人员。质量管理应坚持预防为主的原则，按照策划、实施、检查、处置的循环方式进行系统运作。质量管理应满足发包人和其他相关方的要求以及建设工程技术标准、产品的质量要求。组织应通过对人员、机具、设备、材料、方法、环境等要素的过程管理，实现过程、产品和服务的质量目标。

项目质量管理应按下列程序实施：

① 进行质量策划，确定质量目标；

② 编制质量计划；

③ 实施质量计划；

④ 总结项目质量管理工作，提出持续改进的要求。

质量计划应确定下列内容：

① 质量目标和要求；

② 质量管理组织和职责；

③ 所需的过程、文件和资料；

④ 产品（或过程）所要求的评审、验证、确认、监视、检验和试验活动，以及接收准则；

⑤ 记录的要求；

⑥ 所采取的措施。

设计的质量控制应包括下列过程：

① 设计策划；

② 设计输入；

③ 设计活动；

④ 设计输出；

⑤ 设计评审；

⑥ 设计验证；

⑦ 设计确认；

⑧ 设计变更控制。

施工过程的质量控制应包括下列内容：

① 施工目标实现策划；

② 施工过程管理；

③ 施工改进；

④ 产品（或过程）的验证和防护。

(9) 项目职业健康安全管理

项目职业健康安全管理，是指为使项目实施人员和相关人员规避伤害或影响健康的风险而进行的计划、组织、指挥、协调和控制等活动。组织应遵照《建设工程安全生产管理条例》和《职业健康安全管理体系》(GB/T 28000),坚持安全第一、预防为主和防治结合的方针,建立并持续改进职业健康安全管理体系。项目经理应负责项目职业健康安全的全面管理工作。项目负责人、专职安全生产管理人员应持证上岗。

项目职业健康安全管理应遵循下列程序:
① 识别并评价危险源及风险;
② 确定职业健康安全目标;
③ 编制并实施项目职业健康安全技术措施计划;
④ 职业健康安全技术措施计划实施结果验证;
⑤ 持续改进相关措施和绩效。

(10) 项目环境管理

项目环境管理,是指为合理使用和有效保护现场及周边环境而进行的计划、组织、指挥、协调和控制等活动。组织应遵照《环境管理体系、要求及使用指南》(GB/T 24000)的要求,建立并持续改进环境管理体系。组织应根据批准的建设项目环境影响报告,通过对环境因素的识别和评估,确定管理目标及主要指标,并在各个阶段贯彻实施。

项目环境管理应遵循下列程序:
① 确定项目环境管理目标;
② 进行项目环境管理策划;
③ 实施项目环境管理策划;
④ 验证并持续改进。

(11) 项目成本管理

项目成本管理,是指为实现项目成本目标所进行的预测、计划、控制、核算、分析和考核等活动。组织应建立、健全项目全面成本管理责任体系,明确业务分工和职责关系,把管理目标分解到各项技术工作和管理工作中。

项目全面成本管理责任体系应包括两个层次。

① 组织管理层。负责项目全面成本管理的决策,确定项目的合同价格和成本计划,确定项目管理层的成本目标。

② 项目经理部。负责项目成本的管理,实施成本控制,实现项目管理目标责任书中的成本目标。项目经理部的成本管理包括成本计划、成本控制、成本核算、成本分析和成本考核。

项目成本管理应遵循下列程序:
① 掌握生产要素的市场价格和变动状态;
② 确定项目合同价;
③ 编制成本计划,确定成本实施目标;
④ 进行成本动态控制,实现成本实施目标;
⑤ 进行项目成本核算和工程价款结算,及时收回工程款;
⑥ 进行项目成本分析;
⑦ 进行项目成本考核,编制成本报告;
⑧ 积累项目成本资料。

(12) 项目资源管理

项目资源管理,是指对项目所需人力、材料、机具、设备、技术和资金所进行的计划、组织、指挥、协调和控制等活动。资源管理包括人力资源管理、材料管理、机械设备管理、技术管理和资金管理。

资源管理应遵循下列程序:

① 按合同要求，编制资源配置计划，确定投入资源的数量与时间；
② 根据资源配置计划，做好各种资源的供应工作；
③ 根据各种资源的特性，采取科学的措施，进行有效组合，合理投入，动态调控；
④ 对资源投入和使用情况定期分析，找出问题，总结经验并持续改进。

(13) 项目信息管理

项目信息管理，是指对项目信息进行的收集、整理、分析、处置、储存和使用等活动。组织应建立信息管理体系，及时、准确地获得快捷、安全、可靠地使用所需的信息。项目信息管理的对象应包括各类工程资料和工程实际进展信息。工程资料的档案管理应符合有关规定，宜采用计算机辅助管理。

项目信息管理应遵循下列程序：
① 确定项目信息管理目标；
② 进行项目信息管理策划；
③ 项目信息收集；
④ 项目信息处理；
⑤ 项目信息运用；
⑥ 项目信息管理评价。

(14) 项目风险管理

项目风险管理，是指对项目的风险所进行的识别、评估、响应和控制等活动。组织应建立风险管理体系，明确各层次管理人员的风险管理责任，减少项目实施过程中的不确定因素对项目的影响。项目风险管理过程应包括项目实施全过程的风险识别、风险评估、风险响应和风险控制。

常用的风险对策应包括风险规避、减轻、自留、转移及其组合等策略。项目风险对策应形成风险管理计划。

风险管理计划应包括下列内容：
① 风险管理目标；
② 风险管理范围；
③ 可使用的风险管理方法、工具以及数据来源；
④ 风险分类和风险排序要求；
⑤ 风险管理的职责与权限；
⑥ 风险跟踪的要求；
⑦ 相应的资源预算。

(15) 项目沟通管理

项目沟通管理，是指对项目内、外部关系的协调及信息交流所进行的策划、组织和控制等活动。组织应建立项目沟通管理体系，健全管理制度，采用适当的方法和手段与相关各方进行有效沟通与协调。项目沟通与协调的对象应是项目所涉及的内部和外部有关组织和个人，包括建设单位和勘察设计、施工、监理、咨询服务等单位以及其他相关组织。

组织应根据项目的实际需要，预见可能出现的矛盾和问题，制订沟通与协调计划，明确原则、内容、对象、方式、途径、手段和所要达到的目标。组织应运用计算机信息处理技术，进行项目信息收集、汇总、处理、传输与应用，进行信息沟通与协调，形成档案资料。沟通与协调的内容应涉及与项目实施有关的信息，包括项目各相关方共享的核心信息、项目内部和项目相关组织产生的有关信息。

(16) 项目收尾管理

项目收尾管理，是指对项目的收尾、试运行、竣工验收、竣工结算、竣工决算、考核评价、回访保修等进行的计划、组织、协调和控制等活动。项目收尾阶段应制订工作计划，提出各项管理要求。

竣工计划应包括下列内容：
① 竣工项目名称；
② 竣工项目收尾具体内容；
③ 竣工项目质量要求；
④ 竣工项目进度计划安排；
⑤ 竣工项目文件档案资料整理要求。

8.2 房地产开发项目施工阶段管理

房地产开发项目施工项目管理的主体是施工企业，房地产开发企业和设计单位都不进行工程施工项目管理。由房地产开发企业或监理单位进行的工程项目管理中涉及的施工阶段管理仍属于建设项目管理。

8.2.1 施工阶段的特点

（1）施工阶段是以执行计划为主的阶段

进入施工阶段，建设工程目标规划和计划的制订工作基本完成，余下的主要工作是伴随着控制而进行的计划调整和完善。因此，施工阶段是以执行计划为主的阶段。就具体的施工工作来说，基本要求是"按图施工"。这也可以理解为是执行计划的一种表现，因为施工图纸是在设计阶段完成的，是用于指导施工的主要技术文件。这表明，在施工阶段，创造性劳动较少。但是，对于大型、复杂的建设工程来说，其施工组织设计（包括施工方案）对创造性劳动的要求相当高，某些特殊的工程构造也需要创造性的施工劳动才能完成。

（2）施工阶段是实现建设工程价值和使用价值的主要阶段

设计过程也创造价值，但在建设工程总价值中所占的比例很小，建设工程的价值主要是在施工过程中形成的。在施工过程中，各种建筑材料、构配件的价值，固定资产的折旧价值随其自身的消耗而不断转移到建设工程中去，构成其总价值中的转移价值。此外，劳动者通过活劳动为自己和社会创造出新的价值，构成建设工程总价值中的活劳动价值或新增价值。

施工是形成建设工程实体、实现建设工程使用价值的过程。设计所完成的建设工程只是阶段产品，而且只是"纸上产品"，而不是实物产品，只是为施工提供了施工图纸并确定了施工的具体对象。施工就是根据设计图纸和有关设计文件的规定，将施工对象由设想变为现实，由"纸上产品"变为实际的、可供使用的建设工程的物质生产活动。虽然建设工程的使用价值从根本上说是由设计决定的，但是如果没有正确的施工，就不能完全按设计要求实现其使用价值。对于某些特殊的建设工程来说，能否解决施工中的特殊技术问题，能否科学地组织施工，往往成为其设计所预期的使用价值能否实现的关键。

（3）施工阶段是资金投入量较大的阶段

显然，建设工程价值的形成过程也是其资金不断投入的过程。既然施工阶段是实现建设工程价值的主要阶段，自然也是资金投入量较大的阶段。

由于房地产开发项目的投资主要是在土地使用权取得阶段以及施工阶段支出的，因而要合理确定资金筹措的方式、渠道、数额、时间等问题，在满足工程资金需要的前提下，尽可能减少资金占用的数量和时间，从而降低资金成本。另外，在施工阶段，房地产开发企业经常要面对大量资金的支出，往往特别关心，甚至直接参与投资控制工作，对投资控制的效果也有直接、深切的感受。因此，在实践中往往把施工阶段作为投资控制的重要阶段。

需要指出的是，虽然施工阶段影响投资的程度只有10%左右，但其绝对数额还是相当可观的。而且，这时对投资的影响基本上是从投资数额上理解，而较少考虑价值工程和全寿命费用，因而是非常现实和直接的。应当看到，在施工阶段，在保证施工质量、保证实现设计所规定的功能和使用价值的前提下，仍然存在通过优化的施工方案来降低物化劳动和活劳动消耗，从而降低建设工程投资的可能性。何况，10%这一比例是平均数，对具体的建设工程来说，在施工阶段降低投资的幅度有可能大大超过这一比例。

（4）施工阶段需要协调的内容多

在施工阶段，既涉及直接参与工程建设的单位，而且还涉及不直接参与工程建设的单位，需要协调的内容很多。例如，设计与施工的协调、材料和设备供应与施工的协调、结构施工与安装和装修施工的协调、总包商与分包商的协调等。此外，还可能需要协调与政府有关管理部门、工程毗邻单位之间的关系。实践中，常常由于这些单位和工作之间的关系不协调一致而使建设工程的施工不能顺利进行，不仅直接影响施工进度，而且影响投资目标和质量目标的实现。因此，在施工阶段与这些不同单位之间的协调显得特别重要。

（5）施工质量对建设工程总体质量起保证作用

虽然设计质量对建设工程的总体质量有决定性影响，但是，建设工程毕竟是通过施工将其"做出来"的。毫无疑问，设计质量能否真正实现，或其实现程度如何，取决于施工质量的好坏。而且，设计质量在许多方面是内在的、较为抽象的，其中的设计思想和理念需要用户细心去品味，而施工质量大多是外在的（包括隐蔽工程在被隐蔽之前）、具体的，给用户以最直接的感受。施工质量低劣，不仅不能真正实现设计所规定的功能，有些应有的具体功能可能完全没有实现，而且可能增加使用阶段的维修难度和费用，缩短建设工程的使用寿命，直接影响建设工程的投资效益和社会效益。由此可见，施工质量不仅对设计质量的实现起到保证作用，也对整个建设工程的总体质量起到保证作用。

（6）持续时间长、风险因素多

施工阶段是建设工程实施各阶段中持续时间最长的阶段，在此期间出现的风险因素也最多。

（7）合同关系复杂、合同争议多

施工阶段涉及的合同种类多、数量大。从房地产开发企业的角度来看，合同关系相当复杂，极易导致合同争议。其中，施工合同与其他合同联系最为密切，其履行时间最长、本身涉及的问题最多，最易产生合同争议和索赔。

8.2.2 房地产开发企业的主要工作

（1）选择施工阶段的监理单位

（2）房地产开发企业指定驻工地的代表（或指定履行建设工程施工合同的代表）

（3）对施工阶段的质量、投资、进度目标进行论证

① 质量目标。达到国家强制性标准的要求，这是施工阶段项目质量的基本目标。如果

房地产开发企业对开发项目的施工质量预定超过国家强制性标准的要求，应对其超过的限度，超过后对投资、进度目标的影响进行论证。

② 进度目标。

a. 房地产开发项目总体进度计划的制订。房地产开发企业在项目可行性研究阶段要就编制房地产开发项目总体进度计划，并随着项目实施不断修改完善。

b. 施工阶段控制性进度计划的编制。在房地产项目开发期中，施工阶段（施工前准备工作、基础施工、主体结构施工、装饰工程施工、室外工程施工、竣工验收）的时间较长，对项目整体进度影响较大。因此，房地产开发企业应根据项目总体进度计划、设计阶段确定的施工阶段定额工期来明确施工阶段进度目标并制定施工阶段控制性进度计划。

③ 投资目标。房地产开发企业应初步确定建筑工程施工合同中合同价款的方式，并根据初步确定的合同价款方式来对施工阶段的投资目标进行论证。确定施工阶段合同价款的方式主要有3种，房地产开发企业可根据开发项目实际情况初步确定采取其中一种。

a. 固定价格合同。合同双方在施工合同专用条款内约定合同价款包含的风险范围和风险费用的计算方法。在约定的风险范围内，合同价款不再调整。风险范围以外的合同价款调整方法，应当在专用条款内约定。

b. 可调价格合同。合同价款可根据双方的约定而调整，双方在专用条款内约定合同价款调整方法。

c. 成本加酬金合同。合同价款包括成本和酬金两部分，双方在专用条款内约定成本构成和酬金的计算方法。

(4) 通过招标投标方式选择施工单位并与其签订建设工程施工合同

(5) 申请领取《施工许可证》

(6) 进行施工现场的"三通一平"工作

(7) 进行甲供材料、设备的订购

(8) 履行建设工程施工合同中规定的甲方的权利和义务

(9) 监督工程建设监理单位履行施工阶段的建设工程委托监理合同

(10) 根据资金使用计划，进一步筹措建设资金

(11) 处理工程建设中重大问题

例如：对设计变更、重大质量事故的处理等。

(12) 做好项目系统外的协调工作

例如，与供水、供电、供气等部门的协调，与工程相邻单位、政府有关部门的协调。

(13) 处理好索赔与被索赔中的有关事项

(14) 按照建设工程施工合同的规定支付工程款

(15) 组织项目的竣工验收

8.2.3 施工阶段监理

建设工程项目施工阶段监理应当依照法律、行政法规及有关的技术标准、设计文件和建筑工程承包合同，对承包单位在施工质量、建设工期和建设资金使用等方面，代表建设单位实施监督。

我国的建设工程监理是专业化、社会化的建设单位项目管理，房地产开发企业可以通过建设工程委托监理合同，将建设工程项目管理的投资控制、质量控制、进度控制、安全监理、合同管理、信息管理、组织协调中的多项或全部工作委托给监理单位。

8.2.4 施工项目管理

8.2.4.1 施工项目管理的共性内容

施工项目管理，是指为实现项目全部目标和计划中确定的管理目标而实施的收集数据、与计划目标对比分析、采取措施纠正偏差等活动，包括项目进度管理、项目质量管理、项目安全管理和项目成本管理等内容。

施工项目管理主要有下列共性内容。

① 项目管理的责任主体是项目经理。应组织以项目经理为首的目标管理体系，且应有项目经理和相应的专业人员及各专业的相关人员组成各目标管理分体系，集体履行目标管理的责任。

② 项目管理应遵循 PDCA 循环法则，以实现目标管理的持续改进。因此，目标管理应按规定程序一次操作。

③ 项目管理的基本方法是"目标管理方法"（MBO），其本质是"以目标指导行动"。因此，首先要确定管理总目标，然后自上而下地进行目标分解（WBS），落实责任，制定措施，按措施控制实现目标的活动，从而自下而上地实现项目管理目标责任书中确定的责任目标。

④ 项目管理措施是在项目管理实施规划的基础上确定的。项目管理实施规划以项目管理目标责任书中确定的目标为依据编制。因此，项目管理实施规划的编制质量极大地影响着管理的效果。

⑤ 进度、质量、安全、成本四项目标是各自独立的，也是平等的，其管理不需要围绕着哪个"核心"，但是它们之间却有着对立统一的关系。过于强调哪一个都会影响到其他。因此，确定目标必须进行认真设计和科学决策。要进行动态控制，搞好协调。不求全优，只求综合为优，要在保证质量和安全的前提下，使进度合理、成本节约。

⑥ 项目管理要以执行法律、法规、标准、规范、制度等作为保证。

⑦ 实行总分包的项目，管理由总包人全面负责，分包人对分包任务进行管理并向总包人负责。对分包人发生的问题，总包人和分包人对发包人承担连带责任。

⑧ 实施施工项目管理应执行《建设工程项目管理规范》（GB/T 50326—2006）相应章节的规定，并按其中"项目沟通管理"一章的规定搞好组织协调。

⑨ 在施工项目管理中充满了风险，因此要进行风险管理，防止风险对实现目标产生干扰或造成损失。

8.2.4.2 施工项目进度管理

（1）施工项目进度管理目标

施工项目进度管理的程序是：确定施工项目进度管理目标→编制施工项目进度计划→申请开工并按指令日期开工→实施施工项目进度计划→施工项目进度管理总结→编写施工进度管理报告。因此，施工项目进度管理的第一项任务就是确定施工项目进度管理目标。施工项目进度管理应以实现合同约定的竣工日期为最终目标。这个目标，首先由企业管理层予以明确。企业管理层在"项目管理目标责任书"中确定项目经理部的施工项目进度管理目标。项目经理部根据这个目标在"施工项目管理实施规划"中编制施工进度计划，确定计划进度管理目标，并进行进度目标分解。总进度目标分解可按单位工程分解为交工分目标，可按承包的专业分解为完工分目标，亦可按年、季、月计划期分解为时间目标。

（2）施工进度计划

施工进度计划是施工项目进度管理的依据。因此，如何编制施工进度计划以提高施工项目进度管理的质量便成为施工项目进度管理的关键问题。由于施工进度计划分为施工总进度计划和单位工程施工进度计划两类，故其编制应分别对待。

① 施工总进度计划。施工总进度计划是对建设项目施工或对群体工程施工时编制的施工进度计划。由于施工的内容较多，施工期较长，故其计划项目综合性大，控制性较多，作业性很少。

a. 编制依据。施工总进度计划的编制依据有：施工合同，施工进度目标，工期定额，有关技术经济资料，施工部署与主要工程施工方案。

b. 编制内容。施工总进度计划的内容应包括：编制说明，施工总进度计划表，资源需要量及供应平衡表等。施工总进度计划表主要用来安排各单位工程的计划开竣工日期、工期、搭接关系及其实施步骤。资源需要量及供应平衡表是根据施工总进度计划表编制的保证计划，可包括劳动力、材料、预制构件和施工机械等资源的计划。

② 单位工程施工进度计划。单位工程施工进度计划是对单位工程、单体工程或单项工程编制的施工进度计划的总称。由于它所包含的施工内容比较具体明确，施工期较短，故其作业性较强，是进度管理的直接依据。

a. 编制依据。单位工程施工进度计划有7项编制依据，包括："项目管理目标责任书"；施工总进度计划；施工方案；主要材料和设备的供应能力；施工人员的技术素质和劳动效率；施工现场条件，气候条件，环境条件；已建成的同类工程实际进度及经济指标。

b. 编制内容。单位工程施工进度计划应包含的4项内容包括：编制说明，施工项目进度计划图，资源需要量计划，风险分析及控制措施。其中最主要的是施工项目进度计划图（或表）。如果编制成表，表头的内容是：分部分项工程，单位，工程量，用工工日数（或机械台班数），人数（或机械数），每日工作班数，工作天数，日程进度线。如果编制成图，除包含前述的表中内容外，还应编制网络计划图。资源需要量计划根据施工项目进度计划图（或表）进行平衡编制，用以保证施工项目进度计划的实现。风险分析及管理措施是根据"项目管理实施规划"中的"项目风险管理规划"和"保证进度目标的措施"调整并细化编制的，应具有可操作性。

（3）施工进度计划的实施

施工进度计划的实施实际上就是进度目标的过程管理，是 PDCA 循环的 D(DO) 阶段。

在这一阶段中主要应做好以下工作。

① 编制并执行时间周期计划。时间周期计划包括年、季、月、旬、周施工进度计划。该计划落实施工进度计划，并以短期计划落实、调整并实施长期计划，做到短期保长期，周期保进度（计划）、进度（计划）保目标。

② 用施工任务书把计划任务落实到班组。施工任务书是几十年来我国坚持使用的有效班组管理工具，是管理层向作业人员下达任务的好形式，可用来进行作业控制和核算，特别有利于进度管理。它的内容包括：施工任务单，考勤表和限额领料单。

③ 坚持施工进度过程管理。应做好以下工作：跟踪监督并加强调度，记录实际施工进度，执行施工合同对施工进度管理的承诺，跟踪进行统计与分析，落实施工进度管理措施，处理施工进度索赔，确保资源供应施工进度计划实现等。

④ 加强分包进度管理。措施如下：由分包人根据施工进度计划编制分包工程施工进度

计划并组织实施；项目经理部将分包工程施工进度计划纳入项目进度管理范畴；项目经理部协助分包人解决进度管理中的相关问题。

(4) 施工进度检查

施工进度的检查与进度计划的执行是融汇在一起的。计划检查是计划执行信息的主要来源，是施工进度调整和分析的依据，是施工进度管理的关键步骤。

施工进度计划的检查方法主要是对比法，即实际进度与计划进度进行对比。从而发现偏差，以便调整或修改计划。最好是在图上进行对比。故计划图形的不同便产生了多种检查方法。可利用横道计划、网络计划、"香蕉"曲线进行检查。

(5) 施工进度计划调整

施工进度计划调整的依据是施工进度计划检查结果。调整的内容包括：施工内容，工程量，起止时间，持续时间，工作关系和资源供应。调整施工进度计划应采用科学方法，如网络计划计算机调整方法，应编制调整后的施工进度计划并付诸实施。利用网络计划对施工进度进行调整，较为有效的方法是采用"工期-成本"优化原理。就是当进度拖期以后进行赶工时，要逐次缩短那些有压缩可能，且费用最低的关键工作。

(6) 施工进度管理的分析与总结

① 施工进度管理分析。

施工进度管理的分析比其他阶段更为重要，是因为它对实现管理循环和信息反馈起重要作用。施工进度管理分析是对施工进度管理进行评价的前提，是提高管理水平的阶梯。

施工进度管理分析阶段的主要工作内容是：各项目标的完成情况分析；施工进度管理中的问题及原因分析；施工进度管理中经验的分析；提高施工进度管理工作水平的措施。

② 施工进度管理总结。

a. 施工进度计划实施检查后，应向企业提供月度施工进度报告，这是施工进度管理的中间总结。总结的内容是：施工进度执行情况的综合描述，实际施工进度图，工程变更，价格调整，索赔及工程款收支情况，施工进度偏差的状况及导致偏差的原因分析，解决问题的措施，计划调整意见。

b. 在施工进度计划完成后，进行进度管理最终总结。总结的依据是：施工进度计划，实际记录，检查结果，调整资料。总结的内容是：合同工期目标及计划工期目标完成情况，施工进度管理经验，施工进度管理中存在的问题及分析，科学的施工进度计划方法的应用情况，施工进度管理的改进意见。

8.2.4.3 施工项目质量管理

(1) 质量管理的主要工作

① 确定项目质量目标。项目质量目标是指项目在质量方面所追求的目的。一般说来，该目的是指质量验收标准的合格要求。国家规定了分项工程、分部工程和单位工程的质量验收标准。国家标准《建筑工程施工质量验收规范》就是工程项目的质量目标。有时项目质量目标是发包人提出的质量要求。发包人在实施质量标准的前提下，也可以根据自身的经营方针确定计划质量目标。

② 编制项目质量计划。项目质量计划是规定项目由谁及何时应使用哪些程序和相关资源的文件。这些程序通常包括所涉及的那些质量管理过程和工程实现过程。通常，质量计划引用质量手册的部分内容和程序文件。质量计划通常是质量策划的结果之一。对施工项目而言，质量计划主要是针对特定项目所编制的规定程序和相应资源的文件。

③ 项目质量计划实施。项目质量计划实施通常是按阶段进行的，包括施工准备阶段的质量管理、施工阶段的质量管理和竣工验收阶段的质量管理。

④ 项目质量持续改进、检查及验证。项目质量持续改进指对项目质量增强满足要求的能力的循环活动。该循环活动通过不断制定改进目标和寻求改进机会而实现。该过程使用审核发现、审核结论、数据分析、管理评审或其他方法，其结果通常导致纠正措施或预防措施。项目检查、验证，是对项目质量计划执行情况组织的检查、内部审核和考核评价，验证实施效果。对考核中出现的问题、缺陷或不合格，应召开有关专业人员参加的质量分析会，并制定整改措施。

(2) 施工准备阶段的质量控制

① 技术资料及文件准备的质量控制。

a. 施工项目所在地的自然条件和技术经济条件调查资料应做到周密、详细、科学、妥善保存，为施工准备提供依据。

b. 施工组织设计文件的质量控制要求是：一要使施工顺序、施工方法和技术措施等能保证质量；二要进行技术经济比较。

c. 要认真收集并学习有关质量管理方面的法律、法规和质量验收标准、质量管理体系标准等。

d. 工程测量控制资料应按规定收集、整理和保管。

② 设计交底和图纸审核的质量控制。应通过设计交底、图纸审核（或会审），使施工者了解设计意图、工程特点、工艺要求和质量要求，发现、纠正和减少设计差错，消除图纸中的质量隐患，做好记录，以保证工程质量。

③ 采购和分包质量控制。

a. 项目经理应按质量计划中的物资采购和分包的规定选择和评价供应人，并保存评价记录。

b. 采购要求包括：产品质量要求或外包服务要求；有关产品提供的程序要求；对供方人员资格的要求；对供方质量管理体系的要求。采购要求的形式可以是合同、订单、技术协议、询价单及采购计划等。

c. 物资采购应符合设计文件、标准、规范、相关法规及承包合同的要求。

d. 对采购的产品应根据验证要求规定验证部门及验证方式，当拟在供方现场实施验证时，应在采购要求中事先作出规定。

e. 对各种分包服务选用的控制应根据其规模和控制的复杂程度区别对待，一般通过分包合同对分包服务进行动态控制。

④ 质量教育与培训。通过质量教育培训，增强质量意识和顾客意识，使员工具有所从事的质量工作要求的能力。可以通过考试或实际操作等方式检查培训的有效性，并保存教育、培训及技能认可的记录。

(3) 施工阶段的质量控制

① 施工阶段质量控制的内容。

施工阶段质量控制的内容涉及范围包括：技术交底，工程测量，材料，机械设备，环境，计量，工序，特殊过程，工程变更，质量事故处理等。

② 施工阶段质量控制的要求。

a. 技术交底的质量控制应注意：交底时间，交底分工，交底内容，交底方式（书面）

和交底资料保存。

  b. 工程测量的质量控制应注意：编制控制方案；由技术负责人管理；保存测量记录；保护测量点线。还应注意对原有基准点、基准线、参考标高、控制网的复测和测量结果的复核。

  c. 材料的质量控制应注意：在合格材料供应人名录中选择供应人；按计划采购；按规定进行搬运和储存；进行标识；不合格的材料不准投入使用；发包人供应的材料应按规定检验和验收；监理工程师对承包人供应的材料进行验证等。

  d. 机械设备的质量控制应注意：按计划进行调配；满足施工需要；配套合理使用；操作人员应进行确认并持证上岗；搞好维修与保养等。

  e. 为保证项目质量，对环境的要求是：建立环境控制体系；实施环境监控；对影响环境的因素进行监控，包括工程技术环境、工程管理环境和劳动环境。

  f. 计量工作的主要任务是统一计量单位，保证量值的统一。对计量质量控制的要求是：建立计量管理部门、配备计量人员；建立计量规章制度；开展计量意识教育；按规定控制计量器具的使用、保管、维修和检验。

  g. 工序质量控制应注意：作业人员按规定经考核后持证上岗；按操作规程、作业指导书和技术交底文件进行施工；工序的检验和试验应符合过程检验和试验的规定；对查出的质量缺陷按不合格控制程序及时处理；记录工序施工情况；把质量的波动限制在要求的界限内，以对因素的控制保证工序的质量。

  h. 特殊过程是指在质量计划中规定的特殊过程，其质量控制要求是：设置其工序质量控制点；由专业技术人员编制专门的作业指导书，经技术负责人审批后执行。

  i. 工程变更质量控制要求：严格按程序变更并办理批准手续；管理和控制那些能引起工程变更的因素和条件；要分析提出工程变更的合理性和可行性；当变更发生时，应进行管理；注意分析工程变更引起的风险。

  j. 成品保护要求：首先要加强教育，提高成品保护意识；其次要合理安排施工顺序，采取有效的成品保护措施。成品保护措施包括护、包、盖、封，可根据需要选择。

  (4) 竣工验收阶段的质量控制

  竣工验收阶段的质量控制包括最终质量检验和试验，技术资料的整理，施工质量缺陷的处理，工程竣工验收文件的编制和移交准备，产品防护，撤场计划。

  ① 最终质量检验和试验指单位工程竣工验收前的质量检验和试验，必须按施工质量验收规范的要求进行检验和试验。

  ② 对查出的质量缺陷应按不合格控制程序进行处理。处理方案包括：修补处理、返工处理、限制使用和不做处理。

  ③ 应按要求整理竣工资料，做好移交准备。

  ④ 在最终检验和试验合格后，对产品采取防护措施，防止丢失或损坏。

  ⑤ 工程交工后应编制符合文明施工要求和环境保护要求的撤场计划，拆除、运走多余物资，达到场清、地平乃至树活、草青的目的。

  (5) 建筑工程施工质量验收

  依据《建筑工程施工质量验收统一标准》(GB 50300—2001)，进行建筑工程施工质量验收。

  ① 建筑工程施工质量应按下列要求进行验收。

a. 建筑工程施工质量应符合建筑工程施工质量验收统一标准和相关专业验收规范的规定。

b. 建筑工程施工应符合工程勘察、设计文件的要求。

c. 参加工程施工质量验收的各方人员应具备规定的资格。

d. 工程质量的验收均应在施工单位自行检查评定的基础上进行。

e. 隐蔽工程在隐蔽前应由施工单位通知有关单位进行验收，并应形成验收文件。

f. 涉及结构安全的试块、试件以及有关材料，应按规定进行见证取样检测。

g. 检验批的质量应按主控项目和一般项目验收。

h. 对设计结构安全和使用功能的重要分部工程应进行抽样检测。

i. 承担见证取样检测以及有关结构安全检测的单位应具有相应的资质。

j. 工程的观感质量应由验收人员通过现场检查，并应共同确认。

② 建筑工程质量验收的划分。

a. 建筑工程质量验收应划分为单位（子单位）工程、分部（子分部）工程、分项工程和检验批。

b. 单位工程的划分应按下列原则确定：具备独立施工条件并能形成独立使用功能的建筑物及构筑物为一个单位工程；建筑规模较大的单位工程，可将其能形成独立使用功能的部分分为一个子单位工程。

c. 分部工程的划分应按下列原则确定：分部工程的划分应按专业性质、建筑部位确定；当分部工程较大或较复杂时，可按材料种类、施工特点、施工程序、专业系统及类别等划分为若干子分部工程。建筑工程的分部工程有 9 个：地基与基础、主体结构、建筑装饰装修、建筑屋面、建筑给水排水与采暖、建筑电气、智能建筑、通风与空调、电梯。

d. 分项工程应按主要工种、材料、施工工艺、设备类别等进行划分。

e. 分项工程可由一个或若干个检验批组成，检验批可根据施工、质量控制和专业验收需要按楼层、施工段、变形缝等进行划分。

f. 室外工程可根据专业类别和工程规模划分单位（子单位）工程。室外单位工程（子单位工程）划分为：室外建筑环境（附属建筑、室外环境）和室外安装（给排水与采暖、电气）。

③ 建筑工程质量验收。

a. 检验批合格质量应符合下列规定：主控项目和一般项目的质量经抽样检验后合格；具有完整的施工操作依据、质量检查记录。

b. 分项工程质量验收合格应符合下列规定：分项工程所含的检验批均应符合合格质量的规定；分项工程所含的检验批的质量验收记录应完整。

c. 分部（子分部）工程质量验收合格应符合下列规定：分部（子分部）工程所含分项工程的质量均应验收合格；质量控制资料应完整；地基与基础、主体结构和设备安装等分部工程有关安全及功能的检验和抽样检测结果应符合有关规定。

d. 观感质量验收应符合下列要求：单位（子单位）工程所含分部（子分部）工程的质量均应验收合格；质量管理资料应完整；单位（子单位）工程所含分部工程有关安全和功能的检测资料应完整；主要功能项目的抽查结果应符合相关专业质量验收规范的规定；观感质量验收应符合要求。

e. 建筑工程质量验收进行记录时，检验批质量验收、分项工程质量验收、分部（子分部）工程质量验收、单位（子单位）工程质量验收、质量控制资料核查、安全和功能检验资料核查及主要功能抽查记录，均应按规定内容和表式进行。

f. 当建筑工程质量不符合要求时，应按下列规定进行处理：经返工重做或更换器具、设备的检验批，应重新进行验收；经有资质的检测单位检测鉴定能够达到设计要求的检验批，应予以验收；经有资质的检测单位检测鉴定达不到设计要求、但经原设计单位核算认可能够满足结构安全和使用功能的检验批，可予以验收；经返修或加固处理的分项、分部工程，虽然改变外形尺寸但仍能满足安全使用要求，可按技术处理方案和协商文件进行验收。

g. 通过返修或加固处理仍不能满足安全使用要求的分部工程、单位（子单位）工程，严禁验收。

④ 建筑工程质量验收程序和组织。

a. 检验批及分项工程应由监理工程师（建设单位项目技术负责人）组织施工单位项目专业质量（技术）负责人等进行验收。

b. 分部工程应由总监理工程师（建设单位项目负责人）组织施工单位项目负责人和技术、质量负责人等进行验收；地基与基础、主体结构分部工程的勘察、设计单位工程项目负责人和施工单位技术、质量部门负责人也应参加相关分部工程验收。

c. 单位工程完工后，施工单位应自行组织有关人员进行检查评定，并向建设单位提交工程验收报告。

d. 建设单位收到工程验收报告后，应由建设单位（项目）负责人组织施工（含分包单位）、设计、监理等单位（项目）负责人进行单位（子单位）工程验收。

e. 单位工程有分包单位施工时，分包单位对所承包的工程项目应按规定的程序检查评定，总包单位应派人参加。分包工程完成后，应将工程有关资料交总包单位。

f. 当参加验收各方对工程质量验收意见不一致时，可请当地行政主管部门或工程质量监督机构协调处理。

g. 单位工程质量验收合格后，建设单位应在规定时间内将工程竣工验收报告和有关文件，报建设行政管理部门备案。

8.2.4.4 施工项目成本管理

施工项目成本，是指在施工项目上发生的全部费用总和。制造成本包括直接成本和间接成本。其中直接成本包括人工费、材料费、机械费和措施费；间接成本指施工项目经理部发生的现场管理费。

(1) 成本管理的主要内容

施工项目成本管理包括成本预测和决策、成本计划编制、成本计划实施、成本核算、成本检查、成本分析和考核等内容。其中成本计划编制与成本计划实施是关键环节。因此，进行施工项目成本管理，必须具体研究每个环节的有效工作方式和关键管理措施，从而取得施工项目整体的成本控制效果。

(2) 成本计划

① 成本计划的编制程序。企业根据项目施工合同确定项目经理部的责任目标成本，通过"项目管理目标责任书"下达给项目经理部；项目经理部通过编制项目管理实施规划对降低成本的途径进行规划；项目经理部编制施工预算，确定计划目标成本；项目经理部对计划目标成本进行分解；项目经理部编制目标成本控制措施表，落实成本控制责任。

② 责任目标成本。项目经理的责任目标成本是根据合同造价分解出来的。合同造价减去应缴税额、企业的预期经营利润、企业管理费、企业承担的风险费用等,便可把项目经理的责任目标成本剥离出来。在向项目经理下达责任目标成本之前,必须同项目经理进行协商并做出交底,然后才可写进"项目管理目标责任书"中。

③ 施工预算。施工预算实际上是项目经理部的成本计划。该计划编制依据是责任目标成本、施工方案、本企业的管理水平、消耗定额、作业效率、市场价格信息、类似工程施工经验、招标文件(和其中的工程量清单)。施工预算的内容包括分部分项预算书、技术组织措施表和降低成本表。在编制施工预算时应首先设计降低成本的技术组织措施,再计算降低成本费用,最后形成分部分项工程预算书(直接成本)和间接成本预算书。施工预算应得出项目经理部的计划成本和计划成本降低额,这就是项目经理部的计划目标成本。

④ 计划目标成本分解和责任落实。对计划目标成本分解的要求是:既要按工程部位进行成本分解,为分部分项工程成本核算提供依据,又要按成本项目进行成本分解,为生产要素的成本核算提出依据。为了落实成本控制责任,项目经理部应编制"目标成本控制措施表"并将各分部分项工程成本控制目标和要求、各成本要素的控制目标和要求,连同控制措施,一并落实到责任者。

⑤ 降低施工项目成本的技术组织措施设计与降低成本计划。

a. 降低成本的措施要从技术方面和组织方面进行全面设计。技术措施要从施工作业所设计的生产要素方面进行设计,以降低生产消耗为宗旨。组织措施要从经验管理方面,尤其是从施工管理方面进行筹划,以降低固定成本、消灭非生产性损失、提高生产效率和组织管理效果为宗旨。

b. 从费用构成的要素方面考虑,首先应降低材料费用。因为材料费用占工程成本的大部分,降低成本的潜力最大。而降低材料费用首先应抓住关键性的 A 类材料,因为它们的品种少,而所占费用比重大,故不但容易抓住重点,而且易见成效。降低材料费用有效的措施是改善设计或采用代用材料,它比改进施工工艺更有效,潜力更大。而在降低材料成本措施的设计中,ABC 分类法和价值分析法是有效的科学手段。

c. 降低机械使用费的主要途径是设计出提高机械利用率和机械效率以充分发挥机械生产能力的措施。因此,科学的机械使用计划和完好的机械状态是必须重视的。随着施工机械化程度的不断提高,降低机械使用费的潜力也越来越大,必须做好施工机械使用的技术经济分析。

d. 降低人工费用的根本途径是提高劳动生产率。提高劳动生产率必须通过提高生产工人的劳动积极性实现。提高工人劳动积极性则与适当的分配制度、激励办法、责任制及思想工作有关。要正确应用行为科学的理论,进行有效的"激励"。

e. 降低成本计划的编制必须以施工组织设计为基础。

在施工项目管理实施规划中必须有降低成本的措施。施工进度计划所设计的工期,应与成本优化相结合。施工总平面图无论对施工准备费用支出或施工中的经济性都有重大影响。因此,施工项目管理规划既要做出技术和组织设计,也要做出成本设计。只有在施工项目管理实施规划基础上编制的成本计划,才是有可靠基础的、可操作性的成本计划,也是考虑缜密的成本计划。

(3) 成本控制

① 控制要求。
　a. 坚持增收节支、全面控制、责权利相结合的原则，用目标管理方法进行有效控制。
　b. 做好采购策划，要优化配置、合理使用、动态管理生产要素，特别要控制好材料成本。
　c. 加强施工定额管理和施工任务单管理，控制活劳动和物化劳动的消耗。
　d. 加强调度工作，克服可能导致成本增加的各种干扰。
　e. 及时进行索赔，使实际成本支出真实。
　f. 做好月度成本原始资料的收集和整理。正确计算月度成本，分析月度计划成本和实际成本的差异，充分注意不利差异，认真分析有利差异的原因，特别重视盈亏比例异常现象的原因分析，并采取措施尽快消除异常现象。
　g. 在月度成本核算的基础上实行责任成本核算。也就是说，利用原有会计核算的资料，重新按责任部门或责任者归集成本费用，每月结算一次，并与责任成本进行对比，由责任者自己采取措施，纠正实际成本与责任成本之间的偏差。
　h. 加强对分包工程成本的控制。分包工程成本管理由分包单位自己负责，它也应当编制成本计划并按计划实施。但是，分包工程成本影响项目经理部的工程成本，项目经理部应当协助分包单位进行成本控制，做好服务、监督和考核工作。

② 质量成本管理。质量成本，是指为达到和保证规定的质量水平所消耗的那些费用。其中包括预防成本、鉴定成本、内部故障成本和外部故障成本。预防成本是致力于预防故障的费用；鉴定成本是为了确定保持规定质量所进行的试验、检验和验证所支出的费用；内部故障成本是由于交货前因产品或服务没有满足质量要求而造成的费用；外部故障成本是交货后因产品或服务没有满足质量要求而造成的费用。质量成本控制应抓成本核算，计算各科目的实际发生额，然后进行分析，根据分析找出的关键因素，采取有效措施加以控制。

③ 施工项目成本计划执行情况的检查与协调。项目经理部应定期检查成本计划的执行情况，并在检查后及时分析，采取措施，控制成本支出，保证成本计划的实现。

(4) 成本核算
① 成本核算的基础工作。
　a. 建立健全原始记录制度。
　b. 制定先进合理的企业成本核算标准（定额）。
　c. 建立企业内部结算体制。
　d. 对成本核算人员进行培训，使其具备熟练的必要核算技能。

② 对施工项目成本核算的要求。
　a. 每一个月为一个核算期，在月末进行。
　b. 核算对象按单位工程划分，并与责任目标成本的界定范围相一致。
　c. 坚持形象进度、施工产值统计、实际成本归集"三同步"。
　d. 采取会计核算、统计核算和业务核算"三算结合"的方法。
　e. 在核算中做好实际成本与责任目标成本的对比分析、实际成本与计划目标成本的对比分析。
　f. 编制月度项目成本报告上报企业，以接受指导、检查和考核。
　g. 每月末预测后期成本的变化趋势和状况，制定改善成本管理的措施。

h. 搞好施工产值和实际成本的归集：应按统计人员提供的当月完成工程量的价值及有关规定，扣减各项上缴税费后，作为当期工程结算收入；人工费应当按照劳动管理人员提供的用工分析和受益对象进行账务处理，计入人工成本；材料费应根据当月材料消耗和实际价格，计算当期消耗，计入工程成本；周转材料应实行内部租赁制，按照当月使用时间、数量、单价计算，计入工程成本；机械使用费按照项目当月使用台班和单价计入工程成本；其他直接费应根据有关核算资料进行账务处理，计入工程成本；间接成本应根据现场发生的间接成本项目的有关资料进行账务处理，计入工程成本。

(5) 成本分析

施工项目成本分析是根据会计核算、统计核算和业务核算提供的资料，对项目成本的形成过程和影响成本升降的因素进行分析，寻求进一步降低成本的途径，增强项目成本的透明度和可控性，为实现成本目标创造条件。成本分析主要方法有对比分析法、连环替代法、差额计算法、比率法和挣值法。

(6) 成本考核

① 施工项目成本考核的目的是通过衡量项目成本降低的实际成果，对成本指标完成情况进行总结和评价。

② 施工项目成本考核应分层进行。企业对项目经理部进行成本管理考核；项目经理部对项目内部各岗位及各作业队进行成本管理考核。

③ 施工项目成本考核的内容是：既要对计划目标成本的完成情况进行考核，又要对成本管理工作业绩进行考核。

④ 施工项目成本考核有下列要求。

a. 企业对项目经理部进行考核时，以责任目标成本为依据。

b. 项目经理部以控制过程为考核重点。

c. 考核成本要与进度、质量、安全指标的完成情况相联系。

d. 应形成考核文件，为对责任人进行奖罚提供依据。

8.2.4.5 施工项目安全管理

(1) 施工单位的安全责任

《建设工程安全生产管理条例》中规定，在建设工程施工中，施工单位有下列安全责任。

① 施工单位从事建设工程的新建、扩建、改建和拆除等活动，应当具备国家规定的注册资本、专业技术人员、技术装备和安全生产等条件，依法取得相应等级的资质证书，并在其资质等级许可证的范围内承揽工程。

② 施工单位的主要负责人依法对本单位的安全生产工作全面负责。施工单位应当建立健全安全生产责任制度和安全生产教育培训制度，制定安全生产规章制度和操作规程，保证本单位安全生产条件所需资金的投入，对所承担的建设工程进行定期和专项安全检查，并做好安全检查记录。施工单位的项目负责人应当由取得相应执业资格的人员担任，对建设工程项目的安全施工负责，落实安全生产责任制度、安全生产规章制度和操作规程，确保安全生产费用的有效使用，并根据工程的特点组织制定安全施工措施，消除安全事故隐患，及时、如实报告生产安全事故。

③ 施工单位对列入建设工程概算的安全作业环境及安全施工措施所需费用，应当用于施工安全防护用具及设施的采购和更新、安全施工措施的落实、安全生产条件的改善，不得挪作他用。

④施工单位应当设立安全生产管理机构，配备专职安全生产管理人员。专职安全生产管理人员负责对安全生产进行现场监督检查。发现安全事故隐患，应当及时向项目负责人和安全生产管理机构报告；对违章指挥、违章操作的，应当立即制止。专职安全生产管理人员的配备办法由国务院建设行政主管部门会同国务院其他有关部门制定。

⑤建设工程实行施工总承包的，由总承包单位对施工现场的安全生产负总责。总承包单位应当自行完成建设工程主体结构的施工，总承包单位依法将建设工程分包给其他单位的，分包合同中应当明确各自在安全生产方面的权利、义务。总承包单位和分包单位对分包工程的安全生产承担连带责任。分包单位应当服从总承包单位的安全生产管理，分包单位不服从管理导致生产安全事故的，由分包单位承担主要责任。

⑥垂直运输机械作业人员、安装拆卸工、爆破作业人员、起重信号工、登高架设作业人员等特种作业人员，必须按照国家有关规定经过专门的安全作业培训，并取得特种作业操作资格证书后，方可上岗作业。

⑦施工单位应当在施工组织设计中编制安全技术措施和施工现场临时用电方案，对下列达到一定规模的危险性较大的分部分项工程编制专项施工方案，并附具安全验算结果，经施工单位技术负责人、总监理工程师签字后实施，由专职安全生产管理人员进行现场监督。达到一定规模的危险性较大的分部分项工程包括：基坑支护与降水工程，土方开挖工程，模板工程，起重吊装工程，脚手架工程，拆除、爆破工程，国务院建设行政主管部门或者其他有关部门规定的其他危险性较大的工程。对这些工程中涉及深基坑、地下暗挖工程、高大模板工程的专项施工方案，施工单位还应当组织专家进行论证、审查。

⑧建设工程施工前，施工单位负责项目管理的技术人员应当对有关安全施工的技术要求向施工作业班组、作业人员作出详细说明，并由双方签字确认。

⑨施工单位应当在施工现场入口处、施工起重机械、临时用电设施、脚手架、出入通道口、楼梯口、电梯井口、孔洞口、桥梁口、隧道口、基坑边缘、爆破物及有害危险气体和液体存放处等危险部位，设置明显的安全警示标志。安全警示标志必须符合国家标准。施工单位应当根据不同施工阶段、周围环境及季节、气候的变化，在施工现场采取相应的安全施工措施。施工现场暂时停止施工的，施工单位应当做好现场防护，所需费用由责任方承担，或者按照合同约定执行。

⑩施工单位应当将施工现场的办公、生活区与作业区分开设置，并保持安全距离；办公、生活区的选址应当符合安全性要求。职工的膳食、饮水、休息场所等应当符合卫生标准。施工单位不得在尚未竣工的建筑物内设置员工集体宿舍。施工现场临时搭建的建筑物应当符合安全使用的要求。施工现场使用的装配式活动房屋应当具有产品合格证。

⑪施工单位对因建设工程施工可能造成损害的毗邻建筑物、构筑物和地下管线等，应当采取专项防护措施。施工单位应当遵守有关环境保护法律、法规的规定，在施工现场采取措施，防止或者减少粉尘、废气、废水、固体废物、噪声、振动和施工照明对人和环境的危害和污染。在城市市区内的建设工程，施工单位应当对施工现场实行封闭阻挡。

⑫施工单位应当在施工现场建立消防安全责任制度，确认消防安全责任人，制定用火、用电、使用易燃易爆材料等各项消防安全管理制度和操作规程，设置消防通道、消防水源、配备消防设施和灭火器材，并在施工现场入口处设置明显标志。

⑬施工单位应当向作业人员提供安全防护用具和安全防护服装，并书面告知危险岗位的操作规程和违章操作的危害。作业人员有权对施工现场的作业条件、作业程序和作业方式

中存在的安全问题提出批评、检举和控告，有权拒绝违章指挥和强令冒险作业。在施工中发生危及人身安全的紧急情况时，作业人员有权立即停止作业或者在采取必要的紧急措施后撤离危险区域。

⑭ 作业人员应当遵守安全施工的强制性标准、规章制度和操作规程，正确使用安全防护用具、机械设备等。

⑮ 施工单位采购、租赁的安全防护用具、机械设备、施工机具及配件，应当具有生产（制造）许可证、产品合格证，并在进入施工现场前进行检验。施工现场的安全防护用具、机械设备、施工机具及配件必须由专人管理，定期进行检查、维修和保养，建立相应的资料档案，并按照国家有关规定及时报废。

⑯ 施工单位在使用施工起重机械和整体提升脚手架、模板等自升式架设设施前，应当组织有关单位进行验收，也可以委托具有相应资质的检验检测机构进行验收；使用承租的机械设备和施工器具及配件的，由施工总承包单位、分包单位、出租单位和安装单位共同进行验收。验收合格的方可使用。《特种设备安全监察条例》规定的施工起重机械，在验收前应当经有相应资质的检验检测机构监督检验合格。施工单位应当自施工起重机械和整体提升脚手架、模板等自升式架设设施验收合格之日起 30 日内，向建设行政主管部门或者其他有关部门登记。登记标志应当置于或者附着于该设备的显著位置。

⑰ 施工单位的主要负责人、项目负责人、专职安全生产管理人员应当经建设行政主管部门或者其他有关部门考核合格后方可任职。施工单位应当对管理人员和作业人员每年至少进行一次安全生产教育培训，其教育培训情况记入个人工作档案。安全生产教育培训考核不合格的人员，不得上岗。

⑱ 作业人员进入新的岗位或者新的施工现场前，应当接受安全生产教育培训。未经教育培训或者教育培训考核不合格的人员，不得上岗作业。施工单位在采用新技术、新工艺、新设备、新材料时，应当对作业人员进行相应的安全生产教育培训。

⑲ 施工单位应当为施工现场从事危险作业的人员办理意外伤害保险。意外伤害保险费由施工单位支付。实行施工总承包的，由总承包单位支付意外伤害保险费。意外伤害保险期限自建设工程开工之日起至竣工验收合格止。

（2）安全管理的程序

施工项目安全管理的程序是：确定施工安全目标，编制项目安全技术措施计划，项目安全技术措施计划实施，项目安全技术措施计划验证，持续改进直至兑现合同承诺。

（3）安全管理目标

项目的安全管理目标是预防和控制施工中人的不安全行为、物的不安全状态、环境的不安全因素和管理缺陷，确保没有危险，不出事故，不造成人身伤亡和财产损失。项目的安全管理目标应按"目标管理"方法在以项目经理为首的安全管理体系内进行分解，制定责任制度，实现责任安全控制目标。

（4）安全技术措施计划

在项目开工前，项目经理部应编制安全技术措施计划，经项目经理批准后实施。项目安全技术措施计划的作用是配置必要的资源，建立保证安全的组织和制度，明确安全责任，制定安全技术措施，确保安全目标实现。

项目安全技术措施计划的内容有：工程概况，控制目标，控制程序，组织结构，职责权限，规章制度，资源配置，安全措施，检查评价，奖惩制度。

(5) 安全技术交底

① 单位工程开工前,项目经理部的技术负责人必须将工程概况、施工方法、施工工艺、施工程序、安全技术措施,向承担施工的作业队负责人、工长、班组长和相关人员进行交底。

② 结构复杂的分部分项工程施工前,项目经理部的技术负责人应有针对性地进行全面详细的安全技术交底。

③ 项目经理部应保存双方签字确认的安全技术交底记录。

(6) 安全控制的基本要求

① 只有在取得了安全行政主管部门颁发的《安全施工许可证》后方可施工。

② 总包单位和分包单位都应持有《施工企业安全资格审查认可证》方可组织施工。

③ 各类人员必须具备相应的安全资格方可上岗。

④ 所有施工人员必须经过三级安全教育。

⑤ 特殊工程作业人员必须持有特种作业操作证。

⑥ 对查出的安全隐患要做到"五定":定整改责任人;定整改措施;定整改完成时间;定整改完成人;定整改验收人。

⑦ 必须把好安全生产"六关":措施关、交底关、教育关、防护关、检查关、改进关。

8.2.4.6 施工项目环境管理

(1) 环境管理的目的

施工项目环境管理的目的是控制作业现场可能产生污染的各种活动,保护生态环境,节约能源,避免资源浪费,进而为社会的经济发展与人类的生存环境相协调作出贡献。

(2) 环境管理措施

① 实施环境保护目标责任制,将环境保护责任落实到部门或人员,并明确项目经理是环境保护第一责任人。

② 加强环境检查和监控工作,以便采取有针对性的措施。

③ 建立并有效运转环境管理体系,调动与现场有关组织的积极性,进行综合治理。

④ 采取有效的技术措施。

⑤ 加强现场管理,组织文明施工。

8.2.4.7 施工项目现场管理

(1) 施工项目现场管理的内容

① 合理规划施工用地。首先要保证场内占地的合理使用。当场内空间不充分时,应会同建设单位按规定向规划部门和公安交通部门申请,经批准后才能获得并使用场外临时施工用地。

② 在施工组织设计中,科学地进行施工总平面设计。施工组织设计是工程施工现场管理的重要内容和依据,尤其是施工总平面设计,目的就是对施工场地进行科学规划,以合理利用空间。在施工总平面图上,临时设施、大型机械、材料堆场、物资仓库、构件堆场、消防设施、道路及进出口、加工场地、水电管线、周转使用场地等,都应各得其所、关系合理合法,从而呈现出现场文明,有利于安全和环境保护,有利于节约,方便工程施工。

③ 根据施工进展的具体需要,按阶段调整施工现场的平面布置。不同的施工阶段,施工的需要不同,现场的平面布置亦应进行调整。不应当把施工现场当成一个固定不变的空间

组合，而应当对它进行动态的管理和控制，调整也不能太频繁，以免造成浪费。一些重大设施应基本固定，调整的对象应是消费不大的、规模小的设施，或已经实现功能失去作用的设施，代之以满足新需要的设施。

④ 加强对施工现场使用的检查。现场管理人员应经常检查现场布置是否依据施工平面图，是否符合各项规定，是否满足施工需要，还有哪些薄弱环节，从而为调整施工现场布置提供有用的信息，也使施工现场保持相对稳定，不被复杂的施工过程打乱或破坏。

⑤ 建立文明的施工现场。文明施工现场是指按照有关法规的要求，使施工现场和临时占地范围内秩序井然，文明安全，环境得到保持，绿地树木不被破坏，交通畅达，文物得以保存，防火设施完备，居民不受干扰，场容和环境卫生均符合要求。建立文明施工现场有利于提高工程质量和工作质量，提高企业信誉。为此，应当做到领导负责，系统把关，普遍检查，建章建制，责任到人，落实整改，严明奖惩。

a. 领导负责，即公司和分公司均成立主要领导负责、各部门主要管理人员参加的施工现场管理领导小组，在企业范围内建立以项目管理班子为核心的现场管理组织体系。

b. 系统把关，即各管理业务系统对现场的管理进行分口负责，每月组织检查，发现问题及时整改。

c. 普遍检查，即对现场管理的检查内容，按达标要求逐项检查，填写检查报告，评定现场管理先进单位。

d. 建章建制，即建立施工现场管理规章制度和实施办法，按章办事，不得违背。

e. 责任到人，即管理责任不但明确到部门，而且各部门要明确到员工个人，以便落实管理工作。

f. 落实整改，即对各种问题，一旦发现，必须采取纠正措施，避免再度发生。无论涉及哪一级、哪一部门、哪一个人，决不能姑息迁就，必须整改落实。

g. 严明奖惩，如果成绩突出，便应按奖惩办法予以奖励；如果有问题，要按规定给予必要的处罚。

⑥ 及时清场转移。施工结束后，项目管理班子应及时组织清场，将临时设施拆除，剩余物资退场，组织向新工程转移，以便整治规划场地，恢复被临时占用土地，不留后遗症。

⑦ 坚持现场管理标准化，堵塞浪费漏洞。现场管理标准化的范围很广，比较突出而又需要特别关注的是现场平面布置管理和现场安全生产管理，稍有不慎，就会造成浪费和损失。

(2) 施工项目现场管理评价

为了加强施工现场管理，提高施工现场管理水平，实现文明施工，确保工程质量和安全，应该对施工现场管理进行综合评价。评价内容应包括经营行为管理、工程质量管理、施工安全管理、文明施工管理及施工队伍管理5个方面。

① 经营行为管理评价。经营行为评价的主要内容是合同签订及履约、总分包、施工许可证、企业资质、施工组织设计及实施等情况。不得有下列行为：未取得施工许可证而擅自开工；企业资质等级与其承担的工程任务不符；层层转包；无施工组织设计；由于建筑施工企业的原因严重影响合同履约。

② 工程质量管理评价。工程质量管理评价的主要内容是质量体系建立及运转情况、质量管理状况、质量保证资料情况。不得有下列情况：无质量体系；工程质量不合格；无质量

保证资料。工程质量检查按有关标准规范执行。

③ 施工安全管理评价。施工安全管理评价的主要内容是：安全生产保证体系及执行，施工安全各项措施情况等。不得有下列情况：无安全生产保证体系；无安全施工许可证；施工现场的安全设施不合格；发生人员死亡事故。

④ 文明施工管理评价。文明施工管理的主要内容是场容场貌、料具管理、消防保卫、职工生活状况等。不允许有下列情况：施工现场的场容场貌严重混乱，不符合管理要求；无消防设施或消防设施不合格；职工集体食物中毒。

⑤ 施工队伍管理评价。施工队伍管理评价的主要内容是项目经理及其他人员持证上岗；民工的培训和使用；社会治安综合治理情况等。

8.2.4.8 施工项目组织协调

（1）施工项目组织内部关系的协调

① 施工项目组织内部人际关系的协调。施工项目内部人际关系的协调主要靠执行制度，坚持民主集中制，做好思想政治工作，充分调动每个人的积极性。要用人所长，责任分明、实事求是地对每个人的绩效进行评价和激励。在调解人与人之间矛盾时要注意方法，重在疏导。

② 施工项目组织内部组织关系的协调。施工项目中的组织形成了系统，系统内部各组成部分构成一定的分工协作和信息沟通关系。组织关系协调，可以使组织运转正常，发挥组织力的作用。组织关系的协调应主要从以下几方面进行：一是设置组织机构要以职能划分为基础；二是要明确每个机构的职责；三要通过制度明确各机构在工作中的相互关系；四要建立信息沟通制度，制定工作流程图；五要根据矛盾冲突的具体情况及时灵活地加以解决，不使矛盾冲突扩大化。

③ 施工项目组织内部需求关系的协调。施工中需要资源，人力、材料、机械设备、动力等资源需求在施工项目上要得到保证。需求关系协调包括以下环节。

a. 满足人、财、物的需求，要抓计划环节。计划的编制过程，就是生产要求与供应之间的平衡过程，用计划规定供应中的时间、规格、数量和质量。执行计划的过程，就是按计划供应的过程。

b. 抓住瓶颈环节，对需求进行平衡。瓶颈环节即关键环节，主要矛盾，对全局影响较大，因此协调工作抓瓶颈环节，就是抓重点和关键。

c. 加强调度工作，排除障碍。调度工作做的就是协调工作。调度人员就是协调工作的责任者，应健全调度体系，充分发挥调度人员的作用。

（2）施工项目组织与发包人关系的协调

这两者之间的关系从招投标开始，中间经过施工准备，施工中的检查与验收、进度款支付、工程变更、进度协调、交工验收等，关系非常密切。处理两者之间的关系主要是洽谈、签订和履行合同。有了纠纷，也应以合同为依据来解决。如果发包人委托监理单位进行监理，则监理机构与施工项目的关系就是监理与被监理的关系。施工项目经理部应接受监理，按监理制度协调关系。

（3）施工项目组织与监理单位关系的协调

在工程项目实施过程中，监理工程师不仅履行监理职能，同时也履行协调职能。监理工程师在很大程度上是项目组织与发包人、银行以及其他相关单位之间关系的协调者，因此项目经理部必须处理好与监理工程师之间的关系。处理关系时，应坚持相互信任、相互支持、相互尊重、共同责任的原则，以施工合同为准，确保项目实施质量。同时要按《建设工程监理规范》的规定，接受监督和相关管理，使双方的关系融洽起来。

（4）施工项目组织与设计人关系的协调

施工项目经理部与设计人同是承包单位，两者均与发包人订有合同，但两者之间没有合同关系。共同为发包人服务决定了施工方与设计方的密切关系，这种关系是图纸供应关系、设计与施工技术关系等。这些关系发生在设计交底、图纸会审、设计变更与修改、地基处理、隐蔽工程验收和竣工验收等环节中。项目的实施必须取得设计人的理解和支持，尽量避免冲突和矛盾，如果出现问题应及时协商或通过发包人和监理工程师解决。由于项目经理部与设计人之间的关系主要发生在设计交底、图纸会审、设计洽商变更、地基处理、隐蔽工程验收等活动中，故应针对活动要求处理好协作关系。

（5）施工项目组织与分包单位关系的协调

在协调与分包单位关系方面，应注意选好具备相应营业资质等级及施工能力的分包单位；落实好总分包之间的责任；处理好总分包之间的经济利益；解决好总分包之间的纠纷；按合同办事。

（6）施工项目组织与供应人之间关系的协调

施工项目组织与供应人之间关系的协调分合同供应与市场供应：一要充分利用合同；二要充分利用市场机制。所谓合同供应关系，是指项目资源的需求以合同的形式与供应人就资源供应数量、规格、质量、时间、配套服务等事项进行明确，减小资源采购风险，提高资源利用效率。

（7）施工项目组织与公用部门关系的协调

施工项目与公用部门的关系包括与道路、市政管理部门，自来水、煤气、热力、供电、电讯等单位的关系。由于项目建设中与这些单位的关系非常密切，他们往往与业主有合同关系，故应加强计划协调，主要是进行质量保证、施工协作、进度衔接方面的协调。

8.2.5 竣工验收

房地产开发企业收到建设工程竣工报告后，应当组织设计、施工、工程监理等有关单位进行竣工验收。房地产开发企业应当自建设工程竣工验收合格之日起15日内，将建设工程竣工验收报告和规划、公安消防、环保等部门出具的认可文件或者准许使用文件报建设行政主管部门或者其他有关部门备案。建设行政主管部门或者其他有关部门发现房地产开发企业在竣工验收过程中有违反国家有关建设工程质量管理规定行为的，责令停止使用，重新组织竣工验收。

（1）竣工验收的条件

① 完成工程设计和合同约定的各项内容。

② 施工单位在工程完工后对工程质量进行了检查，确认工程质量符合有关法律、法规和工程建设强制性标准，符合设计文件及合同要求，并提出工程竣工报告。工程竣工报告应经项目经理和施工单位负责人审核签字。

③ 对于委托监理的工程项目，监理单位对工程进行了质量评估，具有完整的监理资料，并提出了工程质量评估报告。工程质量评估报告应经总监理工程师和监理单位有关负责人审核签字。

④ 勘察、设计单位对勘察、设计文件及施工过程中由设计单位签署的设计变更通知书进行了检查，并提出质量检查报告。质量检查报告应经该项目勘察、设计负责人和勘察、设

计单位有关负责人审核签字。

⑤ 有完整的技术档案和施工管理资料。

⑥ 有工程使用的主要建筑材料、建筑构配件和设备的进场试验报告。

⑦ 房地产开发企业已按合同约定支付工程款。

⑧ 有施工单位签署的工程质量保证书。

⑨ 城乡规划行政主管部门对工程是否符合规划设计要求进行检查，并出具认可文件。

⑩ 有公安消防、环保等部门出具的认可文件或者准许使用文件。

⑪ 建设行政主管部门及其委托的工程质量监督机构等有关部门责令整改的问题全部整改完毕。

(2) 竣工验收的程序

① 工程完工后，施工单位向房地产开发企业提交工程竣工报告，申请工程竣工验收。实行监理的工程，工程竣工报告须经总监理工程师签署意见。

② 房地产开发企业收到工程竣工报告后，对符合竣工验收要求的工程，组织勘察、设计、施工、监理等单位和其他有关方面的专家组成验收组，制定验收方案。

③ 房地产开发企业应当在工程竣工验收 7 个工作日前将验收的时间、地点及验收组名单书面通知负责监督该工程的工程质量监督机构。

④ 房地产开发企业组织工程竣工验收。

a. 建设、勘察、设计、施工、监理单位分别汇报工程合同履约情况和在工程建设各个环节执行法律、法规和工程建设强制性标准的情况。

b. 审阅建设、勘察、设计、施工、监理单位的工程档案资料。

c. 实地查验工程质量。

d. 对工程勘察、设计、施工、设备安装质量和各管理环节等方面作出全面评价，形成经验收组人员签署的工程竣工验收意见。

工程竣工验收合格后，房地产开发企业应当及时提出工程竣工验收报告。工程竣工验收报告主要包括工程概况，房地产开发企业执行基本建设程序情况，对工程勘察、设计、施工、监理等方面的评价，工程竣工验收时间、程序、内容和组织形式，工程竣工验收意见等内容。

负责监督该工程的工程质量监督机构应当对工程竣工验收的组织形式、验收程序、执行验收标准等情况进行现场监督，发现有违反建设工程质量管理规定行为的，责令改正，并将对工程竣工验收的监督情况作为工程质量监督报告的重要内容。

8.2.6 保修

房地产开发企业和施工单位应当在工程质量保修书中约定保修范围、保修期限和保修责任，双方约定的保修范围、保修期限必须符合国家有关规定。

在正常使用下，房地产开发项目的最低保修期限如下。

① 地基基础工程和主体结构工程，为设计文件规定的该工程的合理使用年限。

② 屋面防水工程、有防水要求的卫生间、房间和外墙面的防渗漏，为 5 年。

③ 供热与供冷系统，为 2 个采暖期、供冷期。

④ 电气管线、给排水管道、设备安装和装修工程，为 2 年。

其他项目的保修期限由房地产开发企业和施工单位约定。

房地产开发项目的保修期自工程竣工验收合格之日起计算。

复习思考题

1. 简述建设工程项目管理的含义。
2. 简述建设工程项目管理的内容。
3. 项目经理应履行哪些职责及应具有哪些权限?
4. 项目经理部应按什么程序进行建设工程项目的进度管理?
5. 质量计划应确定哪些内容?
6. 简述项目成本管理应遵循的程序。
7. 施工阶段有哪些特点?
8. 简述施工阶段房地产开发企业的主要工作。
9. 施工阶段监理有哪些主要工作?
10. 施工总进度计划应包括哪些内容?
11. 简述施工阶段质量控制的内容。
12. 检验批、分项工程、分部(子分部)工程质量验收应符合哪些规定?
13. 简述施工项目成本管理内容。
14. 施工单位有哪些安全责任?
15. 简述施工项目现场管理评价的内容。
16. 房地产开发项目竣工验收应当具备哪些条件?
17. 简述房地产开发项目竣工验收的程序。
18. 房地产开发项目的最低保修期是如何确定的?

第 9 章

房地产营销

> **本章要点**
>
> 市场营销的起点是市场需求,终点是满足市场需求,房地产营销工作贯穿于房地产项目开发与经营全过程。本章介绍了市场营销的发展历史、市场营销的概念、房地产市场营销的基本概念、房地产开发项目营销策划书的主要内容、房地产项目定位、市场细分及目标市场选择、房地产租售计划、房地产市场推广、房地产租售工作、租售后服务等内容。本章的重点是市场细分及目标市场选择、房地产租售工作。

9.1 房地产营销概述

9.1.1 市场营销的基本概念

9.1.1.1 市场营销的发展历史

市场营销学的发展历史一般可分为初创、应用、形成与发展3个时期。

(1) 初创时期

从19世纪末到20世纪20年代,是市场营销学的初创时期。18世纪末19世纪初,工业革命最先在英国爆发,此后生产和消费都迅速增长,市场表现出的基本特征是供不应求,企业集中要解决的问题是如何增加生产和降低成本,以满足市场的需要。1825年英国爆发第一次经济危机后,资本主义国家每隔若干年就要爆发一次经济危机。在危机期间,商品销售困难,资产者渴望找到解决问题的办法。20世纪初,已经有一些经济学家开始研究销售问题。1902~1903年,美国密执安大学、加利福尼亚大学和伊利诺斯大学正式设置市场营销学课程。10年后,市场营销受到更广泛的重视,以威斯康星大学和哈佛大学的成就为多,它们除开设市场营销课程外,还设有研究小组,专门探讨市场营销问题。哈佛大学的赫杰特齐教授在调查研究了若干大企业的基础上,于1912年出版了第一本以《市场营销学》命名的教科书。但那时市场营销学的内容还比较狭窄,仅限于销售和广告方面。真正现代市场营销学的原理和许多重要的市场营销概念尚未形成。

(2) 应用时期

从20世纪20年代到第二次世界大战结束,是市场营销学的应用时期。该时期各部门大量生产的出现,形成了生产相对过剩和买方市场,经济危机进一步加剧,这期间市场空前萧条和大量企业的倒闭,使企业开始重视销售。20世纪20年代,已有若干本市场营销学教科书问世,并初步建立了理论体系。1915年美国全国广告协会正式成立,1926年改组为全美市场营销学和广告学教师协会,1931年又成立专门讲授和研究市场营销学的美国市场营运社,1937年上述两个组织结合组成著名的美国市场营销协会(American Marketing Association，简称 AMA）。该协会不仅有企业主和经济学家参加，还吸收销售、广告、市场分析部门负责人入会，理论与实践结合起来，既促进了企业的经营，也促进了市场营销学的发展。

(3) 形成与发展时期

从 20 世纪 50 年代至今，市场营销学的理论和概念发生了重大变革，是现代市场营销学的形成和发展时期。20 世纪 50 年代，在美国市场的新形势下，侧重于商品推销的旧的市场营销学越来越不能适应新形势的需要。哈佛大学鲍敦提出，一个企业运用系统方法进行销售，管理人员应针对不同的内外环境，把各种营销手段进行最佳的组合，使它们互相配合起来，综合地发生作用，即所谓"市场营销组合"。1960 年美国密歇根州立大学麦卡锡教授把各种影响销售的因素归结为 4 大类：产品（product）、价格（price）、渠道（place）和促销（promotion），即当今称之为"4Ps"。这就为市场营销学提出了较为完整的营销策略理论。

同时期，新的形势又对市场营销学提出了新的需要。现代企业必须善于分析判断消费者的需求和愿望；市场应该成为生产过程的起点，而不是终点；解决企业的销售问题，仅有营销策略是远远不够的，还必须拟定最优的营销战略。

第二次世界大战后，企业的经营观念已从推销观念转向营销观念，重要的标志是"先市场、后生产"，要求人们十分重视市场营销调研和市场预测，要了解市场由哪些人组成、都需要些什么、竞争对手是谁、怎样才能使竞争更有成效。菲利普·科特勒指出，真正的市场营销人员所采取的第一个步骤，就是要进行市场营销调研（marketing research）。但因为这个英文单词的第一个字母不是"p"，为了使第一个字母能成为"p"，他使用近义词"探查（probing）"来代替，意为深入调研市场。这是营销战略上的第一个"p"。

1956 年温德尔·史密斯提出一个内涵丰富的新概念，即"市场细分化（segmentation）"。科特勒为了使第一个字母为"p"，选用"分割（partitioning）"这个词来取代。意即一个市场的客户是有差异的，他们有不同的需要，寻求不同的利益。因此要求公司对市场进行细分，在细分的基础上选择企业的目标市场，而不是仅仅停留在产品差异上。这是营销战略上的第二个"p"。

营销战略上的第三个"p"，开头的词是"优先（prioritizing）"，即优先选出哪些客户对你最重要，哪些客户应成为你推销产品的目标，即是市场营销学上所说的选择目标市场（target market）。卖主首先分清众多细分市场之间的差别，并从中选择一个或一个以上的细分市场作为自己的目标市场，然后为挑选出的每个细分市场开发产品和制订营销组合策略等。

1972 年阿尔·顿斯和杰克·特普塔在"广告时代"杂志上发表了论文，指出"定位（positioning）"这个富有吸引力的概念，他们认为，即使公司没有在广告中为产品定位，这些产品在客户头脑中也是有一定的位置的，顿斯和特普塔阐述了公司应如何运用定位去创立产品在客户头脑中的特定形象。这是营销战略的第四个"p"。

随着世界经济的发展，国际营销的加强，1986 年美国西北大学教授菲利普·科特勒在《哈佛商业评论》上提出了"大市场营销（mega marketing）"的概念，即为了成功地进入特定市场，并在那里从事业务经营，在策略上协调地使用经济、心理、政治和公共关系等手段，以博得有关各方的合作和支持。所谓特定市场，主要是指壁垒森严的封闭型或保护型市场，已经存在的参与者和批准者设置种种障碍，使得那些能够提供类似产品，甚至能提供更好产品和服务的企业难以进入。设障碍的既得利益集团往往可以得到政府立法部门、劳工组织、银行及其他组织的支持，极力使市场形成一个封闭系统，实行保护主义，防止他人进入。贸易保护主义和政府干预的加强是国际贸易中大市场营销存在的客观基础。要打入这样的特定市场，主要的障碍并非来自客户，因此除了要运用一般的营销战略、营销策略外，还要加上两个"p"。第一个"p"是权力（power）。进入特定市场并开展经营活动，必须找到有权打开市场大门的人，得到具有影响力的企业高级职员、立法部门和政府官员的支持，因此大市场营销者必须掌握高超的游说本领和谈判技能，才能从对方得到预期的反应。第二个"p"是公共关系（public relation）。权力是一个"推"的策略，公共关系是一个"拉"的策略。舆论需要较长时间的努力才能起作用，然而一旦舆论的力量加强了，它就能帮助企业去占领市场。单纯依靠权力，有时难以使企业进入市场并巩固其在市场中的地位，而通过多种途径，逐渐在群众中树立起良好的企业形象和产品形象，往往能收到更广泛持久的效果。

20世纪70年代末我国实行改革开放政策后，市场营销学开始传入我国。结合我国的实践，得到了很快的发展，原因就在于它适应了社会化大生产和市场经济发展的客观需要。在现代社会，无论哪个企业和个人离开了市场都无法生产和生活。市场在宏观调控下已成为整个社会经济的主宰者，它指挥和调节着国民经济的运行，决定着每一个企业的生存和发展、前途和命运，因此，每一个生产者和经营者都不能不关心市场，不能不研究市场。否则，就会遭受市场规律的惩罚，在市场竞争中失败，甚至破产。市场营销学正是一门研究如何在市场上从事经营，克敌制胜的学科。它是一门具有综合性特点的应用科学，是一门研究企业经营管理的"软科学"。

9.1.1.2 市场营销的概念

市场营销这一概念来自英文"marketing"一词，国内外对其都有许多论述，其中不乏一些误解，最常见的是把"市场营销"同"推销"混为一谈。这并非偶然的，因为在第二次世界大战前的20世纪30年代，这两个词确实是可以通用的，没有很大区别。但自20世纪50年代以来，随着市场营销实践的发展和现代市场营销理论的形成，市场营销一词已有了更加丰富的内涵，同推销就不再是同义词了。针对这种情况，美国著名市场营销学教授菲利普·科特勒指出："市场营销最主要的部分不是推销，推销仅仅是市场营销冰山的顶端，推销仅仅是市场营销几个职能中的一个，并且往往不是最重要的一个。如果营销人员做好识别消费者需要的工作，发展适销对路的产品，并且搞好定价、渠道和实行有效的促销，这些货物将会很容易地销售出去。"

经过多年的探讨，1985年美国市场营销协会提出的市场营销的新定义是："市场营销是关于构思、货物和劳务的设计、定价、促销和渠道的规划与实施过程，旨在导致符合个人和组织目标的交换。"按照菲利普·科特勒的说法，这是一种买卖双方互利的交换，即所谓"赢-赢游戏（Win-Win Game）"。也就是说，卖方按买方的需要供给产品或劳务，使买方得到满足；买方则付出相应的货币，使卖方也得到满足。双方各得其所，而不是一方获利，另一方就必定受损。

市场营销具有二重性。一方面，市场营销反映商品经营的一般规律，如市场营销的策略、战略，市场营销的组织与技术等。在市场经济条件下这是共同的，它体现了市场营销的自然属性。另一方面，市场营销又是一个交换的过程。它不仅是商品形态变化的运动过程，而且在每一次交换及形态变化中又都体现着经济关系，这是市场营销的社会属性。

因此，广义的市场营销是指导生产及联结生产与消费的一系列经济活动，简称经营与销售。市场营销的起点是市场需求，终点是满足市场需求。营销不仅包括产品生产过程之前的市场调研、市场细分、目标市场选择等经济活动，还包括实施阶段的产品定位、定价、促销、销售及售后服务等经济活动。

9.1.2 房地产市场营销的基本概念

房地产项目开发与经营过程中，房地产投资者或其委托的房地产咨询机构首先应研究市场，分析有哪些房地产产品的需求没有得到满足，根据潜在消费者的需求及经济承受能力，生产潜在消费者需求的且有支付能力的房地产产品，利用一定的营销手段向潜在消费者推销产品，并做好售后服务工作。房地产市场营销工作贯穿于房地产项目开发与经营的整个过程中。

因此，房地产市场营销包括房地产项目投资决策阶段的市场调研、市场细分、目标市场选择等经济活动，还包括实施阶段的产品定位、租售计划、市场推广、租售工作及租售后的服务等经济活动。

房地产市场营销，是指房地产开发经营企业开展的创造性适应动态变化着的房地产市场的活动，以及由这些活动综合形成的房地产商品、服务和信息从房地产开发经营者流向房地产购买者的社会和管理过程。房地产市场营销系统就是参与实现房地产市场营销的各有关方面构成的相互联系、相互影响、相互制约的有机整体，作为一个人为构造的开放系统，它主要表现在以下几个方面。

① 房地产市场营销系统是由一系列相关要素构成的。从大的方面来看，有宏观、微观两种要素。宏观要素是指国家及地方政府有关房地产市场营销的政策体系与内容（如房地产产业政策、金融政策、市场政策等）以及社会经济背景环境（如人口数量、收入水平等）。微观要素是指房地产开发经营企业围绕市场营销所投入的要素，如问卷调查、营销策略设计等。

② 房地产市场营销系统的运行结构也是由输入、过程及输出3部分构成。这又包括两个方面的内容：一是房地产市场营销系统运行中资源的输入、输出；二是房地产市场营销战略的输入、输出。

③ 房地产市场营销具有特定目标。首先，通过房地产市场营销使房地产购买者的需求或欲望得到满足。其次，以营利为目的，即房地产市场营销活动的参与者都是以追逐近期或长期利益为目的，有些房地产开发商对特定对象（如科学家、劳动模范、知名人士等）实行优惠售房，是为了树立良好的企业形象，从而追逐更多的长期利益。再次，推进房地产业以及社会经济的整体发展。房地产业是整个社会经济活动中一个十分重要的产业，通过有效地开展房地产市场营销活动，可以促进房地产业的持续发展。

④ 房地产市场营销系统具有环境相关性。房地产市场营销系统是一个开放的系统，系统环境要素对房地产市场营销系统具有重大影响。它可能为房地产市场营销活动提供机会、条件和激励，也可能对房地产市场营销活动产生制约，形成障碍。

9.1.3 房地产开发项目营销策划书的主要内容

房地产开发项目营销策划书是房地产开发项目市场营销的计划书，它包括下列主要内容。

① 项目概况。
② 市场调查。
③ 市场细分与目标市场选择。
④ 房地产产品定位。
⑤ 租售计划。

a. 租售渠道。
  b. 租售价格。
  c. 租售周期与租售比例。
  d. 财务评价。
 ⑥ 市场推广工作。
 ⑦ 租售工作。
 ⑧ 租售后服务。

9.1.4 房地产项目定位

房地产项目定位是在市场调研基础上研究和分析潜在消费者的客户定位，是对消费者使用方式和使用心理进行分析研究基础上的产品定位，是将产品按消费者的理解和偏好方式传达出去的形象定位。房地产项目定位的核心是客户定位，房地产项目定位的目的是通过好的定位形成项目的市场竞争优势。

房地产项目定位包括客户定位、产品定位和形象定位3部分内容。

(1) 客户定位

客户定位是研究和分析房地产项目的目标消费群体和他们行为特征的一项活动。客户定位是产品定位、形象定位的基础和前提。如果客户定位不科学、不正确，那么房地产项目的营销过程是盲目和被动的。

(2) 产品定位

产品定位是在客户定位的基础上，根据目标消费群体的要求和经济承受能力所进行的房地产项目设计方案确定的一个过程。通过产品定位，形成市场差异化产品。

(3) 形象定位

形象定位主要是找到该房地产项目所特有、不同于竞争对手、能进行概念化描述、能通过广告表达并能为目标客户所接受而产生共鸣的特征。形象定位需要研究房地产项目的市场表现方式，确定房地产项目从产品到商品的过程中的最佳表达方式。在该部分研究中要回答的问题有：如何让消费者理解产品的内涵、如何对产品的特点进行描述和提升、如何让消费者对项目产生认同感而发生购买行为等。形象定位一般通过企业文化、品牌、广告、包装、模型与样板房等形式来表达。

9.2 房地产市场调查、市场细分及目标市场选择

9.2.1 市场调查

9.2.1.1 市场调查步骤

(1) 确定市场调查的目的

市场调查的目的，是为编制房地产开发项目营销策划书和进行具体营销工作收集资料。

(2) 组建市场调查的项目组

(3) 制定调查计划

调查计划由调查内容、资料来源、调查方法、抽样方案、调查费用等内容组成。

① 调查内容。根据房地产项目营销工作确定调查内容。

② 资料来源。确定调查计划中资料的来源是收集二手资料、一手资料，或是两者都要收集。

③ 调查方法。收集一手资料主要方法有：观察法、询问调查法和实验法；取得二手资料主要方法有：查阅各级政府部门和行业协会公布的统计数据及资料、从合法的新闻媒体和

互联网上收集资料、从房地产中介服务机构有偿取得有关资料和数据。调查者应根据调查内容和资料来源确定具体的调查方法。

④ 抽样方案。在设计抽样方案时，必须确定的问题如下。

a. 抽样单位。解决向什么人调查的问题。调查者必须定义抽样的总体目标，一旦确定了抽样单位，必须确定出抽样范围，以便目标总体中所有样本被抽中的机会是均等的或已知的。

b. 样本规模。主要确定调查多少人的问题。大规模样本比小规模样本的结果更可靠，但是没有必要为了得到完全可靠的结果而调查整个或部分目标总体。

c. 抽样程序。解决如何选择答卷人的问题。为了得到有代表性的样本，应该采用概率抽样的方法。概率抽样可以计算抽样误差的置信度。但是，由于概率抽样的成本过高、时间过长，调查者也可以采用非概率抽样。

⑤ 调查费用。市场调查所需的费用包括：市场调查总体方案策划费；抽样方案设计费（或实验方案设计费）；调查问卷设计费（包括测试费）；调查问卷印刷费；调查实施费（包括培训费、资料费、交通费、食宿费、通信费、礼品费、专家咨询费、复查费等）；数据统计分析费；调查报告撰写、制作费。

(4) 收集信息

应按照调查计划进行资料和数据的收集。收集信息是市场调查中成本最高，也最容易出错的阶段。在采用问卷调查时，可能会出现某些被调查者不在家必须重访或更换、某些被调查者拒绝合作、某些人的回答或在有些问题上有偏见或不诚实等情况。在采用实验法进行调查时，调查人员必须注意，要使实验组与控制组匹配，并尽可能消除参与者的参与误差，实验方案要统一形式并且要能够控制外部因素的影响等。现代计算机和通信技术使得资料收集的方法迅速发展，且减少了人员和时间的投入。

(5) 分析和处理信息

对原始资料进行编辑加工、分类、归档，对数据进行分析，在信息之间建立联系。

(6) 提交调查报告

调查者应在规定的时间内向委托者提交调查报告。

调查报告一般包括以下内容。

① 引言。说明调查目的、对象、范围、方法和时间等。

② 摘要。简要介绍正文中的主要内容。

③ 正文。根据调查目的，收集原始资料和数据，对信息进行编辑加工，对信息进行分析，并在信息间建立必要联系。

④ 结论与建议。

⑤ 附件。

9.2.1.2 市场调查的内容

市场调查应根据项目类型和市场营销具体工作要求来进行。

市场调查主要包括下列内容。

① 该类房地产的市场供求情况。

② 类似房地产的消费者情况。

③ 类似项目设计情况。

④ 类似房地产的租售价格。

⑤ 类似房地产的租售渠道。
⑥ 类似房地产的市场推广方式。
⑦ 类似房地产项目的财务赢利能力情况。
⑧ 竞争对手的情况调查。
⑨ 类似房地产的售后服务情况。

9.2.2 市场细分

(1) 市场细分内涵

市场细分就是从消费者需求的差别出发,以消费者的需求为立足点,按照一定的细分因素,把企业可能进入的市场分成若干个需求和愿望大体相同的消费群体。

(2) 市场细分的因素

住宅市场的市场细分依据主要包括地理因素、人口标准、心理标准和购买行为。每个细分依据又可分为若干个具体细分因素,应根据项目的实际情况选择具体细分因素。住宅市场的细分依据和细分因素参见表 9-1。

表 9-1　住宅市场的细分依据和细分因素

细分依据	细分因素	具体细分因素
地理因素	区位	城市闹市区、城市副中心区、闹市区边缘地带、城市边缘区、城市郊区
人口标准	年龄	21~30岁、31~40岁、41~50岁、51~60岁、61岁以上
	家庭结构	单身户、中青年住户、纯老年住户、小子女家庭、大子女家庭、多中心家庭
	职业	专业人员、企事业单位管理者、公务员、自由职业者
	教育程度	高中以下、大中专、大学本科、研究生以上
	家庭收入	最低收入户、低收入户、中等偏下户、中等收入户、中等偏上户、高收入户、最高收入户
	社会阶层	下层、中层、上层
心理标准	生活方式	变化型、参与型、自由型、稳定型
	个性	冲动型、进攻型、交际型、权利型、自负型
购买行为	购房动机	便利、经济、身份、品位
	购房次数	首次置业、二次置业、多次置业
	购房时机	一般时机、特殊时机

(3) 市场细分的要求

① 可测量性。细分市场的规模、购买潜力可以测量。应能估算出细分市场潜在消费者的大致数量及分布区域。否则,无法知道市场将有多大。

② 可盈利性。细分市场的规模足够大,能使为满足细分市场潜在消费者的需求而从事开发的开发商达到其满意的利润。

③ 易受影响性。必须能够以一定的方式去影响细分市场客户的行为。

④ 一致性。目标群体的需求应相似。否则,产品就不能很好地满足细分市场中客户的需求。

(4) 细分市场的确定

根据市场细分依据和细分因素以及市场细分的要求,确定细分市场。某住宅项目的细分市场可参见表 9-2。

表 9-2 某住宅项目的细分市场

细分因素	细分市场 1	细分市场 2	细分市场 3	细分市场 4
年龄	21～30 岁	31～40 岁	41～50 岁	41～50 岁
家庭结构	单身户	小子女家庭	大子女家庭	大子女家庭
职业	专业人员	公务员	专业人员	企事业单位管理者
家庭收入	中等偏下	中等收入	中等偏上	高收入
教育程度	大学本科	大学本科及以上	大学本科及以上	大学专科及以上
生活方式	自由型	稳定型	稳定型	参与型
购房动机	便利	便利及经济	便利及经济	身份
购房次数	首次置业	二次置业	二次置业	多次置业

9.2.3 目标市场选择

（1）与目标市场有关的市场概念

① 市场。市场就是某产品的实际购买者和潜在购买者的集合。市场的规模就是特定商品的购买者数量。

② 潜在市场。在估计某种产品的消费者市场时，首先需要判断对该产品有潜在兴趣的人数。例如，"你想自己拥有一套住宅吗？"假如 10 个被调查者中有 2 个持肯定的回答，那么就可以估计消费者总数的 20% 是住宅的潜在市场。潜在市场是对某种特定商品有某种程度兴趣的消费者。

③ 有效市场。消费者只有兴趣还不足以确定市场，潜在购买者必须有足够的收入来购买这种产品，并且能够通过某种途径买到这种产品。因此，有效市场是指对特定商品具有兴趣、收入与途径的消费者集合。

④ 合格的有效市场。政府或其他机构可能会限制对特定群体销售某些商品，也就是说消费者对特定商品的消费可能要先取得资格。所以，具有相应资格并对特定商品具有兴趣、收入、途径的消费者集合构成合格的有效市场。

⑤ 目标市场。目标市场是企业决定追求的那部分合格的有效市场。它可能是全部的合格的有效市场，也可能是部分合格的有效市场。

⑥ 渗透市场。指已经购买了该产品的消费者集合，如某一预售楼盘的全体预售合同签约者。

（2）目标市场选择的内涵及步骤

目标市场选择，就是在市场细分的基础上，通过对细分市场的评价，确定有效市场，在对有效市场进行竞争者分析和风险分析的基础上，最后确定目标消费者并描述目标消费者的特征。

目标市场选择有如下主要步骤。

① 进行市场细分，确定细分市场。

② 评价细分市场，明确有效市场。开发企业在评估细分市场时，必须考虑 3 个因素：

a. 细分市场的规模与发展潜力；

b. 细分市场竞争结构状况；

c. 企业目标和能力。

③ 对有效市场进行竞争者分析。

④ 对有效市场进行风险分析。

⑤ 确定目标消费者，描述目标消费者的特征。

（3）目标市场选择的模式

① 单一市场集中化。最简单的模式是企业只选择一个细分市场。通过集中营销，企业能更清楚地了解细分市场的需求，从而树立良好的信誉，在细分市场上建立巩固的市场地位。同时，企业通过生产、销售和促销的专业化分工，能提高经济效益。一旦企业在细分市场上处于领导地位，它将获得很高的投资效益。但对某些特定的细分市场，一旦消费者在该细分市场上的消费意愿下降或其他竞争对手进入该细分市场，那么企业将面临很大的风险。

② 选择专业化。在这种情况下，企业有选择地进入几个不同的细分市场。从客观上讲，每个细分市场都具有吸引力，且符合企业的目标和资源水平。这些细分市场之间很少或根本不发生联系，但在每个细分市场上都可盈利。这种多细分市场覆盖策略能分散企业的风险。因为即使其中一个细分市场丧失了吸引力，企业还可以在其他细分市场上继续盈利。

③ 产品专业化。指企业同时向几个细分市场销售一种产品。在这种情况下，一旦有新的替代品出现，那么企业将面临经营滑坡的危险。

④ 市场专业化。这时，企业集中满足某一特定消费群体的各种需求。企业专门为某个消费群体服务并争取树立良好的信誉。企业还可以向这类消费群推出新产品，成为有效的新产品销售渠道。但如果由于种种原因，使得这种消费群体的支付能力下降的话，企业就会面临效益下滑的危险。

⑤ 全面覆盖。这时，企业力图为所有消费群提供他们所需的所有产品。一般来讲，只有实力较强的大企业才可能采取这种营销战略。当采用这种营销战略时，企业通常通过无差异性营销和差异性营销两种途径全面进入整个市场。

⑥ 大量定制。大量定制是指企业按照每个消费者的要求大量生产，产品之间的差异可以具体到每个最基本的组成部件。采用这种营销方式，由于成本的增加，一般要求消费者愿意支付较高的价格。

（4）目标市场目标客户行为特征分析

例如，公司白领：年轻，追求时尚及高雅，受过高等教育，工作比较稳定，小有积蓄，希望尽早拥有独立的生活空间，有个性，喜欢运动，喜爱网络和音乐，喜欢包装精致、品位高尚的商品。自由职业者：有一定的经济积累，喜爱跳舞、交际等娱乐活动，注重资金的周转，购买的房屋要有品位，对居住安全有较高的要求。

9.3 房地产产品定位

房地产产品是房地产企业开发经营的直接有效的物质成果。在房地产市场营销活动中，企业满足客户需要是通过开发特定的房地产来实现的。房地产开发企业应根据潜在消费者的需求以及产品设计的发展趋势，进行产品定位。

9.3.1 房地产整体产品的概念

人们通常将房地产产品理解为一种具有某种物质形态和用途的物业，如写字楼、住宅等。而现代市场营销理论认为，房地产产品是人们通过交换而获得需求的满足。由此，房地产产品的概念可以归结为：凡是提供给市场的能够满足消费者或用户某种需求或欲望的任何有形建筑物、土地和各种无形服务均为房地产产品。前者主要包括物业实体及其质量、特色、类型、品牌等；后者则主要包括可以给消费者带来附加利益和心理上的满足感及信任感的服务、保证、物业形象、房地产开发商和房地产销售代理商声誉等。房地产整体产品＝有形实体＋无形的服务。所以，房地产整体产品有3个层次的内容：核心产品、形式产品及延伸产品。

核心产品是房地产整体产品概念中最基本的层次，为消费者提供最基本的效用和利益。形式产品，即产品的形式。它是目标市场消费者对某一需求的特定满足形式，一般以物业的质量、套型、外墙装饰、品牌等不同的侧面反映出来。延伸产品是房地产各种附加利益的总和，通常指房地产的售后服务，如售后保修、物业管理等。

9.3.2 房地产产品定位的主要内容

房地产产品定位主要是核心产品的定位。

9.3.2.1 居住房地产产品定位的主要内容

居住房地产产品定位的主要内容包括规划设计定位和建筑设计定位。

（1）规划设计定位

① 住宅群体规划布局。

② 道路与交通规划设计。

③ 公共建筑与服务设施的规划设计。

④ 绿地与室外环境的规划设计。

（2）建筑设计定位

建筑设计包括房屋建筑设计和结构设计，涉及平面设计和立面设计等内容。建筑设计定位时主要考虑的是潜在消费者需求的住宅套型和面积、建筑立面造型和装修标准。

9.3.2.2 商业房地产产品定位的主要内容

商业房地产比居住房地产的产品定位复杂，尤其商业房地产的商业业态设计、商业动态交通系统设计直接关系到商业运营的成败。

（1）商业业态设计

商业业态设计包括商业功能分区与商业分区设计。同一功能区，可以摆设多种不同的商品线。商业业态设计代表着投资商、消费者、大商家、小租户等多方利益，代表着顾客所得到的商品与服务程度，影响着商业经营管理的成败。

商业业态设计法则如下。

① 商户组合个性化。商户组合是指招商与承租户组合。国际上许多购物中心目前趋向步行街的业态组合，即许多购物中心的功能分区与商品分区并不十分清晰，都不刻意对品类进行严格区分。只有少数的购物中心才有主题明确的功能分区。从设计上注重商户组合个性化，让消费者体验随机购物的乐趣。

"步行街化"的商户组合目前是一种成功的、个性化的业态设计。在消费角度上，承租户与消费者是主角。因此，好的商户组合设计作用很多，如引起人们兴趣、带动人潮、延长顾客逗留时间，增加顾客的购买机会，创造商业物业利润。

② 功能分区设计常规化。这是针对较大型商业物业而言，即必须考虑常规主流商户。业态设计目的之一就是为商户而设计。据国际权威零售机构统计分析，目前常规主流商户在商业所占比重排位依次为服装类、美食类、珠宝精品类、美容健康护理类与其他类型。另外，商业物业业态流行设计面积比重常规为：零售：餐饮：娱乐＝5：3：2。因此，在商业物业产品定位概念设计中，要优先考虑上述主流商户的常规需求。

③ 环境休闲化。无论是现代商务中心，还是商业购物中心，都讲究环境的舒适化，从各方面满足消费者的心理享受体验的要求。例如，开敞的镂空中庭或通廊让自然光线从玻璃顶投下；步道设计采用弧线型使顾客移步异景；适当布置小品和绿化景观强化大自然气氛

中庭音乐喷泉营造烂漫气氛；地板颜色的丰富多变；公共部位的栏杆、扶手及柱面通常采用现代风格的金属色体现豪华；各店面的精心布置引起趣味等。商业业态设计的休闲化，有助于减轻消费者疲劳度，增加心理舒适度和愉悦感。

④ 人均商业面积规划合理化。人均商业面积是在一个相对较为成熟的市场，单位消费者所需求的合理商业消费面积。国外成熟市场的人均商业面积为1.2平方米。

(2) 商业动态交通系统设计

商业动态交通系统设计主要为5种：外部动态人流导入系统设计、动态人流导出疏散系统设计、物业内部垂直动态人流动线设计、物业内部平面动态人流动线设计、无障碍设计。

物业内部人流动线设计是商业物业规划设计的重点。内部人流动线设计必须尽量引导人流经过尽可能多的商铺，确保室内空间人流的流动均衡性，从而优化每一个商业空间。内部动态交通设计的方式可以是客流线、货流线或服务流线。

9.4 房地产租售计划

9.4.1 租售方式

房地产租售方式，可划分为开发企业自行租售和委托房地产经纪机构租售两种。

9.4.1.1 开发企业自行租售

由于委托租售代理要支付一定数额的佣金，所以在下列情况下开发企业愿意自行租售。

① 大型房地产开发企业，往往拥有自己专门的市场推广队伍和较大区域范围的销售网络，开发企业提供的自我服务有时比委托租售代理更为有效。

② 在市场高涨时，所开发的项目很受投资置业人士欢迎，而且开发企业预计在项目竣工后很快便能租售出去。

③ 当开发企业所开发的项目有较明确甚至是固定的销售对象时，也无须再委托租售代理。

房地产开发企业可以利用自己的经营部（销售部）、项目售楼处、在房地产交易市场中租用的铺位、互联网中设立的网页（网站）进行自行租售。

9.4.1.2 委托房地产经纪机构租售

在很多情况下，房地产开发企业委托房地产中介机构（主要是房地产经纪机构）进行租售工作。

(1) 房地产中介服务

房地产中介服务，是指具有执业资格的人员在房地产投资、开发、销售、交易等各个环节中为当事人提供咨询服务的经营活动，是房地产咨询、房地产价格评估、房地产经纪等活动的总称。

① 房地产咨询。房地产咨询，是指为从事房地产活动的当事人提供法律、法规、政策、信息、技术等方面服务的经营活动。

② 房地产价格评估。房地产价格评估，是指对房地产进行测算，评定其经济价值和价格的经营活动。

③ 房地产经纪。房地产经纪，是指为委托人提供房地产信息和居间、代理、行纪业务的经营活动。

(2) 经纪的内涵

经纪，是指为促成各种市场交易而从事的居间、代理及行纪等有偿服务活动。经纪是社会经济活动中的一种中介服务行为。

① 居间。居间，是指经纪人向委托人报告订立合同的机会或者提供订立合同的媒介服务，撮合交易成功并从委托人及其交易对象取得报酬的商业行为。居间是经纪行为中广泛采用的一种基本形式。其特点是服务对象广泛，经纪人与委托人之间一般没有长期固定的合作关系。

② 代理。代理，是指经纪人在受托权限内，以委托人的名义与第三方进行交易，并由委托人直接承担相应法律责任的商业行为。经纪活动中的代理，属于一种狭义的商业代理活动。其特点是经纪人与委托人之间有较长期稳定的合作关系，经纪人只能以委托人的名义开展活动，活动中产生的权利和责任归委托人，经纪人只收取委托人的佣金。

③ 行纪。行纪，是指经纪人受委托人的委托，以自己的名义与第三方进行交易，并承担规定的法律责任的商业行为。

(3) 房地产经纪人的含义

房地产经纪人，是指依法取得房地产经纪人执业资格，从事房地产经纪活动的人员。

(4) 房地产经纪机构的内涵

房地产经纪机构是为委托人提供房地产信息和居间、代理、行纪业务等经营活动的具有法人资格的经济组织和个人（独立的房地产经纪人）。

(5) 房地产经纪活动的基本类型

① 房地产居间。房地产居间是指以房地产或有关房地产的业务为对象，房地产经纪人以自己的名义为他人提供交易信息和机会，通过居间协调，促成交易双方完成交易，房地产经纪人依法取得合理的中介报酬的经营活动。

由于房地产业的业务内容多、手续复杂、涉及面广等特点，决定了房地产居间活动对房地产发展起着重要的作用，成为房地产市场不可缺少的经营活动。随着房地产业的发展，房地产居间业务量不断提高。为了适应这种市场的需求，不同内容的房地产居间活动也逐步发展成为专业化操作相对独立的工作领域，如房地产买卖居间、房地产投资居间、房地产抵押居间、房地产租赁居间等。

② 房地产代理。房地产代理，是指房地产经纪人在受托权限内，以委托人的名义与第三方进行交易，并由委托人直接承担相应法律责任的经纪行为。

房地产销售代理是目前房地产代理活动的主要形式，一般由房地产经纪机构接受房地产开发商委托，负责商品房的市场推广和具体销售工作。在这一代理活动中，常常又产生一些其他的代理活动，如代理购房者申请个人住房抵押贷款。此外，随着房地产业的发展和房地产市场的拓展和成熟，房地产代理业务也会随之扩大。一些经纪机构开始参与房地产项目开发与经营全过程，代理筛选及聘请从设计师到物业管理公司等各类专业机构的活动。

③ 房地产行纪。尽管目前政府主管部门及房地产经纪业内均对房地产行纪尚有争议，但《中华人民共和国合同法》有关行纪合同的条款已表明中国法律并未禁止行纪活动。在房地产市场活动中，一些类似行纪活动的行为已大量出现。例如，房地产经纪机构收购开发商的空置商品房，在未将产权过户到自己名下的情况下，以自己的名义向市场出售。

(6) 房地产经纪合同

房地产经纪合同的主要条款如下。

① 当事人姓名或者名称、住所。

② 标的。合同的标的是合同关系的客体。房地产经纪合同的标的是某一具体房地产。
③ 服务事项与服务标准。
④ 劳务报酬或酬金。
⑤ 合同的履行期限、地点和方式。
⑥ 违约责任。
⑦ 解决争议的方式。

(7) 房地产经纪收费

根据代理项目的不同,房地产经纪收费实行不同的收费标准。

① 房屋租赁代理收费。成交的租赁期限无论长短,均按半月至一月成交租金额标准,由双方协商一次性收取。

② 房屋买卖代理收费。按成交价格总额的0.5%~2.5%计收。实行独家代理的,收费标准可适当提高,但不应超过成交价格的3%。

9.4.2 租售价格

9.4.2.1 商品房销售价格确定方法

商品房销售可以按套(单元)计价,也可以按套内建筑面积或者建筑面积计价。

商品房建筑面积由套内建筑面积和分摊的共有建筑面积组成,套内建筑面积部分为独立产权,分摊的共有建筑面积部分为共有产权,买受人按照法律、法规的规定对其享有权利,承担责任。

按套(单元)计价或者按套内建筑面积计价的,商品房买卖合同中应当注明建筑面积和分摊的共有建筑面积。

共有建筑面积是指电梯井、变电室、公共门厅和过道等为整栋商品房服务的建筑空间。

(1) 利用价格构成法定价

$$房地产销售价格 = 成本 + 利润$$

① 成本。房地产项目成本(包括费用)由房地产项目投资转化而来。
② 利润。根据企业利润目标及市场供求关系确定。
③ 房地产项目可销售面积。

$$房地产项目可销售面积 = 项目总建筑面积 - 非营利性公共配套设施建筑面积$$

④ 商品房销售单价。

$$商品房销售单价 = \frac{房地产项目总销售价格}{房地产项目可销售面积}$$

⑤ 购房者购房费用。

$$某套商品房费用 = (商品房销售单价 \pm 楼层、朝向等差价) \times 该套商品房建筑面积$$

(2) 利用房地产估价方法中的市场法定价

只要能找到符合要求的可比实例,各类房地产都可以利用房地产估价方法中的市场法定价。

(3) 利用房地产估价方法中的收益法定价

对于商业用房等收益性房地产,可以利用房地产估价方法中的收益法定价。

9.4.2.2 房地产租赁价格的确定方法

(1) 利用价格构成法确定租赁价格

$$房地产租赁价格 = 成本 + 税金 + 利润$$

① 成本。目前，主要由折旧费、地租、维修费、管理费、利息、保险费等费用组成。
年成本＝房地产项目成本费用在合理年限内的分摊＋年租赁经营成本。

② 税金。主要与租赁房地产有关的营业税、城市维护建设税、教育费附加。

③ 利润。利润根据企业经营目标和房地产租赁市场的实际情况来确定。

$$房地产单位建筑面积月租金 = \frac{年成本 + 年税金 + 年利润}{可出租的建筑面积 \times 12}$$

(2) 利用房地产估价方法中的市场法定价

只要能找到符合要求的可比实例，各类房地产都可以利用房地产估价方法中的市场法确定租赁价格。

9.4.3 租售周期、销售比例、出租率的确定

【例 9-1】 某开发项目占地面积 32000 平方米。地下两层：－2 层为设备层及停车场，面积约为 2 万平方米；－1 层为商业用房及停车场，面积约为 2 万平方米（其中商业用房面积约为 1.5 万平方米）。地上 1～4 层为商业用房，每层 1.5 万平方米，共 6 万平方米；在地上 1～4 层上有二栋酒店式公寓及二栋板式住宅。

项目的开发经营周期及租售周期见表 9-3。项目的销售比例及出租率见表 9-4。

表 9-3 开发经营周期及租售周期表

年度＼内容	2009				2010				2011				2012				2013				2014～2027.3
	1	2	3	4	1	2	3	4	1	2	3	4	1	2	3	4	1	2	3	4	
前期工作		─																			
基础施工			─	─																	
－2层及－1层结构施工					─	─															
1～4层（裙房）结构施工							─	─													
酒店式公寓及住宅主体结构施工									─	─	─										
设备安装									─	─	─										
装饰工程施工										─	─										
室外工程											─	─									
酒店式公寓及住宅预售									─	─											
酒店式公寓及住宅现售												─	─								
+1层商业用房销售								─	─												
停车场车位出租												─	─	─	─	─	─	─	─	─	─
商业用房出租及转售													─	─	─	─	─	─	─	─	─

表 9-4　销售比例及出租率估算表

年份 类型	2010.10 ~2010.12	2011.1 ~2011.6	2011.7 ~2011.12	2012.1 ~2012.2	2012.3	2012.4 ~2013.3	2012.4 ~2027.3
酒店式公寓及住宅销售			30%	30%	20%	20%	
+1层商业用房销售	60%	40%					
地下停车场（出租率）	40%	40%	40%	40%	40%		90%
－1层、2~4层商业用房（出租率）							90%

9.4.4　财务评价

通过财务评价，判断项目投资可行性。

① 项目投资估算。

② 项目收入与经营税金估算。

③ 项目资金筹措计划。

④ 基本财务报表的编制。主要是项目投资现金流量表、项目资本金现金流量表和利润与利润分配表的编制。

⑤ 财务评价指标的计算与分析：

a. 总投资收益率、项目资本金净利润率的计算与分析；

b. 财务净现值的计算与分析；

c. 财务内部收益率的计算与分析。

9.5　房地产市场推广

9.5.1　房地产市场推广方式

房地产市场推广方式主要包括广告推广、活动推广、关系推广和人员推广。

9.5.1.1　广告推广

(1) 广告推广的作用

① 沟通信息。这是广告最基本的作用。广告信息可以突破时空限制，及时、广泛地渗透到各消费群体。

② 诱导消费。良好的广告或以理服人，或以情动人，可以吸引消费者的注意，建立或改变他们对企业或产品的看法，产生好感和信赖，激发潜在的购买欲望，说服和劝导购买行为的实现。

③ 创造需求。广告可以改变人们的消费观念，引起新的消费需要，创造新的需求。

④ 制造并传递流行。广告的宣传可以造成社会消费热点，某些产品或观念为社会所接受，成为流行和时尚。

⑤ 教育大众。广告不仅指导消费，而且也影响着人们的消费观念、文化艺术、社会道德等方面。文明、健康的广告对扩大消费者的知识领域、丰富精神生活、进行美育教育和促进社会公德，都有潜移默化的作用。

(2) 房地产广告文案

文案设计是房地产广告中文字和图像的设计，包括标题与正文两大部分。

① 标题。成功有效的标题能加深需求者的印象，激发他们的兴趣，诱导其进一步关心广告正文。拟定标题，要做到简短扼要、具体突出、创意新颖。

② 正文。标题的作用在于吸引，正文的作用在于说服。正文应强调质量、地段、价格、付款、交通、环境以及企业信誉。

广告正文通常包括以下具体内容。

a. 物业本身的情况。例如，类型、面积、档次、户型（室型）、室内设施及设备、所用材料以及所要求的售价或租价等。

b. 物业的外部环境情况。例如，物业所处的地理位置、自然景观，以及交通、商业、医院、学校、安全、会所等设施配套情况。

c. 营销前后的服务项目及优惠措施。例如，组织有意向的客户参观工地或样板房，提供完善有物业管理，实行价格折扣等。

(3) 可供选择的主要广告媒体

广告媒体指广告载体，是广告内容借以表达的形式。

广告媒体主要有以下几种。

① 电视。电视是一种同时能描述形象、声音与文字，具有动态特性的媒体。其形象逼真、收视率高，是房地产商品市场推广首选的广告形式。但其费用高，对客户的针对性差、不易保存。

② 报纸。报纸是一种传统的广告媒体。其覆盖面广，传递迅速、区域针对性强且易于保存。但报纸广告的动态特性不强，不易给客户造成深刻的印象。

一般情况下，报纸头版和末版的位置较佳，但要注意尽量不要与其他内容不相关的广告混在一起；先登几次大幅广告，再用登小幅广告的方式持续一段时间，不仅节省费用，也能使人留下深刻的印象。

③ 杂志及印刷手册。杂志及单独印刷的宣传手册可针对专门的用户印成精美的彩色图片，给人以深刻印象，且易于保存，尤其适合一些大型物业作为广告媒体。缺点在于灵活性差、覆盖面小、传播速度也相应慢些。

④ 广播。广播传播速度快、范围广、针对性强，而且成本较低，也可选作房地产经营广告。但仅靠声音宣传，不易给客户留下较深刻的印象，而且声音即逝，不易保存记忆，效果不理想，开发公司较少考虑这种传播媒体。

⑤ 户外广告。户外广告包括路牌、车厢广告及广场车站的广告。从招贴画到巨幅广告牌，均能以醒目的标语、美丽的图案达到宣传效果，而且持续时间长、感染力强、影响面广，是房地产开发公司常选用的广告媒体之一。但其幅面有限、所传播的信息不够多，故多数开发公司尚要补充其他的传播媒体。

⑥ 网络广告。网络广告具有传播面广、时间长、诉求力强、表现力丰富、更新便捷等优点，不足之处是制作复杂、效果难以测定。

(4) 广告策划

广告策划的核心内容是广告媒体的选择、广告时机的确定、广告预算及广告文案的设计。当然，这4个方面是互为影响的。例如，媒体的选择决定着费用的标准，而预算结果又会影响媒体及时机的选择等。因此，广告策划实际上是在上述4个方面不断协调、不断优化的过程。

① 媒体选择。媒体的选择包括广告媒体形式的选择和媒体对象的选择。

② 时机的确定。时机是影响广告效果的重要因素，时机的选择应遵循以下几个基本原则。

a. 优选收视率（或收听率）最高的"黄金"时间，尽可能提高观看（或收听）到广告的人数。

b. 优选同类物业购买的旺季。

c. 优选同类物业广告推出较少的时间。

d. 优选重复刊登、重复播出的形式。

③ 预算的编制。预算是对广告费用的估算。预算的结果直接影响到广告媒体的选择、广告时机确定等问题。

企业确定广告预算主要有量力而行法、销售百分比法、竞争对等法、目标任务法等。量力而行法，即企业确定广告预算的依据是企业所能拿得出的资金数额。销售百分比法，即企业按照销售额或单位产品售价的一定百分比来计算和决定广告开支。竞争对等法，这是比照竞争对手的广告开支来决定企业广告开支的数额。目标任务法的主要步骤为：明确确定广告目标，决定为达到这种目标而必须执行的工作任务，估算执行工作任务所需的各种费用。这些费用的总和就是计划广告预算。

④ 文案设计。文案设计是广告文字图像的设计，即广告表达形式的设计。广告的目的在于宣传产品特点，唤起顾客注意，引起购买兴趣，文案设计必须善于运用文字与图像效果，给人以深刻印象。

9.5.1.2 活动推广

在房地产项目推广过程中，除了广告推广之外，活动推广也非常重要。这两种推广方式互相补充，密切联系，使整个推广过程更加完善、有效。

(1) 活动推广的概念和时机

① 活动推广的概念。活动推广，是指企业整合本身的资源（企业及楼盘的优势和机会点），通过具有创意性的活动或事件，使之成为大众关心的话题，吸引媒体报道和消费者参与，进而达到提升企业及楼盘形象，以及促进销售的目的。

② 活动推广的时机。企业进行活动推广的时机如下。

a. 认为购买商品的新客户人数不够多时。

b. 新项目导入市场的速度必须加快时。

c. 该片区或某一特定时期，市场竞争特别激烈时。

d. 企业想加大广告力度时。

e. 主要竞争对手积极举办活动推广时。

f. 企业想要获得更多潜在消费者资料时。

在活动推广过程中，与新闻媒介的合作尤其重要。最好的广告有时不需要支付任何费用。精明的推广策划人员常将项目的有关信息及时通报有关新闻单位，并及时邀请报刊记者到现场了解项目开发的进展情况，以新闻报道的方式介绍自己的项目并对项目状况作出评价。这比单纯的商业广告宣传更具吸引力和可信度，特别是有政府官员和社会知名人士参加的项目庆典仪式的新闻报道效果更好。

(2) 活动推广的类型

① 楼盘庆典仪式。是在项目工程建设过程中举行的开工典礼、封顶仪式、竣工典礼、开盘仪式及业主入住典礼，将所开发的楼盘逐步推向市场，这就是楼盘庆典仪式。在楼盘庆

典仪式中，应邀请具有一定社会影响力的机构、团体、个人参加。例如，邀请当地和全国有关的新闻机构等人员及可能的买主参加，还可邀请政府有关人员和社会知名人士参加。楼盘庆典活动中，企业和当地政府官员或知名人士致辞、介绍物业情况、参观现场等应是必需的内容。此外，还可安排茶点或自助餐招待，并可赠送一些小纪念品和有关宣传材料，有时还可安排一些文娱活动。

② 社会公益活动。凡借艺术、音乐、文化、体育、环境保护或社会责任之名从事的公益活动，都具有非商业性及提升生活素质的功能，比较容易受到大众传媒的重视而成为有新闻价值的话题。企业从事公益活动，不仅能塑造卓越的企业形象，还可增强消费者信心，可谓一举两得。

③ 社区内活动。以举办并播报业主参加的各项大型活动来展示小区的文化内涵。通过间接的方式来引导消费者的购买行为，现已成为普遍流行的一种推广手段。其活动安排常选择在各种节假日，如元宵节灯谜晚会、重阳节敬老活动、"六一"儿童运动会、圣诞狂欢夜等。此类活动推广在增加社区人气的同时又可以起到吸引外界关注的作用。

④ 大型有奖销售、打折促销活动。以"让利于民"的手段在短时间内聚集大量的人气，从而增加项目的知名度，并直接增加销售量。此类活动有易组织、见效快的特点，但不宜经常举行，让人产生"低廉"和"抛售"的感觉，导致消费者产生对楼盘品质的怀疑而得不偿失。

⑤ 善用时势环境型活动。"时势造英雄"，同样也可以造就一个楼盘项目的成功形象。所谓善用时势环境，是指对世局、政局或社会议题、消费者心理等要有敏锐的反应，并将其吸纳为企业造势的资源。此外，利用口碑、耳语、和突发事件等来制造机会，起到借力使力、顺势推舟的效果。

(3) 活动推广的步骤

① 明确活动的意义及要达到的目的。
② 制定活动原则及策划的依据。
③ 安排活动时间表及活动地点。
④ 组织（部门）分工安排。
⑤ 媒介宣传方案。
⑥ 活动程序安排。
⑦ 费用预（结）算。
⑧ 活动总结。

9.5.1.3 关系推广

(1) 关系推广的概念

现代市场营销的发展大致可作如下阶段划分：20世纪50年代是消费者营销，60年代市场营销的核心思想是产业市场营销，到了70年代是社会营销，80年代服务营销则成了营销思想发展的核心，90年代关系推广得到了越来越多的关注。

美国著名市场营销学者菲利普·科特勒在其《营销管理》（第六版）一书中论述了关系推广，它是指"买卖双方间创造更亲密的工作关系与相互依赖关系的艺术"。

关系推广是企业与购买者之间创造更亲密的工作关系和相互依赖伙伴关系，建立和发展双方的连续性效益，提高品牌忠诚度和巩固市场的方法与技巧。关系推广是企业与客户、企业与企业间的双向信息交流；是企业与客户、企业与企业间的合作协同为基础的战略过程；

是关系双方以互利互惠为目标的营销活动,利用控制反馈的手段不断完善产品和服务的管理系统。

(2) 关系推广的特点

① 关系推广有利于塑造企业和产品的良好形象。关系推广实质是以公众利益为出发点,为消费者提供优质产品的同时提供优质服务,树立自身的知名度和客户的信任感,招揽更多的客户,刺激或诱导消费者的购买欲望,以提高市场占有率和经济效益。特别是善于运用新闻媒介的企业,能够迅速提高其知名度和美誉度,从而塑造企业良好的形象,取得意想不到的效果。

② 关系推广有利于赢得客户。今天市场的推销者不再作为单纯的商品推销者,而是帮助客户解决问题的专家,他们的任务已不仅是向人们推销,而是作为客户的伙伴和合作者,充当客户的顾问。这就要求现代销售策划人员和推销人员要掌握公关营销策划术、公关促销术,熟悉客户的心理,在营销中充分考虑和照顾广大公众的利益,竭力满足公众利益的要求,以增进客户及广大公众与企业的感情,改变公众的态度,引导公众的购买行为。

③ 关系推广有利于开展创造性销售活动。许多营销专家、策划专家运智用谋,就是为了通过创造性销售活动满足消费者需求,赢得客户,创造市场机会。关系推广恰恰是人们开展创造性销售活动的法宝。在促销实践中,人们把关系和商业销售有机结合起来,创造了许多关系推广术,如循序渐进法、情景模拟促销法、环境适应促销法、故布疑阵促销法、形先夺人法、出奇制胜法等。凡能巧妙运用这些方法,大都能取得良好的营销效果。

④ 关系推广是一种非直接的推广形式。它是房地产企业为了获得人们的信赖,树立企业或项目的形象,用非直接付款的方式通过各种公关工具所进行的宣传活动。

9.5.1.4 人员推广

(1) 人员推广的概念

人员推广又称人员推销,是最古老的促销方式,也是唯一直接依靠营销人员的促销方式。人员推广是房地产企业的推销人员通过主动与消费者进行接触和洽谈,向消费者宣传介绍本企业的房地产,达到促进房地产销售的活动。

人员推广有以下优点。

① 通过房地产销售人员与消费者直接接触,可以向消费者传递企业和房地产的有关信息。

② 通过与消费者的沟通,可以了解消费者的需求,便于企业能够进一步满足消费者的需求。

③ 通过与消费者的接触,可以与消费者建立良好的关系,使消费者也能发挥介绍和推荐房地产的作用。

人员推广也存在一些局限性。

① 人员推广与其他推广方式比较,成本较高。在市场范围受到限制的情况下,采用人员推广将受到很大限制。

② 这种推广方式对人员的要求非常高,要求推广人员具有较高的素质。

(2) 房地产推销过程

根据程序化推销理论,房地产推销过程分成7个步骤。

① 发掘。推销工作的第一步就是寻找潜在的消费者,可根据房地产项目市场定位时确定消费者和其他途径获得的信息来寻找。

② 准备。在推销之前，推销人员至少在以下方面应有所准备。

a. 熟悉拟推销的房地产的基本情况。例如，熟悉拟推销的房地产设计标准、建筑结构、材料与设备、质量、配套设施、物业管理等情况。另外，还应熟悉建筑面积计算、定价方法、租售合同签订等基本知识。

b. 了解潜在消费者情况。

c. 了解竞争对手情况。主要了解竞争对手的商品房的特点、竞争能力、竞争手段、竞争地位等情况。

③ 接近。接近是指推销人员与消费者开始面对面交谈。

④ 介绍。介绍所推销商品房套型、质量、价格、物业管理等情况，并着重介绍竞争优势，使潜在消费者产生购买欲望。介绍阶段是推销过程的中心。

⑤ 解疑。一个有经验的推销员能根据消费者提出的有关问题，快速地弄清购买者的思想状况及最终目标，恰当解释消费者的疑问。

⑥ 成交。签订商品房买卖合同，并协助办理产权过户手续。

⑦ 跟踪。所谓跟踪，就是售后继续服务阶段，积极从事售后跟踪服务能提高企业的信誉度，进一步赢得消费者的信任。这也是扩大市场占有率的重要方法。

9.5.2 房地产市场推广策略

按项目销售时间及进度，可将房地产销售分为预热期、强销期、持续销售期、尾盘期等几个阶段。

(1) 预热期的推广策略

预热期的推广策略主要是整个项目的形象推广，不需要涉及具体的情况，主要是让目标客户知道整个项目的主题概念、倡导的生活方式等。此阶段需要进行售楼处、楼书的设计及样板间的制作，并包括适量的广告推广，如有必要，还可以进行电子楼书的准备等工作。

此阶段广告公司的工作显得特别重要，广告公司不是简单地将房地产开发商和房地产销售代理商所创意的主题通过平面方式表现出来，而是如何让消费者能够接受项目的主题。

(2) 强销期的推广策略

强销期的推广策略主要是将预热期的形象推广与实际楼盘的品质相结合，进一步深化项目主题，并让消费者切身感受到宣传是实实在在的。例如，对于居住环境的宣传可结合项目的规划设计，生活空间的畅想可结合户型，生活的方便快捷可结合社区内外的配套等不同的方式进行。此阶段的推广主要是以广告推广和活动推广为主。广告推广主要是积聚大量的人气；活动推广可以丰富项目的主题，获得目标客户的认同感。

此阶段，广告推广一般由广告公司和房地产销售代理商共同完成，活动推广则主要由房地产开发商和房地产销售代理商配合完成。

(3) 持续销售期的推广策略

在持续销售阶段，由于该阶段时间较长，销售较为困难，对整个项目是否能够实现成功销售尤为关键，因此在这个阶段除了平面广告以外，还要有大量的促销活动来支持。在此阶段，平面广告需要根据前一阶段的销售总结，针对已成交客户的某些需求特征，变化推广主题来吸引客户。活动推广主要是为了在较长的持续销售期中保持人气，并吸引前一阶段的准客户成交。

平面广告主要是由房地产销售代理商和广告公司共同来确定并推行；活动推广则需要房地产开发商和房地产销售代理商配合完成。

(4) 尾盘期的推广策略

在尾盘期，一般不以华丽广告为主，而是以装修、配套等工程不断竣工的形象广告为主，并辅助以适量的价格策略。该阶段的工作主要是由房地产销售代理商和广告公司来完成。

9.6 房地产租售工作

9.6.1 商品房销售

9.6.1.1 商品房销售应具备的条件

商品房销售包括商品房预售和商品房现售。商品房预售，是指房地产开发企业将正在建设中的商品房预先出售给买受人，并由买受人支付定金或者房价款的行为。商品房现售，是指房地产开发企业将竣工验收合格的商品房出售给买受人，并由买受人支付房价款的行为。

(1) 商品房预售应具备的条件

① 已交付全部土地使用权出让金，取得土地使用权证书。

② 持有《建设工程规划许可证》和《施工许可证》。

③ 按提供的预售商品房计算，投入开发建设的资金达到工程建设总投资的25%以上，并已确定施工进度和竣工交付日期。

④ 已办理预售登记，取得《商品房预售许可证》。

(2) 商品房现售应具备的条件

① 现售商品房的房地产开发企业应当具有企业法人营业执照和《房地产开发企业资质证书》。

② 取得《土地使用权证书》或者使用土地的批准文件。

③ 持有《建设工程规划许可证》和《施工许可证》。

④ 已通过竣工验收。

⑤ 拆迁安置已经落实。

⑥ 供水、供电、供热、燃气、通信等配套基础设施具有交付使用条件，其他配套基础设施和公共设施具有交付使用条件或已确定施工进度和交付日期。

⑦ 物业管理方案已经落实。

9.6.1.2 商品房销售工作流程

(1) 客户接待与谈判

该项工作由销售人员负责，此项工作销售人员必须按照有关规定进行。财务、工程及物业管理方面的专业人员可在销售经理指示及销售人员的请求下协同工作。

(2) 收取预定款性质的费用及认购合同签订

该项工作由销售人员与财务人员配合完成，认购合同由财务人员统一保管，在使用前由销售人员按顺序号领用，由销售人员与客户共同签订。在签订认购合同前必须与销售经理核定房号，然后才能通知收取预定款性质的费用。

预定款性质的费用必须由财务人员直接收取并开具收据。财务人员在收取时，必须做好房号的再次核实以及认购合同的核查工作，然后随即做好账目记录。这些记录包括房号、收取金额、认购合同编号、业主姓名、联系地址及电话等。

(3) 交纳首期房款、签订商品房买卖合同认购合同中一般都约定首期房款交纳的具体时间（一般为签订认购合同后 7～15 日），约定时间到达前 2 日，由销售人员负责提醒客户预备首期房款，并将反馈情况向财务人员通报，并在到期日配合财务人员做好收取工作。

首期房款直接由财务人员收取，同时向客户开具收据及付清首期房款的证明。若客户选择首期分期付款的，还要签订首期分期付款协议，完成后须做好账目记录。凭付清首期房款证明，工作人员原则上应随即与客户签订正式的商品房买卖合同，并收回认购合同，并向客户说明余款交纳期限及银行贷款事宜。在此过程中，销售人员应做好客户接待、指引工作，并协助做好有关事宜解释工作。

（4）交纳余款或办理银行贷款

该项工作由财务人员及专职人员（开发公司、银行、公证机关、保险公司等）负责完成，销售人员应做好客户接待、指引工作，在销售经理指示及有关专职人员要求下配合完成有关工作。

（5）其他服务工作

其他服务工作包括：协助购房者办理产权过户手续、已购房客户的回访、客户提出有关申请的跟进与落实、项目入住手续的协助办理等。在这些服务过程中，销售人员必须树立"一次生意、终生客户"的宗旨。一方面，将客户发展成为忠实客户，给以后创造新的销售机会；另一方面，在市场中还可以为企业树立一个良好的行业形象。

9.6.1.3　房地产开发企业销售商品房时应当向购买人明示的资料及信息

房地产开发企业在订立商品房买卖合同之前应当向购买人明示《商品房销售管理办法》和《商品房买卖合同示范文本》；预售商品房的，还必须明示《城市商品房预售管理办法》。

房地产开发企业销售商品房，应当向购买人明示所售商品房的能源消耗指标、节能措施和保护要求、保温工程保修期等信息。

"出示"表示出示人让出示对象明确了解出示资料的内容，有义务向出示对象就出示资料的内容进行解释与说明。"明示"则只需提供明示对象了解明示资料的渠道，没有义务就明示资料的具体内容向明示对象进行解释与说明。

9.6.1.4　商品房买卖合同的主要内容

商品房买卖合同应当明确以下主要内容：

① 当事人名称或者姓名和住所；
② 商品房基本状况；
③ 商品房的销售方式；
④ 商品房价款的确定方式及总价款、付款方式、付款时间；
⑤ 交付使用条件及日期；
⑥ 装饰、设备标准承诺；
⑦ 供水、供电、供热、燃气、通信、道路、绿化等配套基础设施和公共设施的交付承诺和有关权益、责任；
⑧ 公共配套建筑的产权归属；
⑨ 面积差异的处理方式；
⑩ 办理产权登记的有关事宜；
⑪ 解决争议的方法；
⑫ 违约责任；

⑬ 双方约定的其他事项。

9.6.1.5 《住宅质量保证书》和《住宅使用说明书》的主要内容

《住宅质量保证书》和《住宅使用说明书》应当在住宅交付用户的同时提供给用户。

(1)《住宅质量保证书》

《住宅质量保证书》是房地产开发企业对销售的商品住宅承担质量责任的法律文件，房地产企业应当按《住宅质量保证书》的约定，承担保修责任。

《住宅质量保证书》应当包括以下内容：

① 竣工验收的结果及备案情况；

② 地基基础和主体结构在合理使用寿命年限内承担保修；

③ 正常使用情况下各部位、部件保修内容与保修期。屋面防水工程、有防水要求的卫生间、房间和外墙面的防渗漏，为 5 年；供热与供冷系统，为 2 个采暖期、供冷期；电气管线、给排水管道、设备安装和装修工程，为 2 年；

④ 用户报修的单位，答复和处理的时限。

(2)《住宅使用说明书》

《住宅使用说明书》应当对住宅的结构、性能和各部位（部件）的类型、性能、标准等作出说明，并提出使用注意事项。

《住宅使用说明书》应当包括以下内容：

① 开发单位、设计单位、施工单位、监理单位名称；

② 房屋结构类型；

③ 装修、装饰注意事项；

④ 上水、下水、电、燃气、热力、通信、消防等设施配置的说明；

⑤ 有关设备、设施安装预留位置的说明和安装注意事项；

⑥ 门、窗类型，使用注意事项；

⑦ 配电负荷；

⑧ 承重墙、保温墙、防水层、阳台等部位注意事项的说明；

⑨ 其他须说明的问题。

9.6.1.6 商品住房交付使用条件

① 工程经竣工验收合格并在当地主管部门备案。

② 配套基础设施和公共设施已建成并满足使用要求。

③ 北方地区住宅分户热计量装置安装符合设计要求。

④ 住宅质量保证书和住宅使用说明书制度已落实。

⑤ 商品住房质量责任承担主体已明确。

⑥ 前期物业管理已落实。

9.6.2 房屋租赁

9.6.2.1 房屋租赁的内涵

房地产开发企业的房屋租赁，是指开发企业作为出租人将其开发的房屋出租给承租人使用，由承租人向开发企业支付租金的行为。

房地产开发企业的房屋租赁一般发生在房屋建成之后，但也可以在房屋建设中实行预租，开发企业通常会给予客户一定的折扣优惠。

9.6.2.2 房屋租赁的步骤

(1) 确定出租策略和租金方案

① 出租策略。

a. 对拟出租的房屋进行市场定位并制定相应的配合措施。

b. 确定房屋租期。

c. 确定提供服务的内容和程度。包括提供何种程度的装修，提供使用设施的水平，提供维持房屋正常运行的服务种类和程度，如清洁、保安、维修等方面的服务内容。

d. 确定投资回报水平（即明确投资收益率的要求）。

e. 其他。

② 租金方案。

a. 租金的确定。可利用价格构成法或房地产估价方法中的市场法来确定房屋租赁价格。

b. 出租后租金的调整。根据市场供求关系变化情况、通货膨胀水平以及出租房屋在市场中地位变化等因素，适时调整已出租房屋的租金。有关调整租金的原则，应在租赁合同中予以明确。

c. 租金收取方式。确定按月、季、半年或一年收取一次租金。在实际签约时，一般情况下，开发企业会要求租户提供一定数额的押金（一般为1～3倍月租金），以保证租约的履行。

(2) 租赁推广和选择承租客户

租赁推广也就是利用一定促租方式把房屋推向租赁市场。

在选择承租户方面，要注意承租户的合法资格（或身份）、承租户的经营状况（或收入状况、职业背景等）、经营范围、经营规模或能力、经营房屋的租赁收入及后续管理工作。

(3) 谈判签约

房屋租赁，当事人应当签订书面租赁合同。租赁合同应当具备以下条款：

① 当事人姓名或者名称及住所；

② 房屋的坐落、面积、装修及设施状况；

③ 租赁用途；

④ 租赁期限；

⑤ 租金及交付方式；

⑥ 房屋修缮责任；

⑦ 转租的约定；

⑧ 变更和解除合同的条件；

⑨ 当事人约定其他条款。

(4) 房屋租赁登记备案，领取《房屋租赁证》

① 房屋租赁登记备案。房屋租赁当事人应当在租赁合同签订后30日内，持规定的文件到直辖市、市、县人民政府房地产管理部门办理登记备案手续。

申请房屋租赁登记备案应当提交：书面租赁合同、《房屋所有权证书》、当事人的合法证件以及城市人民政府规定的其他文件。

② 领取《房屋租赁证》。房屋租赁申请经直辖市、市、县人民政府房地产管理部门审查合格，颁发《房屋租赁证》。

《房屋租赁证》是租赁行为合法有效的凭证。租用房屋从事生产、经营活动的，《房屋租赁证》作为经营场所合法的凭证；租用房屋用于居住的，《房屋租赁证》可作为公安办理户口登记的凭证之一。

9.7 租售后服务

9.7.1 按照《住宅质量保证书》的约定，承担保修责任

房地产开发企业按照《住宅质量保证书》的约定承担保修责任。

9.7.2 物业管理

在业主委员会成立前，由项目的开发商通过招投标方式委托物业管理公司进行管理。在业主委员会成立后，由业主委员会委托物业管理公司进行管理。

物业管理的对象范围相当广泛，几乎包括各类建筑，如高层与多层住宅区、写字楼、商业楼宇、工业厂房、仓库、停车场等。尽管物业类型各有不同，使用性质差异很大，但物业管理的基本内容是一样的。

社会化、专业化、市场化的物业管理实质是一种综合性经营管理服务，融管理、经营、服务于一体，在服务中完善经营与管理，三者相互联系、相互促进。物业管理涉及的领域相当广泛，其基本内容按服务的性质和提供的方式可分为常规性的公共服务、针对性的专项服务和委托性的特约服务 3 类。

（1）常规性的公共服务

常规性的公共服务，是指物业管理中公共性的管理和服务工作，是物业管理企业面向所有住用人提供的最基本的管理和服务，目的是确保物业的完好与正常使用，维护正常的工作生活秩序和良好的环境。公共性的管理和服务工作的具体内容和要求在物业管理委托合同中应明确规定。因此，物业管理企业有义务按时、按质提供这类服务，住用人在享受这些服务时也不需要事先提出或作出某种约定。

公共服务主要有以下内容。

① 房屋共用部位的维护与管理。
② 房屋共用设备、设施及其运行的维护与管理。
③ 环境卫生、绿化管理服务。
④ 物业管理区域内公共秩序、消防、交通等协助管理事项的服务。
⑤ 物业装饰装修管理服务。包括房屋装修的申请与批准及对装修的设计、安全等各项管理工作。
⑥ 维修基金的使用管理。指物业管理企业受业主委员会或物业产权人的委托，对房屋共用部位和共用设备、设施维修基金的使用进行管理。
⑦ 物业档案资料的管理。
⑧ 代收代缴收费服务。

（2）针对性的专项服务

针对性的专项服务是指物业管理企业面向广大住用人，为满足其中一些住户、群体和单位的一定需求而提供的各项服务工作。其特点是物业管理企业事先设立服务项目，并将服务内容与质量、收费标准公布，当住用人需要这种服务时，可自行选择。专项服务实质上是一种代理业务，为住用人提供工作、生活的方便。专项服务是物业管理企业开展多种经营的主渠道。

专项服务的内容主要有日常生活、商业服务、文教卫体、社会福利及各类中介服务5类。其中，各类中介服务是指物业管理企业受业主委托，开展代办各类保险，代理市场营销、租赁，进行房地产评估及其他中介代理工作。

(3) 委托性的特约服务

特约服务是为满足物业产权人、使用人的个别需求受其委托而提供的服务，通常指在物业管理委托合同中未要求、物业管理企业在专项服务中也未设立，而物业产权人、使用人又提出该方面的需求时，物业管理企业应在可能的情况下尽量满足其需求，提供特约服务。

特约服务实际上是专项服务的补充和完善。当有较多的住用人有某种需求时，物业管理企业可将此项特约服务纳入专项服务。

上述3类管理与服务工作是物业管理的基本内容。物业管理企业在实施物业管理时，第一大类是最基本的工作，是必须做好的。同时，根据自身的能力和住用人的需要，确定第二、第三大类中的具体服务项目与内容，采取灵活多样的经营机制和服务方式，以人为核心做好物业管理的各项管理与服务工作，并不断拓展其广度和深度。

复习思考题

1. 市场营销学的发展历史可分为哪几个时期？
2. 什么是房地产市场营销？
3. 房地产项目营销策划书有哪些主要内容？
4. 房地产项目定位包括哪几部分内容？
5. 市场细分的内涵是什么？
6. 住宅市场的市场细分依据有哪些？
7. 市场细分的要求有哪些？
8. 目标市场选择一般有哪几种模式？
9. 商业房地产产品定位有哪些主要内容？
10. 房地产租售计划包括哪几方面内容？
11. 房地产中介服务有哪几种主要类型？
12. 房地产经纪活动有哪些基本类型？
13. 商品房的销售单价是如何确定的？
14. 我国对房地产经纪收费是如何规定的？
15. 房地产市场推广主要有哪几种方式？
16. 根据程序化推销理论，简述房地产推销过程。
17. 商品房预售应当符合哪些条件？
18. 商品房现售应当符合哪些条件？
19. 房地产开发企业在销售商品房时应当向购买人明示的资料及信息有哪些？
20. 房地产开发企业在商品房交付使用时向购房者提供的"两书"指的是什么？
21. 商品房买卖合同主要包括哪些内容？
22. 简述商品住房交付使用条件。
23. 简述房地产开发企业房屋租赁的步骤。
24. 物业管理有哪些基本内容？

第 2 篇　房地产开发与经营实务

第 10 章
房地产项目开发与经营中的市场调查与分析

10.1　概述

10.1.1　市场调查与分析的内涵

　　市场调查，是指调查者接受委托者的委托，根据调查目的，采用适宜的调查方法，收集、存储、整理有关资料和数据并形成调查报告的过程。

　　调查者和委托者都要进行市场分析。调查者要采用一定的预测和分析方法，对调查得到的原始资料和数据进行预测和分析，得出调查结论并形成调查报告。委托者对调查者提交的调查报告进行分析，有选择性采用调查报告中的资料、数据和结论，以便项目的决策和实施。

　　对于房地产项目，市场调查的委托者是项目开发与经营的房地产开发企业，市场调查的调查者可以是房地产开发企业组建的调查小组，也可以是专门的调查公司或房地产咨询机构。

10.1.2　资料来源与市场调查方法

10.1.2.1　资料来源

　　调查资料的来源可分为一手资料和二手资料的收集。一手资料是指为了当前特定目的而收集的原始资料和信息。二手资料是指由别人为其他目的收集、整理的资料和信息。

　　市场调查人员开始时一般先收集二手资料，以判断问题是否部分或全部解决。二手资料是调查的起点，其优点是成本低及可以立即使用。然而，市场调查人员所需要的资料可能不存在，或者由于种种原因，资料不够准确、不可靠、不完整或者已经过时。这时，市场调查人员就需要时间和资金去收集更切题和准确的一手资料。

10.1.2.2　市场调查方法

　　(1) 二手资料的市场调查方法

　　取得二手资料主要有以下几种方法：

　　① 查阅各级政府部门和行业协会公布的统计数据及资料；

　　② 从合法的新闻媒体和互联网上收集资料；

　　③ 从房地产中介服务机构有偿取得有关资料和数据。

　　(2) 一手资料的市场调查方法

收集一手资料主要方法有观察法、询问法和实验法。

① 观察法。观察法，是指调查者到项目现场、项目的开发企业以及竞争性物业的现场通过观察直接收集第一手资料。

② 询问法。询问法主要包括问卷法、电话调查法、座谈会与深度访谈法等。

a. 问卷法。问卷法包括现场问卷和征集问卷。

现场问卷是指在公共场所所进行的问卷调查。公共场所包括项目现场、竞争性物业的现场、房地产交易市场、房展会现场、市民广场等。现场问卷有两个关键点：一是问卷的设计，如住宅项目消费者问卷调查表（表10-1）；二是为了提高答卷的真实性，应向被调查者赠送小礼品。

表10-1　住宅项目消费者问卷调查表

单位(或姓名)：	性别：□男　□女
电话(或手机)：	E-mail：
1. 您计划在几年内购房	□1年内　□2年　□3年　□4年　□5年及5年后
2. 您若购房，重点关注(可复选3项)	□交通便利　□社区内外环境　□配套设施　□工程质量 □景观设计　□户型　□开发商品牌　□物业管理 □销售单价　□销售总价
3. 您的文化程度	□小学　□初中　□高中　□中专　□大专　□本科 □硕士生及以上
4. 您的职业	□自由职业者　□企业高层管理人员　□企业一般管理人员 □企业普通职工　□私营业主　□个体工商户　□教师 □医务工作者　□公务员　□离退休人员　□军人　□其他
5. 您的年龄	□21～30岁　□31～40岁　□41～50岁　□51～60岁 □61岁以上
6. 您的家庭每月可支配收入	□2000元以下　□2001～3000元　□3001～4000元 □4001～5000元　□5001～6000元　□6001～7000元 □7001～8000元　□8001～9000元　□9001元以上
7. 您计划购房的户型	□一室一厅　□二室一厅　□二室二厅　□三室一厅 □三室二厅　□四室二厅
8. 您需购房的面积	□40平方米以下　□41～60平方米　□61～90平方米　□91～120平方米 □121～144平方米　□144平方米以上
9. 您能接受的房价(单价：元/平方米)	□3000以下　□3001～4000　□4001～5000　□5001～6000 □6001～7000　□7001～8000　□8001～9000　□9001以上
10. 您能接受的房价(总价)	□20万以下　□21万～30万元　□31万～40万元　□41万～50万元 □51万～60万元　□61万～70万元　□71万～80万元　□81万～90万元 □91万～100万元　□101万元以上
11. 您购房时采用的付款方式	□一次性付款　□分期付款　□购房抵押贷款
12. 采用按揭方式您能支付的月还款额	□1000元以下　□1001～1500元　□1501～2000元 □2001～3000元　□3001～4000元　□4001元以上
13. 您接受小高层、高层的原因(可复选3项)	□采光好　□噪声小　□视野开阔　□灰尘少　□私密性好 □框架结构可自由分隔空间
14. 您认为应配套的公共设施(可复选5项)	□幼儿园　□小学　□公共停车场　□菜场　□公共厕所 □垃圾中转站　□物业管理用房　□居委会用房　□商务中心 □商业服务设施　□休闲娱乐中心　□游泳场馆　□健身中心
15. 您获得购房信息的主要渠道(可复选5项)	□报纸　□电视　□广播　□房地产专业杂志　□户外广告 □房展会　□互联网络　□购房中心　□亲戚朋友介绍 □房地产中介机构

征集问卷是指在新闻媒体公开刊登问卷,向社会消费者或一定范围的消费者广泛征集答卷。采用这种问卷方法,调查者或企业一般应给予答卷者一定的奖励。

b. 电话调查法。电话调查时要注意以下事项:一是被调查者是经过事先筛选的;二是调查的内容要简洁明了;三是通话时间不宜太长;四是要诚恳并有礼貌。

c. 座谈会与深度访谈法。座谈会和深度访谈都是邀请一定人员,围绕调查内容进行座谈。但是,两者是有区别的,一是被邀请人员的标准不同。座谈会的被邀请人员具有一定的广泛性,而深度访谈被邀请人员一般是专家或具体的从业人员。二是调查内容的深度不一样。座谈会的调查内容注重的是量,而深度访谈是在座谈会的基础上,就某几个具体的事项的深度调查。三是应对座谈会的被邀请人员赠送小礼品,而对深度访谈的被邀请人员给予适当的酬金。

③ 实验法。实验法,是指将调查范围缩小到一个比较小的规模上,进行试验后取得一定结果,然后在推断出总体可能的结果。实验法是研究因果关系的一种重要方法。

④ 其他方法。

a. 主题式调查。精心设计调查有导向性的主题,通过公开有奖征询征集公众的意见,来获取所需信息。

b. 论坛式调查。通过举办论坛,吸引消费者与社会各界的目光,借助公众的看法、评述来达到市场调查的目的。论坛式调查较适用于冷门项目或文化类项目的调查。

c. 记者式调查。由企业出资,借助于记者采访,对竞争性项目有针对性地进行调查。记者式调查较适用于竞争性项目的调查。

10.1.3 预测分析方法

通过市场调查得到有关原始资料和数据,有的原始资料和数据可以直接使用,有的经过分析后使用价值更大,有的必须经过预测分析后才能使用。

10.1.3.1 专家判断预测法

专家判断预测法是以专家为信息索取对象,专家动用自己的知识和经验考虑预测对象的社会环境及其发展趋势,凭借直觉进行预测。在缺乏统计数据又没有类似历史事件可借鉴时,专家预测是较好的预测方法。

(1) 专家个人预测法

对某一领域未来发展状况,这一领域的专家应当是最有发言权的,其见解具有权威性。专家的选择是专家个人预测法的关键因素。专家指在某个领域中有建树的人,最好是既有名望又有实际才干的人。根据不同的预测对象,选择不同的专家。可以由学术团体、大专院校、研究机构举荐,也可以从学术刊物及出版物中寻找,应当重视年富力强的专家。

专家个人预测可以最大限度地利用个人的创造能力,不受外界影响,没有心理压力。但是,其局限性也很大,预测易受专家知识面、学派、占有的资料及对预测问题是否感兴趣的影响,容易产生偏见。

(2) 专家会议预测法

与专家个人预测法比较,专家会议预测法有如下优点。

① 专家会议考虑的因素比个人考虑的多。

② 专家会议的信息量比个人占有的信息量多。

③ 专家会议集思广益,互相启发,提供的预测比较详细、具体。

专家会议预测法也存在缺陷:会议的代表性可能不足;与会者易受心理因素影响;易受

能言善辩者左右；屈服于权威或大多数人的意见；某些专家不愿意公开修正已发表的意见等。

(3) 德尔菲 (Delphi) 法

德尔菲 (Delphi) 法是美国兰德公司科学家奥拉夫·赫尔默博士在受命从事一项专题预测时提出的。运用德尔菲法时，首先组成由经销商、分销商、市场营销顾问或其他权威人士组成的专家小组。人数不宜过多，一般在 20 人左右。各专家只与调查员发生联系，然后按下列程序进行。

① 提出所要预测的问题及有关要求，必要时附上有关这个问题的背景材料，然后一并寄给各专家。

② 各专家根据所掌握的资料和经验提出自己的预测意见，并说明自己主要使用哪些资料提出预测值的。这些意见要以书面形式返回调查人员。

③ 将各专家的第一次预测值说明列成表，并再次分发给各位专家，以便他们比较自己和他人的不同意见，修改自己的意见和判断。

④ 将所有专家的修改意见置于一个修正表内，分发给各位专家作第二次或多次修改。最后，综合各位专家的意见便可获得比较可靠的预测值。

德尔菲法是一种使用比较广泛的方法，它有如下优点：能发挥各位专家的作用，集思广益，准确度高；采取单线联系，有利于避免偏见，尤其可避免权威人士的意见对其他人士的影响；有利于各专家根据别人的意见修正自己的意见和判断，不致碍于情面而固执己见。

10.1.3.2 时间序列预测法

所谓时间序列，是指同种社会经济现象的数量表现依时间先后次序所组成的一个排列，用以表示其随时间变化的过程。时间序列含有长期趋势因素。长期趋势，是指社会经济现象在较长时间内表现出来的持续发展变化的总趋势，或为持续上升、或为持续下降，或是平稳发展。长期趋势体现了一种社会经济现象固有的规律性。寻求时间序列的长期趋势，并利用数学模型进行描述，可以形成一系列的趋势外推预测方法。

(1) 移动平均法

移动平均法是假设预测对象未来的变化具有连续性。它将观察期的数据由远及近按一定的跨越期进行平均，将最后一期一个移动平均值作为预测值。移动平均法通常分为简单移动平均法和加权移动平均法两大类。

① 简单移动平均法。设 Y_1，Y_2，…，Y_t 为一时间序列，则预测公式为

$$\hat{Y}_{t+1} = \frac{Y_t + Y_{t-1} + \cdots + Y_{t-N+1}}{N}$$

式中：$\hat{Y}_{t+1}$ 为第 $t+1$ 期的预测值；Y_t 为第 t 期的观察值；N 为移动平均期数（又称移动跨距）。

当原始序列的基本发展趋势较为平缓时，可选取较大的 N 值；反之，取较小的 N 值。

② 加权移动平均法。加权移动平均法与简单移动平均法在原理上是一致的，都是把前 N 期的平均数作为下一期的预测值，但加权移动平均法是把前 N 期的加权平均数作为下一期的预测值。

设 W_1，W_2，…，W_N 分别代表 Y_t，Y_{t-1}，…，Y_{t-N+1} 的权数，则第 $t+1$ 期的预测值为

$$\hat{Y}_{t+1} = \frac{W_1 Y_t + W_2 Y_{t-1} + \cdots + W_N Y_{t-N+1}}{W_1 + W_2 + \cdots + W_N}$$

(2) 指数平滑法

指数平滑法不仅考虑了近期数据的重要性，同时大大减少了数据计算时的存储量。其计算公式为

$$\hat{Y}_{t+1} = \alpha Y_t + (1-\alpha)\hat{Y}_t$$

式中，$\hat{Y}_{t+1}$ 为第 $t+1$ 期的预测值；Y_t 为第 t 期的实际值；$\hat{Y}_t$ 为第 t 期的预测值；α 为平滑指数，$0 \leqslant \alpha \leqslant 1$。

平滑指数 α 是新、旧数据在平滑过程中的分配比率，其数值大小反映了不同时期数据在预测中的作用高低。α 愈小，则新数据在平滑值中所占的比重越低，预测值愈趋向平滑，反之，则新数据所起的作用越大。

10.1.3.3 一元线性回归预测法

回归分析是通过对观察数据的统计分析和处理，建立回归分析模型，研究事物之间的相互关系。

一元线性回归预测是回归预测的基础。若预测对象只受一个主要因素的影响，并且它们之间存在着明显的线性相关关系时，通常采用一元线性回归预测法。

(1) 预测模型

一元线性回归的预测模型为

$$\hat{Y}_i = a + bX_i$$

$$b = \frac{\sum_{i=1}^{n} X_i Y_i - n\overline{XY}}{\sum_{i=1}^{n} X_i^2 - n\overline{X}^2}$$

$$a = \overline{Y} - b\overline{X}$$

式中，X_i 为自变量 X 的第 i 个观察值；Y_i 为因变量 Y 的第 i 个观察值；n 为观察值的个数，亦称样本数据个数；$\overline{X}$ 为 n 个自变量观察值的平均数；$\overline{Y}$ 为 n 个因变量观察值的平均数。

(2) 预测模型的相关性分析

相关性分析的相关性系数的计算公式为

$$R = \frac{\sum(X_i - \overline{X})(Y_i - \overline{Y})}{\sqrt{\sum(X_i - \overline{X})^2 \sum(Y_i - \overline{Y})^2}} \quad (-1 \leqslant R \leqslant 1)$$

相关性分析方法如下：

① 当 $-1 < R < 0$ 时，表明因变量随自变量增加而减少，两者呈负相关；

② 当 $0 < R < 1$ 时，表明因变量随自变量增加而增加，两者呈正相关；

③ 当 $|R| = 1$ 时，因变量和自变量完全相关，X 与 Y 的关系变为确定性关系；

④ 当 $R = 0$ 时，仅表明因变量与自变量之间不存在线性相关关系，并不排斥 X 与 Y 之间存在其他关系；

⑤ 通常认为 $0.75 < R \leqslant 1$ 时，X 与 Y 高度相关。

【例 10-1】 2010～2016 年南京市城市居民人均可支配收入的统计数据见表 10-2。试用回归分析法预测 2021 年南京市城市居民人均可支配收入。

表 10-2 2010～2016 年南京市城市居民人均可支配收入

年份	2010	2011	2012	2013	2014	2015	2016
人均可支配收入/元	28312	32200	36322	39881	42568	46104	49997

解 ① 建立回归分析模型。

从表 10-2 中的数据可以看出，时间序列 X_i 的数目为奇数，故将中间数（即 2013 年）定为 0，则 X_i 的值及其他有关计算数据见表 10-3。

则 $\overline{X}=0$，$\overline{Y}=\dfrac{\sum Y}{n}=\dfrac{275384}{7}=39340.57$

$$b=\dfrac{\sum\limits_{i=1}^{n}X_iY_i-n\overline{X}\,\overline{Y}}{\sum\limits_{i=1}^{n}X_i^2-n\overline{X}^2}=\dfrac{\sum\limits_{i=1}^{n}X_iY_i}{\sum\limits_{i=1}^{n}X_i^2}=\dfrac{99109}{28}=3539.61$$

$$a=\overline{Y}-b\overline{X}=\overline{Y}=39340.57$$

由此得到预测模型为

$$\hat{Y}_i=a+bX_i=39340.57+3539.61X_i$$

表 10-3 X_i 及其他有关数据

年份	人均可支配收入 Y_i	X_i	X_iY_i	X_i^2
2010	28312	−3	−84936	9
2011	32200	−2	−64400	4
2012	36322	−1	−36322	1
2013	39881	0	0	0
2014	42568	1	42568	1
2015	46104	2	92208	4
2016	49997	3	149991	9
Σ	$\sum Y_i=275384$	$\sum X_i=0$	$\sum X_iY_i=99109$	$\sum X_i^2=28$

② 模型相关性分析。

$$R=\dfrac{\sum(X_i-\overline{X})(Y_i-\overline{Y})}{\sqrt{\sum(X_i-\overline{X})^2\sum(Y_i-\overline{Y})^2}}=0.99$$

该模型具有很好的相关性。

③ 预测 2021 年南京市城市居民人均可支配收入

当年份为 2021 年时，$X_i=8$

则 $\hat{Y}_{2021}=39340.57+3539.61\times8=67657.45$（元）

2021 年南京市城市居民人均可支配收入的预测值为 67657.45 元。

10.1.4 市场调查步骤

10.1.4.1 确定市场调查的目的

在房地产项目开发与经营过程中,市场调查与分析主要有3个目的。

① 为编制房地产开发项目可行性研究报告所进行的市场调查与分析。
② 为选择项目的施工单位、材料和设备供应单位、中介服务单位所进行的市场调查与分析。
③ 为编制房地产开发项目营销策划书和进行具体营销工作所进行的市场调查与分析。

本章主要研究为编制房地产开发项目可行性研究报告、编制房地产开发项目营销策划书和进行具体营销工作所进行的市场调查与分析,而且可行性研究和项目营销工作所进行的市场调查与分析有很多共性。

10.1.4.2 组建市场调查的项目组

在实际工作中,房地产开发项目可行性研究和项目营销工作有以下几种运作模式,应根据具体的运作模式组建市场调查的项目组。

① 房地产开发企业自行进行项目可行性研究和项目营销工作,并自行组织有关人员进行市场调查研究。
② 委托调查公司进行市场调查,在调查公司提交的调查报告的基础上,房地产开发企业自行进行项目可行性研究和项目营销工作。
③ 委托调查公司进行市场调查,在调查公司提交的调查报告的基础上,房地产开发企业委托其他中介机构进行项目可行性研究和项目营销工作。
④ 房地产开发企业委托中介机构进行项目可行性研究和项目营销工作,并由中介机构进行市场调查。随着社会分工的专业化和社会化,这种模式将会成为主要的运作模式。

10.1.4.3 制订调查计划

调查计划由调查内容、资料来源、调查方法、抽样方案、调查费用等内容组成。

(1) 调查内容

应根据调查目的确定调查内容。为编制房地产开发项目可行性研究报告、编制房地产开发项目营销策划书和进行具体营销工作所进行的市场调查与分析的主要内容如下。

① 房地产投资环境的调查与分析。
② 项目概况调查与分析。
③ 房地产产品供给、需求的调查与分析。
④ 消费者的调查与分析。
⑤ 竞争者的调查与分析。
⑥ 房地产投资与费用的调查与分析。

(2) 资料来源

确定调查计划中资料的来源,是收集二手资料、一手资料,或是两者都要收集。

(3) 调查方法

收集一手资料主要方法有:观察法、询问调查法和实验法;取得二手资料主要方法有:查阅各级政府部门和行业协会公布的统计数据及资料、从合法的新闻媒体和互联网上收集资料、从房地产中介服务机构有偿取得有关资料和数据。

调查者应根据调查内容和资料来源确定具体的调查方法。

(4) 抽样方案

在设计抽样方案时,必须确定的问题如下。

① 抽样单位。解决向什么人调查的问题。调查者必须定义抽样的总体目标,一旦确定了抽样单位,必须确定出抽样范围,以便目标总体中所有样本被抽中的机会是均等的或已知的。

② 样本规模。主要确定调查多少人的问题。大规模样本比小规模样本的结果更可靠,但是没有必要为了得到完全可靠的结果而调查整个或部分目标总体。如果抽样程序正确的话,不到1‰的样本就能提供比较准确的结果。

③ 抽样程序。解决如何选择答卷人的问题。为了得到有代表性的样本,应该采用概率抽样的方法。概率抽样可以计算抽样误差的置信度。但由于概率抽样的成本过高、时间过长,调查者也可以采用非概率抽样。表10-4是概率抽样与非概率抽样的类型。

表 10-4　概率抽样与非概率抽样的类型

概率抽样	简单随机抽样	总体的每个成员都有已知的或均等的被抽中的机会
	分层随机抽样	将总体分成不重叠的组(如年龄组),在每组内随机抽样
	整群抽样	将总体分成不重叠的组(如街区组),随机抽取若干组进行普查
非概率抽样	随意抽样	调查者选择总体中最易接触的成员来获取信息
	估计抽样	调查者按自己的估计选择总体中可能提供准确信息的成员
	定额抽样	调查者按若干分类标准确定每类规模,然后按比例在每类中选择特定数量的成员进行调查

(5) 调查费用

市场调查所需的费用包括以下几种。

① 市场调查总体方案策划费。

② 抽样方案设计费(或实验方案设计费)。

③ 调查问卷设计费(包括测试费)。

④ 调查问卷印刷费。

⑤ 调查实施费(包括培训费、资料费、交通费、食宿费、通信费、礼品费、专家咨询费、复查费等)。

⑥ 数据统计分析费。

⑦ 调查报告撰写、制作费。

10.1.4.4　收集信息

应按照调查计划进行资料和数据的收集。收集信息是市场调查中成本最高,也最容易出错的阶段。在采用问卷调查时,可能会出现某些被调查者不在家必须重访或更换、某些被调查者拒绝合作、某些人的回答或在有些问题上有偏见或不诚实等情况。采用实验法进行调查时,调查人员必须注意,要使实验组与控制组匹配,并尽可能消除参与者的参与误差,实验方案要统一形式并且要能够控制外部因素的影响等。现代计算机和通信技术使得资料收集的方法迅速发展,且减少了人员和时间的投入。

10.1.4.5　分析和处理信息

对原始资料进行编辑加工、分类、归档,对数据进行分析,在信息之间建立联系。

10.1.4.6　提交调查报告

调查者应在规定的时间内向委托者提交调查报告。

调查报告一般包括以下内容。

① 引言。说明调查目的、对象、范围、方法和时间等。
② 摘要。简要介绍正文中的主要内容。
③ 正文。根据调查目的，收集原始资料和数据，对信息进行编辑加工，对信息进行分析，并在信息间建立必要联系。
④ 结论与建议。
⑤ 附件。

10.2 房地产投资环境的调查与分析

房地产投资环境的调查与分析应在国家、项目所在地城市的层次上进行，由于房地产市场具有区域性市场的特点，应侧重于项目所在地城市的房地产投资环境的调查与分析。国家的房地产宏观投资环境主要调查与分析国家的政治、经济、法律法规和政策等内容。项目所在地城市的房地产投资环境主要调查与分析项目所在地城市的城市历史沿革、城市功能定位、城市综合实力、自然条件、城市规划、城市基础设施和城市建设等内容。

10.2.1 国家房地产宏观投资环境的调查与分析

10.2.1.1 政治

中国共产党的十一届三中全会以后，国内政治稳定、国泰民安。

中国共产党十八大明确提出：为夺取全面建设小康社会新胜利而奋斗。我们已经向全面建成小康社会的目标迈出了坚实步伐，今后要继续努力奋斗，确保到 2020 年实现全面建成小康社会的奋斗目标。实现全面建设小康社会奋斗目标的新要求：增强发展协调性，经济持续健康发展，转变经济发展方式取得重大进展，在发展平衡性、协调性、可持续性明显增强的基础上，实现人均国内生产总值到 2020 年比 2000 年翻两番。深化经济体制改革，推进经济结构战略性调整。自主创新能力显著提高，把科技创新摆在国家发展全局的核心位置。要坚持走中国特色自主创新道路。居民消费率稳步提高，形成消费、投资、出口和进口并重。城乡、区域协调互动发展机制和主体功能区布局基本形成。社会主义新农村建设取得重大进展。城镇人口比重明显增加。扩大社会主义民主，更好保障人民权益和社会公平正义。人民民主不断扩大。依法治国基本方略深入落实，全社会法制观念进一步增强，法治政府建设取得新成效。基层民主制度更加完善。政府提供基本公共服务能力显著增强。加强文化建设，明显提高全民族文明素质。社会主义核心价值体系深入人心，良好思想道德风尚进一步弘扬。覆盖全社会的公共文化服务体系基本建立，文化产业占国民经济比重明显提高、国际竞争力显著增强，适应人民需要的文化产品更加丰富。加快发展社会事业，全面改善人民生活。现代国民教育体系更加完善，终身教育体系基本形成，全民受教育程度和创新人才培养水平明显提高。社会就业更加充分。覆盖城乡居民的社会保障体系基本建立，人人享有基本生活保障。合理有序的收入分配格局基本形成，中等收入者占多数，绝对贫困现象基本消除。人人享有基本医疗卫生服务。社会管理体系更加健全。建设生态文明，基本形成节约能源资源和保护生态环境的产业结构、增长方式、消费模式。循环经济形成较大规模，可再生能源比重显著上升。主要污染物排放得到有效控制，生态环境质量明显改善。生态文明观念在全社会牢固树立。到 2020 年全面建设小康社会目标实现之时，我们这个历史悠久的文明古国和发展中社会主义大国，将成为工业化基本实现、综合国力显著增强、国内市场总体规模位居世界前列的国家，成为人民富裕程度普遍提高、生活质量明显改善、生态环境良好的国家,成为人民享有更加充分民主权利、具有更高文明素质和精神追求的国家,成为各方面制度更加完善、社会更加充满活力而又安定团结的国家,成为对外更加开放、更加具有亲和力、为人类文明作出更大贡献的国家。

中国共产党十八届五中全会提出:今后五年经济社会发展的主要目标:经济保持中高速增长,经济结构战略性调整取得重大进展,完善人口发展战略,城乡居民收入普遍较快增加,改革开放不断深化,使我国转变经济发展方式取得实质性进展,综合国力、国际竞争力、抵御风险能力显著提高,使全体人民在共建共享发展中有更多获得感,全面建成小康社会的基础更加牢固。

中国共产党十九大明确指出:明确坚持和发展中国特色社会主义,总任务是实现社会主义现代化和中华民族伟大复兴,在全面建成小康社会的基础上,分两步走在本世纪中叶建成富强民主文明和谐美丽的社会主义现代化强国;明确新时代我国社会主要矛盾是人民日益增长的美好生活需要和不平衡不充分的发展之间的矛盾,必须坚持以人民为中心的发展思想,不断促进人的全面发展、全体人民共同富裕;明确中国特色社会主义事业总体布局是"五位一体"、战略布局是"四个全面"强调坚定道路自信、理论自信、制度自信、文化自信;明确全面深化改革总目标是完善和发展中国特色社会主义制度、推进国家治理体系和治理能力现代化;明确全面推进依法治国总目标是建设中国特色社会主义法治体系、建设社会主义法治国家;明确中国特色社会主义最本质的特征是中国共产党领导,中国特色社会主义制度的最大优势是中国共产党领导,党是最高政治领导力量,提出新时代党的建设总要求,突出政治建设在党的建设中的重要地位。

10.2.1.2 经济

(1) 1984~2016 年我国国内生产总值和人均国内生产总值的数据

我国经济持续快速增长,1984~2016 年我国国内生产总值和人均国内生产总值的数据见表 10-5。

表 10-5 1984~2016 年我国国内生产总值和人均国内生产总值的数据

年份/年	国内生产总值/亿元	人均国内生产总值/(元/人)
1984	7208.1	695
1985	9016.0	858
1986	10275.2	963
1987	12058.6	1112
1988	15042.8	1366
1989	16992.3	1519
1990	18667.8	1644
1991	21781.5	1893
1992	26923.5	2311
1993	35333.9	2998
1994	48197.9	4044
1995	60793.7	5045
1996	71176.6	5846
1997	78973.0	6420
1998	84402.3	6796
1999	89677.1	7159
2000	99214.6	7858
2001	109655.2	8622
2002	120332.7	9398

续表

年份/年	国内生产总值/亿元	人均国内生产总值/(元/人)
2003	135822.8	10542
2004	159878.3	12336
2005	184937.4	14185
2006	216314.4	16500
2007	265810.3	20169
2008	314045.4	23708
2009	340903.9	25575
2010	397983.2	29706
2011	489300.6	36403
2012	540367.4	40007
2013	595244.4	43852
2014	643974.0	47203
2015	689052.1	50251
2016	744127.0	55412

(2) 2016年的有关数据

2016年全年国内生产总值744127.0亿元，按可比价格计算，比上年增长6.7%。其中，第一产业增加值63671亿元，增长3.3%；第二产业增加值296236亿元，增长6.1%；第三产业增加值384221亿元，增长7.8%。第一产业增加值占国内生产总值的比重为8.6%，第二产业增加值比重为39.8%，第三产业增加值比重为51.6%。2016年全国居民消费价格总水平比上年上涨2.0%。其中，食品价格上涨3.8%，固定资产投资价格上涨8.1%，工业品出厂价格上涨4.6%，原材料、燃料、动力购进价格上涨6.3%，农产品生产价格上涨8.1%。

全年城镇新增就业1314万人，比上年增加2万人。年末城镇登记失业率为4.02%，比上年末下降0.1个百分点。全年农民工总量为28171万人，比上年增长1.5%。其中，外出农民工16934万人，增长0.3%；本地农民工11237万人，增长3.4%。年末国家外汇储备30105亿美元，比上年末减少2199亿美元。年末人民币汇率为1美元兑6.6423元人民币，比上年末贬值6.2%。全年财政收入159552亿元，比上年增加7283亿元，增长4.3%；其中税收收入115878亿元，增加5274亿元，增长4.8%。

2016年全社会固定资产投资606466亿元，比上年增长8.1%，扣除价格因素，实际增长8.8%。其中，城镇投资596501亿元，增长8.1%；农村投资9965亿元，减少4.3%。东部地区投资249665亿元，比上年增长9.5%；中部地区投资156762亿元，增长12%；西部地区投资154054亿元，增长12.2%；东北地区投资30642亿元，下降23.5%。在城镇投资中，第一产业投资18838亿元，比上年增长21.1%；第二产业投资231826亿元，增长3.5%；第三产业投资345837亿元，增长10.9%。全年全社会建筑业增加值49522亿元，比上年增长6.6%。全国具有资质等级的总承包和专业承包建筑业企业实现利润6745亿元，增长4.6%，其中国有及国有控股企业1879亿元，增长6.8%。全年房地产开发投资102581亿元，比上年增长6.9%。其中，商品住宅投资68704亿元，增长6.4%；办公楼投资6533亿元，增长5.2%；商业营业用房投资15838亿元，增长8.4%。全年各类保障性住房和棚户区改造住房开工606万套，基本建成658万套。

年末全部金融机构本外币各项存款余额155.5万亿元，比年初增加15.7万亿元。其中人民币各项存款余额150.6万亿元，增加14.9万亿元。全部金融机构本外币各项贷款余额

112.1万亿元，增加12.7万亿元。其中人民币各项贷款余额106.6万亿元，增加12.65万亿元。全年农村金融合作机构（农村信用社、农村合作银行、农村商业银行）人民币贷款余额13.4万亿元，比年初增加13895亿元。全部金融机构人民币消费贷款余额25.0万亿元，增加60998亿元。其中，个人短期消费贷款余额4.9万亿元，增加8347亿元；个人中长期消费贷款余额20.1万亿元，增加52651亿元。

全年研究生教育招生66.7万人，在学研究生198.1万人，毕业生56.4万人。普通高等教育本专科招生748.6万人，在校生2695.8万人，毕业生704.2万人。各类中等职业教育招生593.3万人，在校生1599.1万人，毕业生533.7万人。全国普通高中招生802.9万人，在校生2366.6万人，毕业生792.4万人。全国初中招生1487.2万人，在校生4329.4万人，毕业生1423.9万人。普通小学招生1752.5万人，在校生9913.0万人，毕业生1507.4万人。特殊教育招生9.2万人，在校生49.2万人。幼儿园在园幼儿4413.9万人。

年末全国总人口138271万人。全年农村居民人均纯收入12363元，剔除价格因素，比上年实际增长8.2%；城镇居民人均可支配收入33616元，实际增长7.8%。农村居民家庭食品消费支出占消费总支出的比重为32.2%，城镇为29.3%。按2016年农村贫困标准2300元测算，年末农村贫困人口为4335万人，比上年末减少1240万人。年末全国参加城镇基本养老保险人数37862万人，比上年末增加2501万人。全年1479.9万城市居民得到政府最低生活保障，比上年减少221.2万人；4576.5万农村居民得到政府最低生活保障，减少327.1万人；496.9万农村居民得到政府五保救济，减少19.8万人。

全年全国国有建设用地土地供应总量52.0万公顷，比上年下降2.9%。其中，工矿仓储用地12.0万公顷，下降3.2%；商服用地2.7万公顷，下降3.4%；住宅用地8.3万公顷，下降6.7%；基础设施等其他用地29.0万公顷，增长0.2%。全年全国105个重点监测城市综合地价比上年上涨5.31%，其中商业地价上涨3.09%，居住地价上涨7.91%，工业地价上涨2.84%。

10.2.1.3 法律、法规和规章

与房地产项目开发与经营有关的法律、法规和规章主要有：《中华人民共和国城市房地产管理法》《中华人民共和国土地管理法》《中华人民共和国物权法》《中华人民共和国城乡规划法》《中华人民共和国建筑法》《中华人民共和国招标投标法》《中华人民共和国合同法》《中华人民共和国节约能源法》《城市房地产开发经营管理条例》《建设工程质量管理条例》《国有土地上房屋征收与补偿条例》《建设工程勘察设计管理条例》《物业管理条例》《商品房销售管理办法》《城市房地产转让管理规定》《城市商品房预售管理办法》《城市房地产抵押管理办法》《城市房地产中介服务管理规定》《房地产开发企业资质管理规定》《招标拍卖挂牌出让国有建设用地使用权规定》。

10.2.1.4 宏观调控政策

"市场对资源配置的基础性作用"和"国家对经济的宏观调控"，两者内在统一，相辅相成，共同构成社会主义市场经济体制的本质内容。

我国主要采用法律、经济和行政手段对房地产市场进行调控，经济手段主要是金融和税收政策。房地产市场调查分析，应密切关注国家房地产市场调控政策的动向，做到顺势而为，并有一定的前瞻性。例如，2003年以来，国务院发布了《国务院关于促进房地产市场健康发展的通知》（国发［2003］18号）、《国务院办公厅关于调整住房供应结构稳定住房价格的意见》（国办发［2006］37号）、《国务院办公厅关于促进房地产市场健康发展的若干意见》（国办

发〔2008〕133号)、《国务院办公厅关于促进房地产市场平稳健康发展的通知》(国办发〔2010〕4号)、《国务院关于坚决遏制部分城市房价过快上涨的通知》(国发〔2010〕10号)、《国务院办公厅关于做好房地产市场调控工作的有关问题的通知》(国办发〔2011〕1号)、《国务院办公厅关于继续做好房地产市场调控工作的通知》(国办发〔2013〕17号)等。

10.2.2 项目所在地城市的房地产投资环境的调查与分析

下面以南京市为例,介绍项目所在地城市的房地产投资环境的调查与分析。

10.2.2.1 城市历史沿革

远古人类的足迹,随着时代推移而遍及今日的南京。东郊汤山出土了距今约30万~50万年的"南京猿人"完整的头骨化石;溧水县神仙洞发现了距今1万年以前的"溧水人"遗址。

距今6000多年前,南京鼓楼岗西北侧的北阴阳营和玄武湖畔、长江岸边开始出现新石器时代的原始村落,聚居着南京的初民。3000多年前,沿江河地带,已经相当密集地分布着青铜时代的居民聚落,以秦淮河中游的湖熟镇一带较为集中,称为"湖熟文化"。

公元前472年,越王勾践灭吴后,在今中华门西南侧建城,开创了南京的城垣史。公元前333年,楚威王大败越国,于石头山筑城置金陵邑,金陵之称亦因此而得名。秦汉时期,南京地区随经济发展而建县渐多。汉末三国鼎立之初,公元229年,孙权在武昌称帝,9月即迁都于此,称作建业,为南京建都之始。公元317年,晋琅琊王司马睿建立东晋政权,以建康(今南京)为国都,这是南京城市发展史上的第一个高峰时期。此后,南朝宋、齐、梁、陈相继定都建康,史称"六代豪华",南京由此有"六朝古都"的美称。公元937年,南京成为南唐的首都,称为江宁府,这是南京城市发展史上的第二个高峰期。1368年,朱元璋在应天府称帝,建立明朝,以"应天"为"南京",第一次成为一统天下的全国首都。由此,南京城市发展进入又一高峰期,南京都城为当时世界第一大城。1853年,太平天国定都于此,改名天京。1912年元旦,中华民国成立,孙中山在南京就任中华民国临时大总统。1927年,国民政府定南京为首都。

"金陵自古帝王州",从中古到近现代,继孙吴之后,东晋、宋、齐、梁、陈、南唐、明朝、太平天国以及中华民国先后定都南京,共455年,史称"十代古都",留下了丰富的文化文化遗产。

1949年4月23日南京解放,成为中央人民政府直辖市。1952年9月,南京为江苏省省辖市。1953年1月1日,江苏省人民政府成立,南京为江苏省省会。1994年2月,经国务院同意,中央机构编制委员会明确南京的行政级别为副省级。

10.2.2.2 城市功能定位

"八五"~"十三五"期间南京城市功能定位见表10-6。

表10-6 "八五"~"十三五"期间南京城市功能定位

时期	南京城市总体定位
"八五"计划	全国重要的石化、电子、汽车工业基地,高新技术研究开发基地和交通通信枢纽,成为经济发达、环境优美、城乡繁荣、多功能、开放型,古都特色与现代化风貌协调的中心城市
"九五"计划	江苏省政治、经济、文化中心,作用不断增强的功能齐全、服务一流的省会城市,长江三角洲地区和长江下游经济、科教、金融、贸易优势突出、辐射力强的区域性中心城市,经济发达、环境优美、融古都特色和现代文明于一体的现代化江滨城市
"十五"计划	科学技术先导、古都与江滨特色鲜明、国际影响较大的现代化城市;全国重要的电子信息、石油化工、车辆制造基地,商贸流通中心、科技研发中心和现代服务中心

续表

时　期	南京城市总体定位
"十一五"规划	长江国际航运物流中心,长三角先进制造业中心,全省现代服务业中心,全国重要的科教中心,东部城市绿化中心
"十二五"规划	坚持建设现代化国际性人文绿都的目标定位,与时俱进赋予新的内涵;加快建设长三角辐射带动中西部地区发展的重要门户、综合性枢纽城市、国家科技创新中心和国际城市,打造"人文绿都、智慧南京",努力建设国家中心城市
"十三五"规划	在坚持现代化国际性人文绿都的城市定位的基础上,建设"一带一路"节点城市、长江经济带门户城市、长三角区域中心城市和国家创新型城市的奋斗目标,建设经济强、百姓富、环境美、社会文明程度高的新南京

10.2.2.2.3　城市综合实力

南京市是我国四大古都之一、国家级历史文化名城;江苏省省会,全省的政治、经济、文化中心,长江流域四大中心城市之一。南京位于长江下游宁镇丘陵区,东距长江出海口300公里,西达荆楚,南接皖浙,北连江淮。境内江河纵横,低山丘陵起伏,物产丰富,景色壮丽秀美,文物古迹众多,融山、水、城、林于一体。南京市辖玄武、秦淮、建邺、鼓楼、雨花台、栖霞、江宁、浦口、六合、溧水、高淳11个区,共有83个街道、17个镇。全市行政区域面积6587.02平方千米,2015年底户籍人口648.72万人。

南京是全国重要的综合性工业生产基地。经过多年的发展,南京已形成电子信息、石油化工、汽车制造、钢铁为支柱,以软件和服务外包、智能电网、风电光伏、轨道交通等新兴产业为支撑,先进制造业和现代服务协调发展的产业格局。南京位列中国城市综合实力"五十强"第六名,是国际上看好的21世纪亚洲环太平洋地区最具发展前景的城市之一。南京是一座充满魅力、充满活力、充满潜力的现代化城市,先后荣获中国首批历史文化名城、全国文明城市、全国卫生城市、国家园林城市、联合国人居特别荣誉奖、全国首家软件名城等称号。南京已被国家确定为全国唯一的科技体制综合改革试点城市、创新型城市试点城市、三网融合试点城市,南京正在全力打造泛长三角地区承东启西的门户城市、国家综合交通枢纽、区域科技创新中心,加快建设现代化国际性人文绿都。

2016年,全市地区生产总值10503.02亿元,年均增长8%以上;地方一般公共预算收入实现翻一番,迈上千亿元台阶,达到1142.60亿元;全社会固定资产投资五年累计超过万亿元。《长江三角洲地区区域规划》将南京确定为长三角辐射带动中西部地区发展的重要门户、国家综合交通枢纽和科技创新中心,城市的战略地位显著提升。

城市功能品质提升。积极构建以主城为核心,以江北新区、东山副城、仙林副城为重点的都市区发展格局。持续优化主城核心功能,有序推进老城更新,开发建设南部新城,建设河西现代化国际性城市新中心。建设国家级江北新区,加快空港、海港、高铁港三大枢纽经济区基础设施建设。完善东山、仙林城市功能,推进溧水、高淳副城建设。公共服务能力显著增强,扬子江隧道建成通车,地铁四号线一期建成试运行,宁和线一期、宁高线二期、宁溧线加快推进,长江五桥开工建设。

产业结构优化。全力培育新兴产业,全市三次产业增加值比例调整为2.4∶39.2∶58.4,第三产业增加值占地区生产总值的比重比上年提高1.1个百分点。工业过剩产能有序化解,投资结构改善。全年工业技改投资完成1007.6亿元,新引进世界500强和中国500强企业研发机构11家。青年大学生创业引领计划扶持4300人创业。发明专利申请量增长

13.41%。规模以上工业中高技术行业实现产值3063.39亿元，快于全市工业平均增速1.9个百分点。全年实施100个重点节能项目，预计万元GDP能耗比上年下降3.9%左右，能源利用效率有所提高。

2016年，城市居民人均可支配收入达到49997.3元，农民人均纯收入提高到21156.2元，年均分别增长8.4%、8.6%。五年累计新增就业岗位70万个，城镇登记失业率连续五年控制在4%以内。义务教育阶段学生杂费全部免收，普及15年基础教育，高等教育毛入学率达到65%，率先进入高等教育普及化阶段。卫生服务体系健全率达到100%，居民平均预期寿命82.2岁。推进公交优先的城市交通系统建设，轨道交通里程达到258.9公里，公交运营车辆总数达到8130辆，公共交通分担率提高到61%。中山陵陵寝、玄武湖公园免费开放。全民健身工作迈向长效化。城乡低保、新型农村合作医疗、新型农村社会养老保险基本实现全覆盖。民主法制和精神文明建设取得新进展，社会保持和谐稳定。

10.2.2.4 自然条件

南京地处长江下游的宁镇丘陵山区，北纬31°14″~32°37″，东经118°22″~119°14″。

南京东连富饶的长江三角洲，西靠皖南丘陵，南接太湖水网，北接辽阔的江淮平原；距入海口380公里，"黄金水道"长江穿越境域，江宽水深，万吨海轮可终年畅通，是一个天然的河、海良港。

南京属北亚热带季风气候，四季分明，冬夏长而春秋短。雨水充沛，光能资源充足，年平均温度16℃。夏季最高气温可达38℃；冬季最低气温达零下8℃。年平均降雨117天，降雨量1106.5毫米；无霜期长，年平均239天。每年6月下旬到7月中旬为梅雨季节。

南京境内仙鹤门的一处地下水源初步查明可采水资源4万吨/日左右，区域面积达18平方公里，是理想的备用水源。天然热水露头（温泉）较为丰富，已知的有江宁汤山，浦口汤泉、琥珀泉、响水泉、珍珠泉，水温22~60℃，属低中温热水，矿化度1~2克/升，为硫酸重碳型水或硫酸盐型水。

10.2.2.5 城市规划

南京城市规划（2010~2020）是南京市未来十年各方面的建设工作所做出的整体规划。规划的主要内容如下。

（1）未来十年南京城乡综合交通发展规划概况

① 机场。推进南京禄口国际机场T1航站楼改造项目和机场货站改扩建项目，完成中邮航二期机坪等配套设施建设，重点稳定发展国际航线，完善禄口国际机场的空陆联运设施设备。做好马鞍机场民用功能的空间预留和设施配套，适时建设江宁土桥基地通用机场以及高淳桠溪、六合龙袍通用航空机场。

② 铁路。以高铁南京南站为核心，完善换乘系统和配套设施，优化铁路干线网络，建成宁启铁路复线，加快推进宁通城际、宁和城际、宁淮城际、宁合高铁、沿江城际、沪泰宁城际、连镇线南延铁路建设。建成高淳站综合交通枢纽配套项目，加快推进马群综合换乘中心、浦口城西路换乘枢纽等项目，启动泰冯路综合换乘中心、紫金客运站、江北综合客运枢纽前期研究。

③ 公路。加强干线公路网络衔接，推进干线公路快速化改造，完成普通国省道新改建400公里、路面改善工程250公里。建成宁杭高速淳化互通工程，开工建设溧阳至高淳高速公路南京段、宁合高速南京段改扩建工程，启动宁马高速公路江苏段改扩建工程，加快推进宁宣高速公路南京段征收拆迁等前期工作。建成绕城公路铁心桥立交、扬子江隧道江北连

线快速化改造工程，续建328国道雍庄至龙池段改扩建、340省道南京段改扩建、104国道南京北段改扩建等工程，建设改造312国道、126省道雨花段、246省道江宁段等工程，开展312国道龙潭疏港公路以东段、439省道六合段等项目前期研究。

④ 过江通道。南京未来的道路过江通道将包括：南京长江大桥、南京长江二桥、南京长江三桥（公路大胜关大桥）、南京长江四桥（石埠桥大桥）、南京长江五桥（梅子洲大桥）、龙潭过江通道、锦文路过江通道（新济洲过江通道）、模范西路过江通道、南京长江隧道（应天大街过江通道）、仙新路过江通道（新港—玉带过江通道）。预留七乡河路、中央北路（上元门）、汉中西路、建宁西路过江通道。铁路过江通道包括既有南京长江大桥、上元门、大胜关、龙潭过江通道。轨道交通过江通道包括2号线、3号线、4号线和7号线，其中3号线过江通道与铁路上元门过江通道共用通道，7号线过江通道与铁路大胜关过江通道捆绑过江，预留轨道交通6号线跨江联系雄州、龙袍新城。

⑤ 城市轨道交通。建成轨道交通4号线一期、5号线、1号线北延、宁和线一期、宁高线二期和宁溧线，启动2号线西延、3号线三期、6号线、7号线、9号线一期、10号线二期等轨道交通线路建设，完善轨道交通网络，方便居民出行。加快轨道交通11号线一期、4号线二期、宁天线南延等线路的报批及建设工作，有效支撑江北新区的开发建设。到2020年，完成轨道交通新建线路里程约200公里，在建里程约155公里，轨道交通运营里程达到420公里以上。

⑥ 停车设施。未来南京的停车泊位总数达到城市汽车拥有量的115%～130%。主城区配建泊位、路外公共泊位、路内停车泊位分别占总泊位数的80%～85%、10%～12%、5%～8%。副城和新城区配建泊位、路外公共泊位、路内停车泊位分别占总泊位数的85%～90%、10%～12%、3%～5%。

⑦ 慢行公交。南京将落实慢行交通优先措施，保证慢行交通空间的有效宽度和连续性，为行人过街和自行车交通提供便利；在次干路及以上等级道路上实现机动车与自行车之间的物理隔离，为自行车、步行交通创造安全、顺畅的交通环境。在城市中心地区结合老城历史街巷保护，适当开辟步行和自行车专用路。在城市生活居住区，加强慢行交通与城市公共交通的衔接，落实慢行交通与公共交通的换乘设施用地，倡导慢行交通＋轨道交通以及慢行交通＋地面公交的出行方式。

(2) 南京未来十年社会服务设施发展规划概况

① 医疗卫生设施。南京主城内的现有三级医院除市儿童医院、市妇幼保健院外原则上不再扩大规模，在河西新城区增设一所三级医院。在仙林、江北二个副城中心各建一所三级医院，东山副城扩建江宁区人民医院为三级医院。加强原浦口区人民医院、六合区人民医院等二级医院的建设，提高床位规模和服务质量。南京还将加强新城医疗机构的设置。改造提升溧水县人民医院和高淳县人民医院，其他新城可视需要设置一所二级医院或相当于二级规模的医院。企业等其他二级医院原则上不再扩大规模，可以根据需要转为社区卫生服务中心。南京未来将达到每10万人建设一所社区卫生服务中心。社区卫生服务中心加强老年病的治疗、康复服务，增加老年护理机构和临终关怀服务机构。

② 文化设施。南京将加强标志性大型文化设施的建设。市级大型文化设施以长江路文化街为基础，新建项目向河西副中心、机场地区和下关地区引导。建设江苏大剧院、南京市美术馆、非物质文化遗产博物馆等一批标志性文化设施。迁建江苏美术馆，扩建南京博物院、南京市博物馆、南京太平天国历史博物馆、南京明城垣史博物馆。此外，南京拟大力推

进副城文化设施建设。江北副城要按照相当于主城水平要求，建设江北地区文化中心，建设大型博物馆、中型图书馆和文化馆；东山副城建设大型博物馆、中型图书馆和文化馆；仙林副城要规划建设国际科教文化中心、大型博物馆、中型图书馆和文化馆、大学城影剧院、科技馆、美术馆等文化设施，形成服务副城和周边区域的综合文化服务中心。

③ 教育设施。未来南京将大力加强副城和新城中小学配套建设，进一步整合主城内中小学资源。老城内逐步取消2轨以下小学；老城和新区新建小学达到4轨以上；按照村镇布局规划，郊县逐步撤并村办小学和教学点，尽可能扩大办学规模至3轨以上。中学要逐步实现初、高中分离，中学规模不得低于6轨。老城内的中学要以满足初中教学为主，鼓励老城内的国家和省级示范高中在新区建高标准的寄宿制高中；乡镇原则上实行一个乡镇设置一所初中。南京还将加快中等职业教育发展，保证中等职业教育与普通高中教育年招生数的比例大致相当。每个区至少有一所职业学校，全市重点建设30所、在校生校均1200人以上的中等职业学校。此外，南京将加快完善三个副城大学城的功能，鼓励老校区以整院系的方式迁往新校区，加强高校之间公共教育资源的共享，推进高校生活服务的社会化；推进副城高校"产""学""研"一体化，形成南京科技创新和高新技术产业发展的重要基地。严格控制老城范围内的高校老校区的扩建，禁止进行房地产开发，引导发展教育培训、文化交流等产业，以保持老城的文化活力、增强综合服务功能。

④ 社会福利与社会救助设施。南京力争到2020年，实现无障碍设施覆盖城市全部道路并覆盖公共场所的80%范围。建设专门化的残疾人教育培训中心，增加综合性职业技能培训学校；在每个区县建立残疾人综合服务设施，为残疾人提供教育培训、康复、文体活动等服务。结合社区建设，积极推进社区残疾人康复站建设，使残疾人实现就地、就近享有体育、康复服务。此外，南京将加强治疗康复设施建设，提高城市精神病人康复医疗服务水平。在青龙山扩容的基础上，2020年前新建1所精神病院。在有条件的社区建立社区康复站，对精神病患者进行日间照料，开展心理疏导、生活自理及社会适应能力训练等活动。定期为社区内的居民提供心理辅导和压力缓解。

⑤ 养老设施。适应城市人口老龄化的趋势和要求，南京将按照居家为基础、社区为依托、机构为补充的养老模式，加强老年设施的规划建设，建立市、区（县）、社区（新市镇）三级养老服务体系，满足老年人各种物质、医疗以及精神文化需要。此外，南京将鼓励社会各类投资主体在副城环境良好地段建设一批高质量的养老院和老年公寓等养老设施；结合居住社区中心适当建设专业化的养老护理机构，在有条件的基层社区和新市镇建设包括托老所、老年活动室在内的老年活动设施。按照国家有关规定要求，在每个新市镇配套建设一所敬老院。

（3）南京未来十年市政工程设施发展规划概况

① 供水。南京将以长江作为全市主要供水水源，固城湖、中山、方便、金牛等水库作为补充水源及应急备用水源。南京规划15座城市水厂，供水总规模630万立方米/日。保留江宁开发区、浦口、溧水、高淳新区4座现状水厂；扩建北河口、城北、上元门、城南、江浦、远古6座水厂；新建龙潭、八卦洲、江宁科学园、江宁滨江、桥林5座水厂。取消现有的六合二水厂、三岔水厂。

② 污水处理。南京主城、副城和新城规划26座污水处理厂，总规模为367万立方米/日。其中扩建江心洲、城北、城东、新港、城南、仙林、江宁城北、江宁开发区、江宁科学园、滨江新城、珠江、化工园、永阳、高淳固邦等14座污水处理厂（扩建后规模为280万

立方米/日);新建龙潭、桥北、大厂、盘城、玉带、桥林、八卦洲、江宁空港、江宁禄口、谷里、汤山新城、高淳新区12座污水处理厂(规模达到87万立方米/日)。取消现有的锁金村、南京高新技术产业开发区污水处理厂。

③ 供电。未来南京将以现有的500千伏超高压环网作为联通分区电网的主干网架,加强区外受电和地区电厂注入能力。全市规划9座500千伏变电站,保留并扩容现有的东善桥变、三汊湾变、龙王山变3座500千伏变电站;新建宁北变、铁北变、秦淮变、青龙山变4座500千伏变电站;升压溧水县现有的220千伏迴峰山变为500千伏变电站。预留秋藤变电站位置。此外,全市规划72座220千伏变电站,保留现有的39座220千伏变电站,新建33座220千伏变电站。另预留30座220千伏变电站位置。

④ 燃气。未来南京主城、副城、新城燃气气化率和管道天然气气化率均为100%;新市镇燃气气化率100%,管道天然气气化率50%~100%之间;村庄燃气气化率100%,管道天然气气化率10%左右。主城、副城、新城、新市镇以天然气为主气源,液化石油气为辅助气源;村庄以液化石油气为主要气源。

⑤ 环境卫生。南京近期将发展垃圾焚烧处理,中远期发展垃圾综合处置,减少原生垃圾直接填埋量。建设江北垃圾焚烧厂、江南1#垃圾焚烧厂、江南垃圾综合处理场、新集垃圾综合处理场、溧水垃圾综合处理场、高淳垃圾综合处理场,预留江南2#垃圾焚烧厂位置。对在规划期限内达到服务期限的轿子山、水阁、天井洼等处置场进行封场。

10.2.2.6 城市基础设施和城市建设

(1) "十一五"期间城市基础设施和城市建设

① 2006年城市基础设施和城市建设概况。全年新改建道路长度410公里,新增道路面积约700万平方米。宁蚌、宁淮高速公路南京段先后建成通车。宁常高速公路南京段和宁杭高速公路二期工程。全年分别完成投资2.17亿元和6.93亿元。江北沿江高等级公路完成投资1.5亿元,地铁二号线工程建设完成投资19.58亿元,城市快速内环东线二期建设完成投资7.81亿元,纬七路长江隧道工程建设完成投资4.6亿元。全年出租车完成更新4122辆,公交车新增和更新685辆,公交运营车辆总数达到5246辆。全市日供水能力达到566万吨。人工煤气置换天然气工程全部完成,天然气居民用户达到62万户。全年外秦淮河综合治理完成投资3.82亿元,金川河水环境整治完成投资0.35亿元。建成了江心洲污水处理厂二期工程,城市污水集中处理能力每日达到108.5万吨。全年新建和改建公厕60座,新改建垃圾中转站10座;新农村建设改建户厕3.4万座,新建垃圾中转站40座;轿子山垃圾场1号库、水阁2号库建设工程基本完成并投入使用;全年完成亮化楼宇36幢。全年栽植乔灌木1500万株,栽植大树5.1万株。全年新增绿地面积900万平方米,其中新增公共绿地面积300万平方米。人均公共绿地面积预计达到13平方米,建成区绿化覆盖率预计达到45.5%。

② 2007年城市基础设施和城市建设概况。宁常高速公路南京段建成通车,宁杭高速公路南京段二期工程全年完成投资7.0亿元,绕越高速公路东南段完成投资7.14亿元。江北沿江高等级公路完成投资0.51亿元,地铁二号线工程建设完成投资18.19亿元,纬七路长江隧道工程建设完成投资7.86亿元,内环北线西段建设完成投资4.88亿元。全年公交运营车辆总数达到6926辆,比上年增长11.8%;出租车9997辆,增长7.9%。全市日供水能力达到726.0万吨,比上年增长25.4%;全年城市供水总量13.34亿吨,比上年增长13.4%。天然气总供气量3.84亿立方米,比上年增长22.0%;其中,家庭天然气用量8350.0万立方米,增长29.6%。液化石油气总供气量16.55亿吨,比上年下降1.7%;其中,家庭液化

石油气用量 8.1 万吨，增长 2.0%。全年外秦淮河综合治理完成投资 1.92 亿元，金川河水环境整治完成投资 0.19 亿元。新增绿地面积 1336 万平方米，建成区绿化覆盖率达到 45.9%，比上年提高 0.4 个百分点。

③ 2008 年城市基础设施和城市建设概况。全年新建、改建道路长度 163.9 公里，新增道路面积 274 万平方米。内环北线二期工程竣工通车，实现了城市"井"字型快速内环的全面闭合；宁杭高速公路南京段（二期）建成通车；长江四桥及沿江高等级公路开工建设；绕越高速东南段、南京铁路南站、沪宁城际铁路等重点工程有序推进。地铁一号线南延、二号线及其东延线进展顺利。2008 年全市出租车总数达到 10151 辆。公共交通运营车辆总数达到 5911 辆，其中地铁 120 辆；标准运营车辆数达到 7352 标台，其中地铁 300 标台。全年增加公交运营线路 12 条。全年新建和改建公厕 63 座，新建和改建垃圾中转站 13 座。7 个街镇创成"亿万农民健康促进行动"示范街镇，新农村建设改建户厕 4.72 万座，新建垃圾中转站 5 座。全年新增绿地 705 万平方米，其中新增公共绿地 248 万平方米。人均公园绿地面积 13.2 平方米，建成区绿地覆盖率达到 46.1%。全市日供水能力达到 613 万吨，人工煤气置换天然气工程全部完成，天然气居民用户达到 79.2 万户。实施农村二次改水，管网延伸 371 公里，新增农村自来水受益人口 14.25 万人。

④ 2009 年城市基础设施和城市建设概况。2009 年长江隧道全线贯通，长江四桥开工建设，京沪高铁大胜关铁路大桥实现贯通，京沪高铁、沪宁城际、长江四桥等重点工程进展顺利。地铁二号线一期、一号线南延和二号线东延主体工程基本完成。2009 年全市完成危旧房片区拆迁 151 万平方米，完成 50 个小区出新、800 幢房屋整治。全年亮化楼宇 80 幢。2009 年城区新建和改建公厕 40 座，其中新建 13 座。新改建垃圾中转站 12 座，其中新建 1 座。新农村建设改建户厕 5.58 万座；新建垃圾中转站 9 座。全市日供水能力达到 570 万吨。天然气用户达到 92 万户。2009 年聚宝山公园二期、宁南森林公园、三桥滨江生态公园等郊野公园建设加快建设。完成 20 块老城绿地建设，全年新增绿地面积 919 万平方米，人均公共绿地面积达到 13.6 平方米。

⑤ 2010 年城市基础设施和城市建设概况。全市市容环境、城市品质、人居质量全面提升。绕越高速东南段建成通车，东北段开工建设。南京高速"二环"即将闭合；纬七路过江通道建成通车，地铁二号线、一号线南延开通，南京四桥、纬三路过江通道、南站枢纽集疏运道路系统全面启动，一批港口工程基本建成。区域综合交通区位优势进一步突出，城市交通承载辐射能力进一步提升。全力实施市容市貌整治工程，对全市 35 条干道、600 多条道路街巷全面改造。全年新改建道路长度 280 公里，新增道路面积约 420 万平方米，人均道路面积达到 19.2 平方米。全市水利重点工程建设进展顺利。主要实施了秦淮河支流二干河等河流整治工程、长江三江口节点加固、中小型水库除险加固工程、中央财政小型农田水利重点等专项工程。雨污分流工程全面展开。全年城区新建和改建公厕 46 座，新改建垃圾中转站 12 座；新农村建设改建户厕约 3 万座；新建垃圾中转站 2 座。日供水能力达到 305 万吨，天然气用户达到 104.6 万户。全年完成亮化楼宇 64 幢。

(2) "十二五"期间城市基础设施和城市建设

① 2011 年城市基础设施和城市建设概况。

a. 道路交通方面。围绕提升城市功能，全面启动重点功能板块建设。浦口新城、南部新城、下关滨江开发等有序推进。铁路南站建成投入使用，京沪高铁正式开通运营，地铁三号线、十号线、纬三路过江隧道加快建设，地铁四号线一期工程、六号线试验段开工建设。

b. 综合环境建设和整治方面。加快"绿色南京"建设，实施绿色通道、生态景观林建设工程，完成新造林 8.2 万亩❶。扎实推进"蓝天清水"工程，基本完成玄武湖、金川河 57 平方公里雨污分流任务。完成 18 条干道综合整治、400 条街巷整治出新，新改建道路长度 300 公里，新增道路面积 600 万平方米，人均道路面积达到 19.8 平方米。城区新建和改建公厕 20 座（含 6 座生态移动公厕）、维修公厕 35 座，新改建垃圾中转站 13 座。新农村建设改建户厕 4.01 万座，新建垃圾中转站 2 座。全年完成亮化楼宇 31 幢，维修 36 幢。

② 2012 年城市基础设施和城市建设概况。

a. 道路交通方面。纬七路过江隧道、南京长江四桥、绕越高速等一批引导支撑城市发展的重大交通项目相继建成。京沪高铁、沪宁城际、南京南站建成运营，纬三路过江隧道、宁杭和宁安城际铁路、禄口机场二期工程、红花机场迁建等项目有序推进。地铁 3 号线、10 号线一期、4 号线一期、宁高一期等轨道交通线全面开工建设。江北大道、宁高新通道、122 省道等三条城乡动脉建设全面实施。全年新改建四级以上农村公路 300 公里。全市公路通车里程达 11060 公里，其中高速公路 550 公里。轨道交通运营里程 85 公里。

b. 综合环境建设和整治方面。全力实施"动迁拆违、治乱整破"专项行动，全年完成 16 条主次干道环境综合整治、500 条街巷和 40 个老旧小区 500 幢老旧房屋整治出新。全年城区新建和改建公厕 10 座、维修公厕 41 座。新改建垃圾中转站 6 座，新建垃圾中转站 4 座。全年公共供水日供水能力为 241.8 万吨。城市燃气居民用户为 209.67 万户。全年空气质量优良天数为 317 天，优良率达到 87%。拥有全国环境优美镇 20 个，国家级生态村 6 个，省级生态村 119 个。人均公园绿地面积达到 14.2 平方米，城镇绿化覆盖率为 44.6%，林木覆盖率为 27.26%。

③ 2013 年城市基础设施和城市建设概况。

a. 道路交通方面。城西干道和江东路节点改造工程完成。岱山东路接绕城公路匝道、沧麒路、沧麒西路、石杨路一期（西段）拓宽改造、首蓿园大街南下工程（光华路至石杨路段）建成通车。麒麟科技园：钟学路、沧麒东路、沧麒西路、规划支路（天麒路至芝嘉东路）、沧麒东路等建成通车。城西干道草场门隧道、江东路节点改造草场门大街节点下穿通道、纬一路晓庄广场隧道、长巷西街拓宽改造工程、李府街拓宽改造工程、南京火车站北广场、红山南路西延（黄家圩至中央北路段）建成通车。

b. 综合环境建设和整治方面。莫愁路、建邺路、白下路、大光路、王府大街、清凉门大街、漓江路、水西门大街、集庆门大街等干道环境综合整治。实施蓝天清水工程。扎实推进板桥地区、大厂地区以及金陵石化周边工业污染综合整治。江南、江北两个环保产业园及其配套工程建设进展顺利。推进河西地区、城东、内秦淮河流域、南北十里长沟等地区的水环境整治工程。重点推进 37 条黑臭河道整治，取得阶段性成效。

c. 新区建设和老城改造方面。江南六区（原江南八区）46 个项目的城中村和危旧房改造共搬迁居民近 1.6 万户、工企单位 500 多家，拆除房屋面积 350 万平方米。全年完成街巷整治出新 135 条、农贸市场改造 45 个、小区出新 70 个、房屋整治 863 幢。

④ 2014 年城市基础设施和城市建设概况。

完成地铁 10 号线一期、宁高城际一期、宁天城际一期建设，新增运营里程约 96.9 公里。青奥会工程如期完成，青奥会顺利进行。完成机场高速公路扩建工程；建成小红山客运站并投入使用。城西干道、江东路节点改造完成，实现全线通车。滨江风光带河西新城段、宝船公园段、江心洲南岸段、浦口新城段建设完成。全年新、改建道路长度 170 公里，新增

---

❶ 1 亩约等于 666.67 平方米。

道路面积约 500 万平方米，市区人均道路面积 12.8 平方米。公交运营车辆总数达 4776 辆，比上年净增 337 辆。完成牛首山遗址公园建设，实现"两大空间、一条游线"的开放目标。六朝博物馆建设完成并对外开放。新改建公厕 60 座；新改建垃圾中转站 15 座；完成亮化楼宇 300 余幢。

⑤ 2015 年城市基础设施和城市建设概况。新增高速公路里程 133 公里，完成绕城公路城市化改造，贯通绕越高速公路环线，有效支撑城市版图跨越式延伸，实现由老城约 50 平方公里到主城区 243 平方公里再到环域 1460 平方公里的两次历史性扩展，基本形成"双环跨江"布局形态，高速公路国土面积密度位列全省第一。宁高新通道、104 国道江南段、127 省道宁滁快速通道、353 省道扬滁公路、246 省道南段、360 省道东段等国省干线项目全面建成，104 国道北段、340 省道、338 省道、356 省道等项目加快建设，实现了"干线公路连街镇"目标。建成长江四桥、扬子江隧道，两条过江隧道同步免费通行。完成虎踞路综合改造、纬一路快速化改造、模范西路改造，开工纬七路东进工程等快速路建设，"井字加外环"的快速路网基本成型。完成江东路部分节点改造、安德门大街拓宽改造，开工建设龙翔路，"经六纬十"主干路网不断完善，支路网络不断加密，道路堵点逐步打通。

10.3 项目概况调查与分析

项目概况调查与分析主要包括项目名称、项目地块情况、项目建设单位、开发项目主要建设内容、项目建设的必要性、项目合作的有关单位、项目建设的自然条件、市政基础设施条件、项目主要技术经济指标。

(1) 项目名称

(2) 项目地块情况

① 项目地址。

② 地块的现状。包括土地的开发程度（生地、毛地、熟地）、地块附着物、"三通一平"等。

③ 地块的周边环境。

(3) 项目建设单位

① 项目建设单位名称。

② 法人代表。

③ 项目建设单位简介。

(4) 开发项目主要建设内容

【例 10-2】 常州 A 开发项目总占地面积 486935.60 平方米，总建筑面积 876515 平方米，可入住 6321 户，居住人口近 18963 人，其中住宅建筑面积 821841 平方米［独立别墅 18450 平方米（占 2.24%），联排别墅 36000 平方米（占 4.38%），多层住宅（6 层）8880 平方米（占 1.08%），高层住宅（12 层及以上）758511 平方米（占 92.29%）］，公建配套 54674 平方米，预计总投资额人民币 25 亿 6000 万元。

(5) 项目建设的必要性

① 项目建设的背景。

② 项目建设的目的和意义。

(6) 项目合作的有关单位

① 项目设计单位。
② 项目施工单位。
③ 项目监理单位。
④ 项目物业管理单位。
(7) 项目建设的自然条件
① 地势。
② 水文地质情况。
③ 气候。
④ 抗震要求。
(8) 市政基础设施条件
调查供水、排水、强电、弱电、煤气、通信、道路等市政基础设施能否满足项目建设的要求。
(9) 项目主要技术经济指标
项目主要技术经济指标包括总用地面积及用地构成、总建筑面积、建筑基底面积、建筑密度、容积率、绿化率、建筑间距、建筑限制高度等。

10.4 房地产产品供给、需求的调查与分析

10.4.1 房地产的类型

按用途划分，房地产开发与经营中的房地产可分为下列类型。
① 居住房地产。
② 商业房地产。
③ 工业房地产。
④ 办公房地产。
⑤ 酒店、休闲娱乐房地产。
⑥ 城市综合体。

10.4.2 房地产需求、供给的基本概念

房地产市场波动，房地产价格水平及其变动，从经济学上来说，是由房地产的供给和需求这两种力量共同作用的结果。待租售的房地产形成了市场的供给面，房地产的消费者（购买者、承租人）形成了市场的需求面。其他一切因素对房地产价格的影响，要么是通过影响房地产供给，要么是通过影响房地产需求，要么是通过同时影响房地产供给和房地产需求来实现的。

10.4.2.1 房地产需求

(1) 房地产需求的内涵

房地产需求是指消费者在某特定时期内，在某一价格水平下，对某种房地产愿意而且能够购买的数量。

形成需求有两个条件：一是消费者愿意购买；二是消费者有能力购买。如果仅有第一个条件，只能被看成是需要或欲望；如果仅有第二个条件，不能使购买行为实际发生。因此，需求是既有购买欲望又有支付能力的有效需求。

(2) 影响房地产需求的因素

某种房地产的需求是由许多因素决定的，除了随机因素，经常起作用的主要有以下几个因素。

① 该种房地产的价格。一般来说，某种房地产的价格上升，对其需求就会减少；价格下降，对其需求就会增加。

② 消费者的收入水平。由于消费者对商品的需求是有支付能力的需求，因此需求水平的高低直接取决于消费者的收入水平。对于正常商品来说，当消费者的收入水平提高时，就会增加对商品的需求；相反，就会减少对商品的需求。而对于低档商品来说，当消费者的收入水平提高时，反而会减少对商品的需求。

③ 消费者的偏好。消费者对商品的需求产生于消费者的需要或欲望，而消费者对不同商品的欲望有强弱缓急之分，从而形成消费者的偏好。当消费者对某种房地产的偏好程度增强时，该种房地产的需求就会增加；相反，需求就会减少。例如，如果城市居民出现了向郊区迁移的趋势，则对城市公寓住房的需求就会减少，而对郊区住宅的需求将会增加。

④ 相关房地产的价格水平。当一种房地产自身的价格保持不变，而与它相关的其他房地产的价格发生变化时，该种房地产的需求也会发生变化。与某种房地产相关的房地产，是指该种房地产的替代品或互补品。某种房地产的替代品，是指能满足类似需求、可替代它的其他房地产。例如，经济适用住房与普通商品住宅之间就存在着一定的替代关系。替代品之间，一种房地产的价格上升，对另一种房地产的需求就会增加。某种房地产的互补品，是指与它相互配合的其他房地产。例如，住宅与其配套的商业、娱乐房地产。互补品之间，对一种房地产的消费多了，对另一种房地产的消费也会增加。

⑤ 消费者对未来的预期。消费者的行为不仅受许多现实因素的影响，还受其对未来情况的预期的影响。例如，现时消费者的需求不仅取决于其现在的收入和商品现在的价格水平，还取决于他们对未来收入和未来价格的预期。当预期未来收入增加时，就会增加现期需求；相反，就会减少现期需求。当预期某种房地产的价格会在下一时期上升时，就会增加对该种房地产的现期需求；相反，就会减少对该种房地产的现期需求。

10.4.2.2 房地产供给

（1）房地产供给的内涵

房地产供给，是指房地产开发商和拥有者（卖者）在某一特定时间内，在某一价格水平下，对某种房地产愿意而且能够提供出售的数量。

形成供给有两个条件：一是房地产开发商或拥有者愿意供给；二是房地产开发商或拥有者有能力供给。如果房地产开发商或拥有者对某种房地产虽然有提供出售的愿望，但没有提供出售的能力，则不能形成有效供给。

（2）影响房地产供给的因素

某种房地产的供给量是由许多因素决定的，除了随机因素，经常起作用的因素有以下几种。

① 该种房地产的价格水平。一般来说，某种房地产的价格越高，开发该种房地产就越有利可图，开发商愿意开发的数量就会越多。相反，开发商愿意开发的数量就会越少。

② 该种房地产的开发成本。在某种房地产自身的价格保持不变的情况下，开发成本上升会减少开发利润，从而会使该种房地产的供给减少。相反，会使该种房地产的供给增加。

③ 该种房地产的开发技术水平。在一般情况下，开发技术水平的提高可以降低开发成本，增加开发利润，开发商就会开发更多数量的房地产。

④ 开发商对未来的预期。如果开发商对未来的预期看好，如开发商预期该种房地产的

价格会上涨,则在制订投资开发计划时会增加开发量,从而会使未来的供给增加;同时,会把现在开发的房地产留着不卖,待价而沽,从而会减少该种房地产的现期供给。如果开发商对未来的预期是悲观的,其结果相反。

10.4.3 居住房地产需求、供给的调查与预测分析

10.4.3.1 基础数据的调查

调查的区域范围为拟建项目所在地城市,调查的主要内容如下。

① 调查近5年城市居民人均住房建筑面积。
② 调查未来5~10年城市居民人均住房建筑面积的目标。
③ 调查报告期存量和增量住房中廉租房、经济适用房、普通住宅、高档公寓、别墅所占的比例。
④ 调查近2年城市非农业人口数量和未来5~10年的目标。
⑤ 调查近5年城市居民人均可支配收入。
⑥ 调查近2年城市居民家庭平均人口数。
⑦ 调查城市居民家庭中近5年最低收入户、低收入户、中等偏下户、中等收入户、中等偏上户、高收入户、最高收入户的划分标准及所占的比例。
⑧ 调查报告期城市房屋征收的数量及未来3~5年城市房屋征收的计划。
⑨ 调查近2年住宅用地的供应量及地块的容积率要求。
⑩ 调查未来3~5年住宅用地的供应计划。
⑪ 调查近2年城市住宅房屋新开工面积、施工面积、竣工面积和空置面积。

10.4.3.2 居住房地产增量需求的预测分析

(1) 居住房地产增量需求的预测

居住房地产增量需求由以下几部分组成。

① 现有城市居民居住面积增加形成的增量需求。例如,2012年南京市城镇人口为654万人,城市居民人均住房建筑面积为32.9平方米。江苏省"十三五"规划2020年人均住房建筑面积为38.6平方米。则南京市现有城市居民2012~2020年居住面积增加形成的增量需求总量为3727.8万平方米,平均每年的增量需求为466万平方米。

② 增量城市居民居住房地产的需求。例如,2012年南京市城镇人口654万人,江苏省"十三五"规划2020年南京市城市人口的目标约为960万人。2020年人均住房建筑面积为38.6平方米。则南京市2012~2020年增量城市居民居住房地产的总需求为11811.6万平方米,平均每年的增量需求为1476.45万平方米。

③ 房屋征收中拆除的住宅房屋面积

某城市未来某一年居住房地产增量需求
=该年现有城市居民居住面积增加形成的增量需求的预测值+
该年增量城市居民居住房地产的需求预测值+
该年房屋征收中拆除的住宅房屋面积

(2) 各类居住房地产增量需求的预测

居住房地产主要包括廉租住房、经济适用住房、普通商品住宅、高档公寓和别墅。

① 通过调查分析确定预测年份廉租住房、经济适用住房、普通商品住宅、高档公寓和别墅所占的比例。
② 用预测年份居住房地产增量需求的总量乘以各类居住房地产的比例得出预测年份各

类居住房地产增量需求的数量。

10.4.3.3 居住房地产供给的预测分析

居住房地产的供给是针对增量需求所进行的供给,应体现供略大于求、供求基本平衡的基本原理,供大于求的比例一般为3%~5%左右。

① 根据供求基本原理确定各类居住房地产的供给量。

某城市未来某一年各类居住房地产的供给量
$$=该年各类居住房地产的增量需求数量\times[1+(3\%\sim5\%)]$$

② 根据住宅用地的供应计划和容积率数据,计算出某城市未来某一年各类居住房地产的可能供给量。

如果②的数据大于①的数据,则房地产开发企业拟进行的某类居住房地产开发的风险就比较大。

10.5 消费者的调查与分析

10.5.1 消费者市场层次的划分

① 潜在市场。潜在市场是对某种特定商品有某种程度兴趣和支付能力的消费者的集合。

② 有效市场。市场规模还会因为途径的限制而缩小。如果住宅没能在某个地区销售,那么这个地区的潜在消费者就不是有效市场,有效市场是对某种特定商品有兴趣、收入与途径的消费者的集合。

③ 服务市场。服务市场(也称为目标市场)是企业决定追求的那部分合格的有效市场。企业及其竞争者总会在目标市场上售出一定数量的某种商品。

④ 渗透市场。渗透市场是指已经消费了该产品的消费者的集合。

10.5.2 影响消费者消费的因素

10.5.2.1 社会文化因素

(1) 文化因素

文化、亚文化和社会阶层等文化因素,对消费者的行为具有广泛和深远的影响。文化是人类欲望和行为最基本的决定因素,低级动物的行为主要受其本能的控制,而人类行为大部分是学习而来的,在社会中成长的儿童是通过其家庭和其他机构的社会化过程学到了一系列基本的价值、知觉、偏好和行为的整体观念,这也影响了他们的消费行为。

每一文化都包含着能为其成员提供更为具体的认同感和社会化的较小的亚文化群体,如民族群体、宗教群体、种族群体、地理区域群体等。例如,地区亚文化群,由于地理位置、气候、历史、经济、文化发展的影响,我国可明显分出南方、北方,或东部沿海和中部、西部内陆区等亚文化群。不同地区的人们,由于生活习惯、经济、文化的差异,导致消费有差别。

每个社会客观上都会存在社会阶层的差异,即某些人在社会中的地位较高,受到社会更多的尊敬,另一些人在社会中的地位较低,他们及他们的子女总想改变自己的地位,进入较高的阶层。不过,在不同社会形态下,划分社会阶层的依据不同。在现代社会,一般认为所从事职业的威望、受教育水准和收入水平或财产数量综合决定一个人所处的社会阶层。显然,位于不同社会阶层的人,因经济状况、价值观取向、生活背景和受教育水平不同,其生活习惯,消费内容,对传播媒体、商品品牌,甚至商店的选择都可能不同。

(2) 社会因素

消费者消费行为也会受到诸如相关群体、家庭、社会角色与地位等一系列社会因素的影响。

相关群体是指对个人的态度、偏好和行为有直接或间接影响的群体。每个人周围都有许多亲戚、朋友、同学、同事、邻居,这些人都可能对他的消费活动产生这样那样的影响,他们就是他的相关群体。尤其在中国,顺从群体意识是中国文化的深层结构之一,因此人们往往有意无意地按照或跟随周围人的意向决定自己消费什么、消费多少。

家庭是最重要的相关群体。一个人从出生就生活在家庭中,家庭在个人消费习惯方面给人以种种倾向性的影响,这种影响可能终其一生。

10.5.2.2 个人因素

消费者消费决策也受其个人特性的影响,特别是受其年龄所处的生命周期阶段、职业、经济状况、生活方式、个性以及自我观念的影响。生活方式是一个人在世界上所表现的有关其活动、兴趣和看法的生活模式。个性是一个人所特有的心理特征,它导致一个人对其所处环境的相对一致和持续不断的反应。

(1) 年龄

不同年龄层消费者的购物兴趣不同,选购商品的品种和式样也不同。例如,青年人多为冲动性消费,容易受外界各种刺激的影响改变主意;老年人经验丰富,多为习惯型消费,不容易受广告等商业信息的影响。

(2) 性别、职业、受教育程度

由于生理、心理和社会角色的差异,不同性别的消费者在消费商品的品种、审美情趣、消费习惯方面有所不同。职业不同、受教育程度不同也影响到人们需求和兴趣的差异。

(3) 经济状况

主要取决于一个人可支配收入的水平,也要考虑他是否有其他资金来源、借贷的可能及储蓄倾向。在一个经济社会,经济状况对个人的消费能力起决定性作用。消费者一般要在可支配收入的范围内考虑其开支。

(4) 生活方式

生活方式是人们根据自己的价值观念安排生活的模式。有些人虽然处于同一社会阶层,有相同的职业和相近的收入,但由于生活方式不同,其日常活动内容、兴趣、见解也大相径庭。

(5) 个性

个性是个人的性格特征,如自信或自卑、内向或外向、活泼与沉稳、急性或慢性、倔强或顺从等。显然,自信或急躁的人,消费时很快就能拿定主意;缺乏自信或慢性子的人消费决策过程就较长,或是反复比较,拿不定主意。外向型的人容易受周围人的意见影响,也容易影响他人,内向型的人则相反。有学者认为,根据个性不同可将消费者分为6种类型:习惯型、理智型、冲动型、经济型、感情型和不定型。

(6) 自我形象

现实中呈现一个十分复杂的现象:有实际的自我形象、理想的自我形象和社会自我形象(别人怎样看自己)之分。人们希望保持或增强自我形象,消费有助于改善或加强自我形象。

10.5.2.3 心理因素

消费者消费行为要受动机、感觉、学习以及信念和态度等主要心理因素的影响。

(1) 动机

动机是一种升华到足够强度的需要，它能够及时引导人们去探求满足需要的目标。人是有欲望的动物，需要什么取决于已经有了什么，尚未被满足的需要才影响人的行为，亦即已满足的需要不再是一种动因。人的需要是以层次的形式出现的，按其重要程度的大小，由低级需要逐级向上发展到高级需要，依次为生理需要、安全需要、社会需要、自我尊重需要和自我实现需要。只有低层次需要被满足后，较高层次的需要才会出现并要求得到满足。一个被激励的人随时准备行动。然而，他如何行动则受其对情况的感觉程度的影响。

(2) 感觉

感觉是人们通过各种感观对外界刺激形成的反映。现代社会，人们每天要面对大量的刺激，但对同样的刺激不同人有不同的反映或感觉。原因在于，感觉是一个有选择性的心理过程。由于每个人的感知能力、知识、态度和此时此地关心的问题不同，同样的刺激作用于不同人身上产生不同的反应，导致了一部分消费者消费行为的差异。

(3) 学习

人们的行为有些是与生俱来的，但多数行为，包括消费行为，是通过后天的学习得来的。

(4) 信念和态度

信念和态度是人们通过学习或亲身体验形成的对某种事物比较固定的观点或看法。这些信念和态度影响着人们未来的消费行为。信念和态度一旦形成就很难改变，它们引导消费者习惯地消费某些商品。

10.5.3 消费者消费决策过程

(1) 参与消费决策的角色

人们在消费决策过程中可能扮演不同的角色，包括：发起者，即首先提出或有意向消费某一产品或服务的人；影响者，即其看法或建议对最终决策具有一定影响的人；决策者，即对是否消费、为何消费、如何消费、何处消费等方面的消费决策作出完全或部分最后决定的人；消费者，即实际消费或使用产品或服务的人。

(2) 消费决策过程

在复杂消费行为中，消费者的消费决策过程由引起需要、收集信息、评价方案、决定消费和买后行为五个阶段构成。

消费者的需要往往由两种刺激引起，即内部刺激和外部刺激。市场调查人员应注意识别引起消费者某种需要和兴趣的环境，并充分注意到两方面的问题：一是注意了解那些与调查委托者的产品实际上或潜在的有关联的驱使力；二是消费者对某种产品的需求强度，会随着时间的推移而变动，并且被一些诱因所触发。

一般来讲，引起的需要不是马上就能满足，消费者需要寻找某些信息。消费者信息来源主要有个人来源（家庭、朋友、邻居、熟人）、商业来源（广告、推销员、经销商、包装、展览）、公共来源（大众传播媒体、消费者评审组织等）、经验来源（处理、检查和使用产品）等。市场调查人员应对消费者使用的信息来源认真加以识别，并评价其各自的重要程度，以及询问消费者最初接到品牌信息时有何感觉等。

消费者对产品的判断大都是建立在自觉和理性基础之上的。消费者的评价行为一般要涉及产品属性(即产品能够满足消费者需要的特性)、属性权重(即消费者对产品有关属性所赋予的不同的重要性权数)、品牌信念(即消费者对某品牌优劣程度的总的看法)、效用函数(即描述消费者所期望的产品满足感随产品属性的不同而有所变化的函数关系)和评价模型(即消费者对不同品牌进行评价和选择的程序和方法)等问题。

评价行为会使消费者对可供选择的品牌形成某种偏好,从而形成消费意图,进而消费所偏好的品牌。但是,在消费意图和决定消费之间,有两种因素会起作用:一是别人的态度;二是意外情况。也就是说,偏好和消费意图并不总是导致实际消费,尽管二者对消费行为有直接影响。消费者修正、推迟或者回避作出某一消费决定,往往是受到了可觉察风险的影响。可觉察风险的大小随着冒这一风险所支付的货币数量、不确定属性的比例以及消费者的自信程度而变化。市场营销人员必须了解引起消费者有风险感的那些因素,进而采取措施来减少消费者的可觉察风险。

消费者对其消费的产品是否满意,将影响到以后的消费行为。如果对产品满意,则在下一次消费中可能继续采购该产品,并向其他人宣传该产品的优点。如果对产品不满意,则会尽量减少不和谐感,因为人的机制存在着一种在自己的意见、知识和价值观之间建立协调性、一致性或和谐性的驱使力。具有不和谐感的消费者可以通过放弃或退货来减少不和谐,也可以通过寻求证实产品价值比其价格高的有关信息来减少不和谐感。

10.5.4 居住房地产消费者的调查与分析

10.5.4.1 已投入使用的类似居住房地产的消费者的调查与分析

类似居住房地产包含两层含义:一是居住房地产大的类型相同,例如经济适用住房、普通商品住宅、高档公寓或别墅;二是与拟建项目所在的片区相同或相近。

居住房地产调查与分析的主要内容如下。

① 消费者家庭主要成员的年龄。

例如,南京某房地产开发企业拟在某一片区建一普通商品住宅,该开发企业委托某调查公司对已投入使用的类似居住房地产的消费者进行调查与分析,调查报告中有关消费者家庭主要成员的年龄的数据见图10-1。

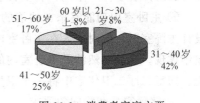

图10-1 消费者家庭主要成员的年龄分布

② 消费者家庭主要成员的学历。

③ 消费者家庭月收入。

④ 消费者家庭人口。

⑤ 消费者家庭主要成员的职业。

⑥ 消费者置业次数。

⑦ 消费者购房款的支付方式。

10.5.4.2 拟建项目目标消费者的调查与分析

通过已投入使用的类似居住房地产的消费者的调查与分析,并结合拟建项目的特点,初步确定拟建项目的目标消费者。通过对目标消费者的进一步调查与分析,为项目的定位提供依据,最后生产出满足目标消费者要求的房地产产品。

拟建项目目标消费者调查与分析的主要内容为:

(1) 目标消费者基本特征的调查与分析

① 消费者家庭主要成员的年龄。

② 消费者家庭主要成员的学历。

③ 消费者家庭人口。
④ 消费者家庭主要成员的职业。
(2) 目标消费者所需求产品特征的调查与分析
① 规划设计的要求。
② 套型的要求。例如，某拟建住宅项目目标消费者对套型的要求的调查数据见图 10-2。

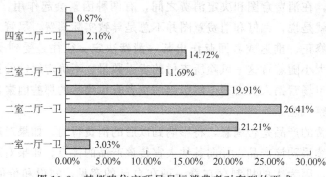

图 10-2　某拟建住宅项目目标消费者对套型的要求

③ 面积的要求。
④ 交房标准的要求。交房标准主要是指毛坯房、初装修房、全装修房或菜单式装修。
⑤ 厨房设计偏好要求。厨房是居室内的重要功能室，厨房设计的合理性对日常生活质量有着较大的影响，厨房设计的偏好情况也必将影响消费者的购房选择。目前，主流厨房设计主要有封闭式厨房和开放式厨房两种设计形式。封闭式厨房是把烹调作业效率放在第一位考虑的独立式厨房专用空间，它与就餐、起居、家事等空间是分割开的；开放式厨房则将餐厅与厨房并置于同一空间，将烹饪和就餐团聚作为重点考虑的设计形式。
⑥ 主卧室内功能室添加功能的要求。主卧室是主人活动的最主要场所之一，因此，在设计主卧室时，应对主人在主卧室内活动的私密性、方便性等方面进行充分考虑并在设计中集中体现，这就必然涉及主卧室内的功能室的添加问题。目前南京开发商一般在三室二厅二卫、四室二厅二卫住宅中将一个卫生间设于主卧室，其余类型功能室的添加较少。
⑦ 储藏室、杂物间的要求。
⑧ 建筑外立面用材偏好的要求。
⑨ 配套设施的要求。
(3) 目标消费者购房经济承受能力的调查与分析
① 消费者能承受的住宅总价。
② 消费者能接受的商品住宅的单价。
③ 消费者家庭月收入。
④ 消费者置业次数。
⑤ 消费者购房款的支付方式。

10.6　竞争者的调查与分析

10.6.1　识别竞争者

竞争者一般是指那些与本企业提供的产品或服务相类似，并且有相似目标顾客和相似价格的企业。识别竞争者看来似乎是简而易行的事，其实并不尽然。企业现实的和潜在的竞争者范围是很广的，一个企业很可能被潜在竞争者（而不是当前的主要竞争者）吃掉。通常可从产业和市场两个方面来识别企业的竞争者。

(1) 产业竞争观念

从产业方面来看，提供同一类产品或可相互替代产品的企业，构成一种产业，如住宅产业、汽车产业、信息产业等。如果一种产品价格上涨，就会引起另一种替代产品的需求增加。企业要想在整个产业中处于有利地位，就必须全面了解本产业的竞争模式，以确定自己的竞争者的范围。从本质上讲，分析起始于对供给和需求基本条件的了解，供求情况影响产业结构，产业结构影响产业行为（包括产品开发、定价策略和广告策略等），而产业行为又影响产业绩效（例如产业效率、技术进步、盈利能力、就业状况等）。

(2) 市场竞争观念

从市场方面来看，竞争者是那些满足相同市场需要或服务于同一目标市场的企业。例如，从产业观点来看，普通商品住宅开发商以其他同行业的公司为竞争者。但从市场观点来看，顾客需要的是"居住空间"，经济适用住房、高档公寓、别墅也可以满足这种需要，因而开发这些居住空间的公司均可成为普通商品住宅开发商的竞争者。以市场观点分析竞争者，可使企业拓宽眼界，更广泛地看清自己的现实竞争者和潜在竞争者，从而有利于企业制定长期的发展规划。

10.6.2 确定竞争者的目标

确定了企业的竞争者之后，还要进一步明确每个竞争者在市场上的追求目标是什么以及每个竞争者行为的动力是什么。可以假设，所有竞争者努力追求的都是利润的极大化，并据此采取行动。但是，各个企业对短期利润或长期利润的侧重不同。有些企业追求的是"满意"的利润而不是"最大"的利润，只要达到既定的利润目标就满意了，即使其他策略能赢得更多的利润他们也不予考虑。

每个竞争者都有侧重点不同的目标组合，如获利能力、市场份额、现金流量、技术领先和服务领先等。企业要了解每个竞争者的重点目标是什么，才能正确估计他们对不同的竞争行为将如何反应。例如，一个以"低成本领先"为主要目标的竞争者，看到其他企业在降低成本方面技术突破的反应，要比对增加广告预算的反应强烈得多。企业还必须注意监视和分析竞争者的行为，如果发现竞争者开拓了一个新的细分市场，则这可能是一个市场营销机会。如果发觉竞争者正试图打入属于自己的细分市场，那么就应抢先下手，予以回击。

10.6.3 确定竞争者的战略

各企业采取的战略越相似，它们之间的竞争就越激烈。在多数行业中，根据所采取的主要战略的不同，可将竞争者划分为不同的战略群体。

根据战略群体的划分，可以归纳出两点：一是进入各个战略群体的难易程度不同，一般小型企业适于进入投资和声誉都较低的群体，因为这类群体较易打入，而实力雄厚的大型企业则可考虑进入竞争性强的群体；二是当企业决定进入某一战略群体时，首先要明确谁是主要的竞争对手，然后决定自己的竞争战略。

除了在同一战略群体内存在激烈竞争外，在不同战略群体之间也存在竞争。原因是：第一，某些战略群体可能具有相同的目标顾客；第二，顾客可能分不清不同战略群体的产品的区别，如分不清高档货与中档货的区别；第三，属于某个战略群体的企业可能改变战略，进入另一个战略群体，如提供高档住宅的企业可能转而开发普通住宅。

企业需要估计竞争者的优势及劣势，了解竞争者执行各种既定战略是否达到了预期目标。如果发现竞争者的主要经营思想有某种不符合实际的错误观念，企业就可利用对手这一劣势，出其不意，攻其不备。

10.6.4 判断竞争者的反应模式

竞争者的目标、战略、优势和劣势决定了它对降价、促销、推出新产品等市场竞争战略的反应。此外，每个竞争者都有一定的经营哲学和指导思想，因此，为了估计竞争者的反应及可能采取的行动，企业的市场营销管理人员要深入了解竞争者的思想和信念。当企业采取某些措施和行动之后，竞争者会有不同的反应。

(1) 从容不迫型竞争者

一些竞争者反应不强烈，行动迟缓，其原因可能是认为顾客忠实于自己的产品，也可能是重视不够，没有发现对手的新措施，还可能是因缺乏资金无法作出适当的反应。

(2) 选择型竞争者

一些竞争者可能会在某些方面反应强烈，如对降价销售总是强烈反击，但对其他方面（如增加广告预算、加强促销活动等）却不予理会，因为他们认为这对自己威胁不大。

(3) 凶猛型竞争者

一些竞争者对任何方面的进攻都迅速强烈地作出反应，一旦受到挑战就会立即发起猛烈的全面反击。对这样的企业，同行都避免与它直接交锋。

(4) 随机型竞争者

有些企业的反应模式难以捉摸，它们在特定场合可能采取也可能不采取行动，并且无法预料它们将会采取什么行动。

10.6.5 企业应采取的对策

企业明确了主要竞争者并分析了竞争者的优势、劣势和反应模式之后，就要根据下列情况采取对策。

(1) 竞争者的强弱

多数企业认为应以较弱的竞争者为进攻目标，因为这可以节省时间和资源，事半功倍，但是获利较少。反之，有些企业认为应以较强的竞争者为进攻目标，因为这可以提高自己的竞争能力并且获利较大，而且即使强者也会有劣势。

(2) 竞争者与本企业的相似程度

多数企业主张与相近似的竞争者展开竞争，但同时要注意避免摧毁相近似的竞争者，因为其结果可能对自己反而更为不利。例如，某城市 A 房地产开发企业和与其同样规模的 B 房地产开发企业竞争中大获全胜，导致竞争者完全失败而将公司全部卖给竞争力更强大的 C 房地产开发企业，结果使 A 房地产开发企业不得不面对更为强大的竞争者，处境更为艰难。

(3) 竞争者表现的好坏

有时竞争者的存在对企业是必要的和有益的。竞争者可能有助于增加市场总需求，可分担市场开发和产品开发的成本，并有助于使新技术合法化；竞争者为吸引力较小的细分市场提供产品，可导致产品差异性的增加；竞争者还可加强企业同政府管理者或同职工的谈判力量。但是，企业并不是把所有的竞争者都看成是有益的，因为每个行业中的竞争通常都有表现良好和具破坏性的两种类型。表现良好的竞争者按行业规则行动，按合理的成本定价；致力于行业的稳定和健康发展；将自己限定在行业的某一部分或细分市场中，激励其他企业降低成本或增加产品差异性；接受合理的市场份额与利润水平。具有破坏性的竞争者则不遵守行业规则，常常不顾一切地冒险，或用不正当手段扩大市场份额等，从而扰乱了行业的均衡。

10.6.6 竞争性项目的调查与分析

10.6.6.1 居住房地产竞争项目的调查与分析

居住房地产竞争项目的调查的主要内容见表 10-7。

表 10-7 居住房地产竞争项目调查表

项目名称				电话			
开发商				代理商			
物业管理				物管费			
地理位置				车位租售价格			
占地面积	建筑面积	容积率	户数	楼层与栋数		实用率	
户型及面积	户型	面积	套数	户型比例	销售套数	销售比例	销售套数占总套数的比例
	一室一厅						
	二室一厅						
	二室二厅						
	三室一厅						
	三室二厅						
	四室二厅						
	五室二厅						
配套设施							
销售价格							
付款方式							
综合评述							

10.6.6.2 商业房地产竞争项目的调查与分析

商业房地产竞争项目的调查的主要内容见表 10-8。

表 10-8 商业房地产竞争项目调查表

项目名称			
地理位置		开发商	
		面积	
产品特点	建筑设计		
	地段环境		
	功能分区		
价格策略	价格定位		
	价格调整策略		
	其他		
租售状况及其分析	租售进度		
	原因分析		

项目名称		开发商	
地理位置		面积	
客户分析	目标客户定位		
	成交客户分析		
项目 SWOT 分析	优势(strength)		
	劣势(weakness)		
	机会(opportunity)		
	威胁(threats)		
推广策略	推广手段		
	评价		

【例 10-3】 南京河西新城区某项目的 SWOT 分析。

(1) S（优势）分析

① 地处河西新区，在南京经济发展中处于重要位置，是未来城市发展的副中心，升值前景看好。

② 项目商业建筑面积在 7 万平方米左右，属于大型商业项目，地块完整规则，可塑性较强，有望打造成中高档精品商业物业。

③ 项目处于地铁 1 号线附近，有利于吸引人流。

④ 政府统一规划统一建设，将使本地区形成良好的新城市风貌。

⑤ 政府规划未来河西南部形成高档住宅区，中部以中高档为主，因此本片区消费能力较强，同时对产品定位也有一定的指导意义。

(2) W（劣势）分析

① 市场存在不确定因素太多，对项目开发增加一定难度。

② 河西新区南部暂未全面开发，周边居民较少，会对客户购买商铺心理造成一定的影响。

③ 近期奥体中心购买力明显不足，远景看好。

④ 本区域商业物业的形象定位尚须进一步引导。

⑤ 周边项目同时开工，造成市场竞争激烈，会分流项目的一部分客户。

⑥ 项目北面所街附近的居民素以城市边缘人闻名，建筑物杂乱、经济水平低、社会治安较差，对购买本商铺也会造成一定的影响。

(3) O（机会）分析

① 南京市的商场普遍缺少特色，消费结构调整呼唤新的商业业态出现。

② 第三产业迅速兴起，未来商业物业需求较大。

③ 南京市国民经济运行稳定，居民消费能力增强，商业市场进入发展阶段，市场前景广阔。

④ 投资者、经营者纷纷看好大型购物中心。

(4) T（威胁）分析

① 南京商业物业供应量大幅上升，商业呈现店铺、连锁店、超市、仓储式购物等多种业态齐头并进局面，商业物业竞争激烈，大卖场进入南京市场将更为谨慎。

② 市场竞争都进入高端市场，同质化严重。

③ 各竞争对手纷纷引进新的经营理念及先进的营销管理团队。

④ 外地发展商开始进入南京的地产界，必将加剧市场竞争。

⑤ 欧洲城等大型商家定位明确，建筑风格别具特色，对本项目将造成一定的威胁。

第11章
房地产开发项目营销策划书的编制

11.1 项目概况

11.1.1 项目名称
项目名称：某某国际广场。

11.1.2 项目地块情况
（1）项目地址

项目地处南京河西新城区。北临青石埂路，西临景观大道江东南路，东边是绿化步行商业区，南与某大厦相邻。

（2）地块的现状

地块为"熟地"出让，国有建设用地出让时，房屋征收补偿工作、"三通一平"工作已完成。

（3）地块的周边环境

① 河西新城位于南京西南，北起三汊河，南接秦淮新河，西临长江夹江，东至外秦淮河。总面积约94平方公里，其中，陆地面积56平方公里，江心洲、潜洲及江面38平方公里。2012年人口35万，规划人口60万。

② 河西新城规划定位为商务、商贸、文体三大功能为主的城市副中心，居住与就业兼顾的中高档居住区和以滨江风貌为特色的城市西部休闲游览地，按照"整体规划、一次征用、统一开发、分批建设"的方式，最终将建设成为一个现代文明与滨江特色交相辉映的城市新中心和现代化新南京标志区。

③ 河西新城区划分为北部、中部、南部以及西部江心洲四个地区。北部地区，位于纬七路以北，20平方公里，为基本建成地区。定位为以居住区和科技园区为主体功能，主要是完善配套设施，改善环境，提高整体环境质量和综合服务水平。中部地区，位于纬七路以南、绕城公路以北，21平方公里，是"十五"期间河西建设的重点地区，逐步形成新区现代服务业聚集区、中高标准居住区、滨江休闲地与都市产业园。南部地区，位于绕城公路、江山大街以南，15平方公里，是规划预留的现代化居住、工作、休闲等设施用地，是"十一五"期间河西建设重点区域。江心洲，位于新城西部，隔长江夹江与滨江风光带相望，定位为"以绿色开敞空间为主体，以休闲农业和特色旅游为主要职能"，重点突出"农"和"水"为主要特色的农业休闲观光旅游。

④ 河西新城采取"新区中心、地区中心、社区中心"三级中心配套体系，其中新区中心1个（即CBD）、地区中心3个、社区中心8个。

⑤ 河西新城是南京新的立体交通枢纽，路网规划指标达到国家领先水平，网格式道路

路口平均间距为 300～400 米，中心区则达到了 150 米，人均道路用地达 19.5 平方米。由快速路、主干路、次干路、支路构成，有 5 条地铁线经过，交通十分便利。

⑥ 河西新城教育配套规划起点高，中学服务半径不大于 1000 米，小学服务半径不大于 500 米，全部实行小班化教学。金陵中学河西分校、南师附中新城初中等一批名校已建成开学。

⑦ 河西新城绿化覆盖率 48%，人均绿地 22 平方米，所有主干道两侧都建有 20 米宽绿带，次干道和滨河两侧各控制 10 米绿带，任意 500 米半径就有一处公园、广场或街头绿地，极力打造"绿色河西、生态新城"。

11.1.3 项目建设单位

① 项目建设单位名称。
② 法人代表。
③ 项目建设单位简介。

11.1.4 开发项目主要建设内容

项目规划建设用地面积 27003 平方米，总建筑面积 213617 平方米，±0.00 以上部分容积率为 5.96，结构类型为框架结构。地下 2 层，地上 26 层。其中，地下-2 层为设备层及停车场，-1 层为商业用房及停车场，1～4 层为商业用房，4 层上部由 4 栋 22 层住宅组成。

11.1.5 项目建设的必要性

① 项目建设背景。
② 项目建设目的和意义。

11.1.6 项目合作的有关单位

① 项目设计单位。
② 项目施工单位。
③ 项目监理单位。
④ 项目物业管理单位。

11.1.7 项目建设的自然条件

① 地势。
② 水文地质情况。
③ 气候。
④ 抗震要求。

11.1.8 市政基础设施条件

供水、排水、强电、弱电、煤气、通信、道路等市政基础设施能满足项目建设的要求。

11.1.9 项目营销策划的依据

① 类似项目营销策划实例。
② 国家及南京市对房地产开发项目取费的规定。
③ 房地产市场信息资料。
④ 南京地区投资环境资料。
⑤ 潜在消费者调查资料。
⑥ 南京市规划局批准的用地规划红线图及规划设计要点。
⑦ 项目可行性研究报告。
⑧ 有关法规、规范和标准。

11.2 市场调查

11.2.1 高层住宅潜在消费者调查与分析

11.2.1.1 南京河西地区高层住宅潜在消费者基本情况调查与分析

(1) 学历调查与分析

图 11-1 中数据显示，有意向在南京河西地区购买高层住宅的消费者的学历以大专居多，占 33.05%；大专及以上学历消费者占到 59.32%。可见，消费者的文化素质较高。

(2) 年龄调查与分析

图 11-2 数据显示，21～30 岁的年轻人成为南京河西地区高层住宅的主力潜在购买者，高达 56.78%，其次是 31～40 岁的消费者，占 31.36%，二者合计占到 88.14%，41 岁以上的消费者很少。

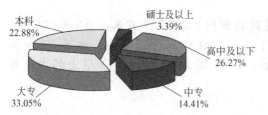

图 11-1 潜在消费者学历层次分布

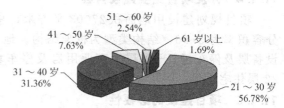

图 11-2 潜在消费者年龄层次分布

(3) 婚姻状况调查与分析

图 11-3 数据显示，已婚者占据多数，64.41% 的南京河西地区高层住宅的潜在消费者为已婚者，未婚者相对较少，为 35.59%。

(4) 收入调查与分析

图 11-4 数据显示，有意向在南京河西地区购买高层住宅的消费者的家庭月总收入仍然主要集中在 4001～8000 元，这一收入阶层的消费者占 82.20%，其中，又以家庭月总收入在 6001～8000 元的消费者最多，占 39.49%。

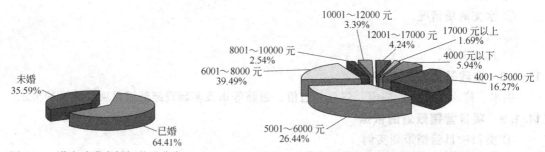

图 11-3 潜在消费者婚姻状况分布　　图 11-4 潜在消费者家庭月总收入情况分布

(5) 居住区域分布调查与分析

图 11-5 数据显示，南京河西地区高层住宅潜在消费者主要来自河西、城南、城中的居民，三者合计占到 65.25%，其中，河西居民最多，占 24.58%。

(6) 职业调查与分析

图 11-6 数据显示，企业一般管理人员、事业单位工作人员、企业普通职工、自由职业者

构成南京河西地区高层住宅主力消费群体,四者合计占到 66.95%,其中,企业一般管理人员最多,占 23.73%。

(7) 主要工作地点调查与分析

图 11-7 数据显示,工作地点方面,"在单位工作"的消费者仍占据绝对多数,占 82.20%。

11.2.1.2 南京河西地区高层住宅潜在消费者需求特征调查与分析

(1) 购房目的调查与分析

图 11-8 数据显示,消费者购买高层住宅的主要目的是为了居住。调查与分析表明,打算购买高层住宅居住的消费者占 76.62%,出于投资目的而购买高层住宅的消费者较少,仅为 23.38%。

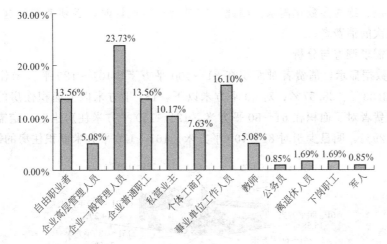

图 11-5 潜在消费者居住区域分布

图 11-6 潜在消费者职业分布

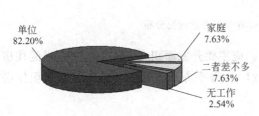

图 11-7 潜在消费者工作地点分布

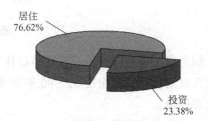

图 11-8 潜在消费者购买高层住宅目的

(2) 套型需求调查与分析

图 11-9 数据显示,消费者对二室二厅一卫的住房需求最大,达 26.41%。其次,消费者对二室一厅一卫、三室一厅一卫也有较大需求,分别有为 21.21%、19.91%。再次,消费者对三室二厅二卫、三室二厅一卫这两种套型也有一定需求,需求比例分别占 14.72%、11.69%。而对于偏小的一室一厅一卫,偏大的四室二厅二卫、五室以上套型的需求则非常小,三者合计仅为 6.06%。

经过以上调查与分析可以看出,消费者对高层住宅的套型需求分层特征明显,除对偏大

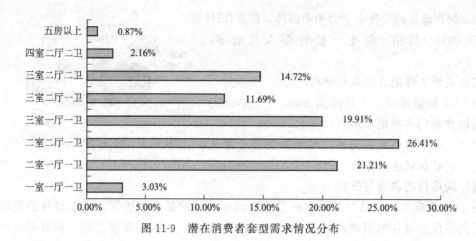

图 11-9 潜在消费者套型需求情况分布

与偏小套型的两极需求较小外,对其余 5 种套型都有一定数量的显性需求,并没有形成对某一套型的集中性、绝对多数化需求。因此,在进行户型设计时,必须考虑到这一显著特征,顾及到各个层次的消费者。

(3) 面积需求调查与分析

图 11-10 数据显示,消费者对面积在 81~100 平方米、101~120 平方米住房的需求较大,分别为 33.33%、28.57%;对 60 平方米以下、151 平方米以上面积住房的需求明显较小。另外,消费者对于面积在 61~80 平方米、121~150 平方米住房也有一定需求,分别为 15.58%、14.29%,明显少于对 81~100 平方米、101~120 平方米面积住房的需求量。

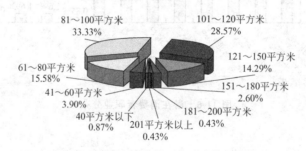

图 11-10 潜在消费者面积需求情况分布

综合以上调查与分析,开发高层住宅时,应主要开发面积在 81~120 平方米的住房,同时也可以适量开发面积在 61~80 平方米、121~150 平方米的住房。对于其他面积住房的开发则需谨慎。

(4) 总价承受能力调查与分析

对购房总价的承受能力是测定住房消费需求的重要指标。通过调查发现,消费者的总价承受能力服从套型与面积的分层特征,总价承受能力并非特别集中于某一总价层次。图 11-11 数据显示,总价承受能力主要分布于 101 万~120 万元、121 万~140 万元、141 万~160 万元这 3 个层次,能够承受这 3 个价位的消费者分别占 16%、32%、23%,三者合计占到 71%。

进行聚类调查与分析后发现,总价超过 160 万元以后,只有 19% 的消费者能够承受,81% 消费者的总价承受能力在 160 万元以下。应将本项目每套住房的总价应控制在 160 万元以内,如果能够在 140 万元以内,将会对销售工作更加有利。

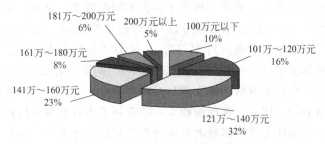

图 11-11 潜在消费者总价承受能力分布

(5) 交房标准偏好调查与分析

为了防止二次装修的资源浪费等问题,目前国内部分城市已经开始推广全装修房,南京已有梅花山庄·湖畔之星、金鼎湾等全装修房楼盘出现。但是,调查发现,由于毛坯房价格适中,可以根据不同的偏好与经济承受能力进行个性化装修,打算购买高层住宅的消费者喜欢的交房标准仍以毛坯房为最多,占 48.48%。其次,因为买房以后能够直接入住,免去了装修的麻烦,而且比较经济实用,不用花费全装修房那么高的费用,简装房也受到 31.60%的消费者的欢迎。

(6) 厨房设计偏好调查与分析

厨房是居室内的重要功能室,厨房设计的合理性对日常生活质量有着较大的影响,厨房设计的偏好情况也必将影响消费者的购房选择。目前,主流厨房设计主要有封闭式厨房和开放式厨房两种设计形式。封闭式厨房把烹调作业效率放在第一位,考虑独立式厨房专用空间,它与就餐、起居、家事等空间是分割开的;开放式厨房则将餐厅与厨房并置于同一空间,将烹饪和就餐团聚作为重点考虑的设计形式。

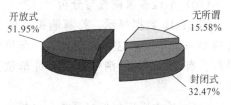

图 11-12 数据显示,消费者对开放式厨房的偏好率更高,达 51.95%。可见,消费者更加喜欢开放式厨房。传统的封闭式厨房设计则受到 32.47%的消费者的确定性选择,这一比例也应不算低。根据以上调研数据,在本案的住宅开发过程中,应根据套内设计实际情况对厨房设计进行灵活掌握。

图 11-12 潜在消费者厨房设计偏好分布

(7) 主卧室内功能室添加功能需求调查与分析

主卧室是主人活动的最主要场所之一,因此,在设计主卧室时,应对主人在主卧室内活动的私密性、方便性等方面进行充分考虑并在设计中予以体现。这必然会涉及主卧室内的功能室的添加问题。目前南京开发商一般在三室二厅二卫、四室二厅二卫住宅中将一个卫生间设于主卧室,其余类型功能室的添加较少。

调查表明,消费者对在主卧室内增加独立的卫生间的需求最强烈,49.35%的消费者对此表达了需求意愿。其次,步入式更衣间也受到 26.41%的消费者的欢迎,而消费者对独立的梳妆室的需求较小,仅为 12.12%。

针对消费者的以上需求,开发商应综合考虑,诸如套型、面积等各种因素,再决定是否增加或增加哪一种功能室,但面积较大的住房的主卧室中设立主人专用的卫生间已经成为多数开发商的共识。

(8) 房间的平面布局设计偏好调查与分析

针对房间的平面布局设计，消费者提出了各自不同的观点。其中，最集中的意见是"客厅大点，主卧室小点"。这一意见受到56.71%的消费者的认同。其次，认为"客厅与主卧室都大些，其他小点"的消费者也占到31.17%。认为"客厅小点，主卧室大些""客厅与主卧室都小点，厨房与卫生间大点""各功能区都大些"的消费者仅分别为9.52%、1.73%、0.87%。这说明，由于现代家庭活动的大部分时间在客厅，客厅大点，方便会客。另外，客厅大些，还可以自由分割。因此，客厅面积大一些得到了多数消费者的认同，而对卧室的面积要求则存在分歧。高层住宅潜在消费者对房间布局偏好分布见图11-13。

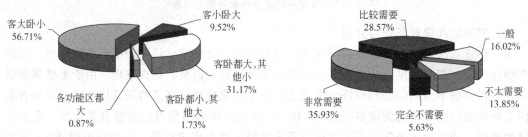

图11-13　潜在消费者对房间布局偏好分布　　图11-14　潜在消费者对储藏室/杂物间的需求分布

（9）储藏室/杂物间需求调查与分析

图11-14数据显示，多数消费者希望房间内设置储藏室/杂物间，表示"非常需要"与"比较需要"的消费者总计有64.50%，并且表示"非常需要"的消费者多于"比较需要"的消费者7.36%。这说明，储藏室/杂物间的设置将能够迎合多数消费者。

（10）车位需求调查与分析

图11-15数据显示，打算购买高层住宅的消费者对车位的需求较大，65.12%的消费者需要一个车位。这一数据显示，车位的建设会对高层住宅的开发成功具有较大的意义。另外，有29.18%的消费者表示对车位无需求，而需要2个、3个及以上车位的消费者很少。

（11）外立面用材偏好调查与分析

合适的外立面用材能够充分展示楼盘的品质、风格，是吸引消费者购买的重要因素之一。因此，对外立面用材的研究极其必要。图11-16数据显示，消费者比较喜欢的外立面用材是高档涂料及瓷砖，分别达到44.13%、30.25%的偏好率，而马赛克的受欢迎程度则大大减弱，仅有16.37%的消费者表示喜欢使用马赛克的外立面。

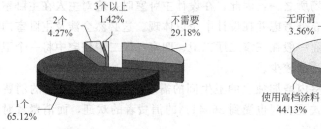
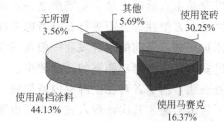

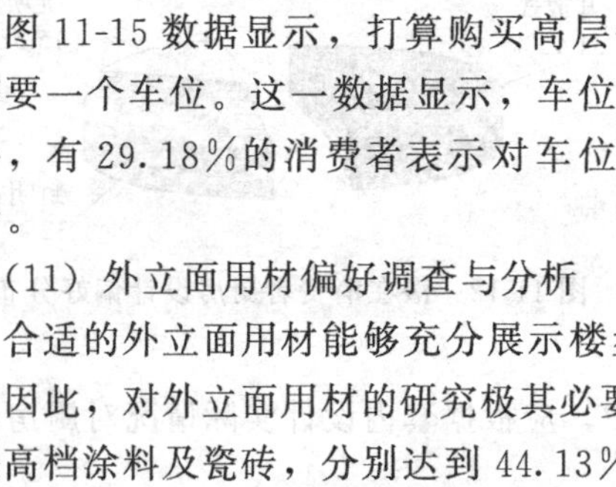

图11-15　潜在消费者车位需求分布 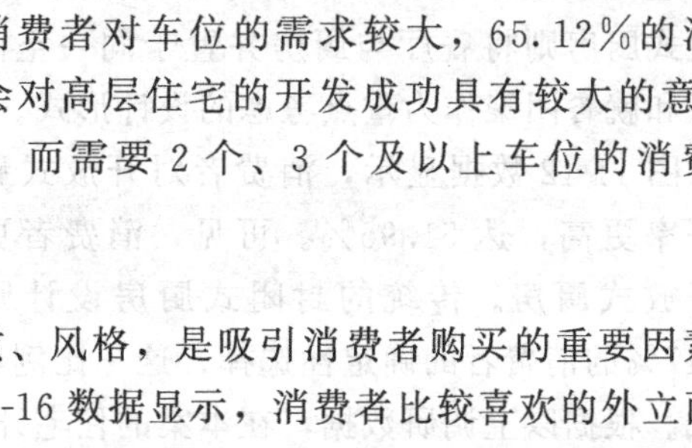　　图11-16　潜在消费者墙体外立面用材偏好分布

11.2.1.3　消费者购房信息渠道调查与分析

（1）总体调查与分析

图11-17数据显示，在消费者获得购房信息的主要途径中，报纸广告的传播率最高，达

到82.21%；房展会位居第二，达到53.74%；电视广告则位居第三，有35.94%的消费者通过电视广告获得购房信息。通过亲友推荐获得购房信息的购房者有20.28%，超过车身广告、户外广告牌和电台广告等的传播率，位列第四。这表明，有效的口头传播为购房者所信赖，但同时对开发商的品牌形象、开发项目的品质也提出了更高的要求。

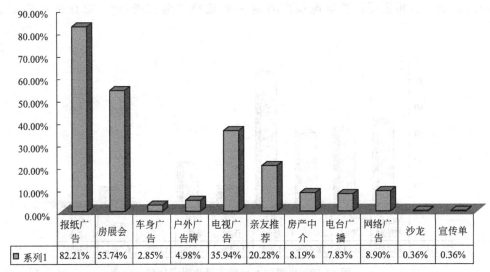

图 11-17　购房信息渠道分布

（2）报纸媒体阅读率调查与分析

南京的报业竞争非常激烈，当地已有十几种大众报纸媒体出现。随着近几年房地产事业的飞速发展，各报纸媒体展开了对房地产广告的市场争夺。对开发商而言，在诸多的报纸媒体中选择广告效果较好的报纸进行广告宣传是非常重要的。因此，了解潜在消费者对各主要报纸媒体的阅读情况极为必要。

图 11-18 数据显示，在高层住宅的潜在消费者中，阅读率较高的报纸主要有4种，从高到低依次为：《现代快报》《扬子晚报》《金陵晚报》《南京晨报》。其余媒体的阅读率相对较低，均不高于6%。因此，发布房地产报纸广告应主要选择以上4类媒体，且以《现代快报》的广告效果最好。

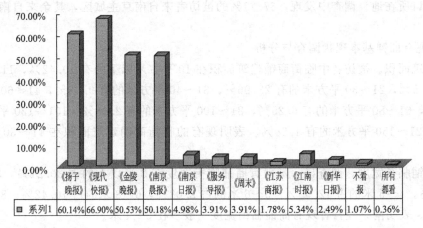

图 11-18　报纸媒体阅读率分布

(3) 房地产专题电视节目收视情况调查与分析

近年来，南京的房地产电视广告专题节目主要有6个。图11-19数据显示，"南京楼市"的收视情况最好，有超过一半的消费者经常收看这一节目。其次，"南京房产报道"、"都市置业"、"置业广场"也各吸引了30%左右的潜在消费者收看，其余节目的收看者较少。以上调查与分析说明，投放电视广告应主要选择"南京楼市"，以保证广告效益最大化。

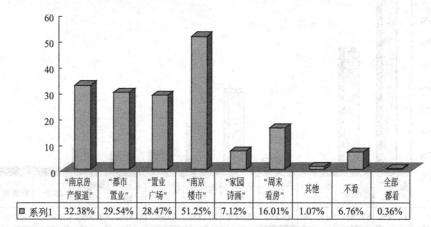

图11-19 电视房产专题节目收视率分布

11.2.2 商铺投资者调查与分析

11.2.2.1 临街商铺调查与分析

(1) 被访者背景资料

① 学历。有51.04%的被访者是高中以下学历，中专和大专的分别占14.58%和26.04%，本科只有8.33%，无硕士以上的学历。

② 年龄。20岁以下的占1.04%，21～30岁的占42.71%，31～40岁的占35.42%，41～50岁和51～60岁的分别占16.67%和4.17%。说明大部分经商者在21～40岁之间。

③ 家庭月收入。从调查中可以发现，绝大部分家庭月收入在4000～8000元之间，家庭月收入在8000元以上的不到12%。

④ 户口所在地。调查中发现，67.71%的被访者来自南京主城区，其余来自南京主城外的区域。

(2) 现有商铺基本现状调查与分析

① 建筑面积。被访者中临街商铺建筑面积在10平方米以下的有10.42%，11～20平方米的有37.5%，21～30平方米的有23.96%，31～40平方米的有9.38%，41～60平方米的有7.29%，61～80平方米的有6.25%，81～100平方米的有2.08%，101～120平方米的有2.08%，121～150平方米的有1.04%。表明现有的临街商铺建筑面积在11～30平方米的居多。

② 商铺临街宽度。调查显示，现有商铺临街宽度在3米以下的占30.21%，3～4米的占42.71%，4～5米的占12.50%，5～6米的占2.08%，6～8米的占10.42%，8米以上的占2.08%。表明南京经营者现有商铺临街宽度一般多在3～4米。

③ 商铺进深。调查显示，现有临街商铺进深在4米以下的占18.75%，4～5米的占20.83%，5～6米的占20.83%，6～8米的占10.42%，8～10米的占12.50%，10～12米

的占11.46%。表明整体进深4～6米居多。

④ 商铺租金。调查发现，月租总价在2000元以下占有率最多，占有率为45.5%。其次2000～2999元占31.8%，3000～3999元占4.5%，4000～4999元占4.6%，5000～10000元占11.3%，10000元以上占2.3%。表明经营者的月租金承受能力偏低，这与调查的商铺面积小，档次不高有关。

⑤ 租赁商铺付款方式。调查发现，按月支付的占10.75%，按季度支付的占27.96%，半年支付一次租金的占38.71%，一次性支付全年租金的占21.51%。表明几种支付方式相差不大，一般半年支付一次租金的稍多。

⑥ 购买/租用商铺原因。人气较旺是购买/租用现有临街商铺的首要原因，提及率为51.1%，其次是地理位置好，提及率为40.4%。据调查数据表明，南京商铺经营者最为重视临街商铺周围的商业氛围。

(3) 现有商铺经营现状调查与分析

① 经营时间调查与分析。18.75%的被访者在现有的临街商铺经营已满一年，16.67%的被访者在原址经营满两年，14.58%的被访者在原址经营满三年，11.46%的被访者在原址经营满四年，仅有19.78%的被访者在原址经营四年以上。表明大部分经营者在原址经营的时间不长。

② 铺位经营状况满意程度调查与分析。回答非常满意的占9.38%，比较满意的占39.58%，回答一般的占37.50%，仅有13.54%的访问者表示不太满意，没有回答非常不满意的，表明受访经营者对现有商铺的经营状况总体上比较满意。

③ 铺位经营状况不满意原因调查与分析。大部分受访者对现有商铺经营状况不满意的原因主要是人流量太少，其次是铺位位置不理想，推广宣传力度不够等原因。

(4) 商铺潜在投资者投资意向调查与分析

① 货物仓储。28.13%的被访者认为临街商铺货物仓储对商铺经营极为重要，34.38%被访者认为比较重要，27.08%的被访者认为一般，10.42%的被访者认为不太重要。调查表明，经营者认为货物仓储对于商铺经营来说，是一个比较重要因素。

② 经营规模。26.04%被访者认为一个临街商铺的经营规模对于选择商铺非常重要，33.33%的被访者认为极为重要，30.21%的被访者认为一般，9.38%的被访者认为不太重要，1.04%的被访者认为极不重要。调查表明，经营者认为商场的经营规模对于选择临街商铺来说，是一个比较重要因素。

③ 商业氛围。82.29%被访者认为一个商场的商业氛围对于选择临街商铺是一个极其重要的因素，11.46%的被访者认为比较重要，4.17%的被访者认为一般，1.04%的被访者认为不太重要，1.04%的被访者认为极不重要。调查表明，经营者认为周边商业氛围对于选择临街商铺来说，是一个极其重要的考虑因素。

④ 促销活动。1.04%被访者认为一个商场的促销活动对于临街商铺的经营非常重要，9.38%的被访者认为比较重要，30.21%的被访者认为一般，33.33%的被访者认为不太重要，26.04%的被访者认为极不重要。调查表明，经营者认为举办促销活动对于商铺经营来说，是一个不太重要的因素。

⑤ 统一布局。5.21%被访者认为临街商铺的统一布局对于商铺的经营很重要，8.33%的被访者认为比较重要，23.96%的被访者认为一般，37.50%的被访者认为不太重要，25%的被访者认为极不重要。调查表明，经营者认为统一布局对于商铺经营来说，是一个不太重

要因素。

⑥ 统一管理。2.08%被访者认为临街商铺的统一管理对于商铺的经营很重要，5.21%的被访者认为比较重要，22.92%的被访者认为一般，33.33%的被访者认为不太重要，36.46%的被访者认为极不重要。调查表明，经营者认为统一管理对于商铺经营来说，是一个不太重要因素。

⑦ 餐饮服务配套。5.21%被访者认为临街商铺是否具有餐饮服务配套对于经营商铺很重要，23.96%的被访者认为比较重要，35.42%的被访者认为一般，27.08%的被访者认为不太重要，8.33%的被访者认为极不重要。调查表明，经营者认为餐饮服务配套对于商铺经营来说，重要性一般。

⑧ 付款方式。2.08%被访者认为付款方式对于是否购买/租赁临街商铺很重要，8.33%的被访者认为不太重要，16.67%的被访者认为一般，36.46%的被访者认为不太重要，36.46%的被访者认为极不重要。调查表明，经营者认为付款方式对于是否购买/租赁临街商铺，是一个不太关心的问题。

⑨ 休闲娱乐配套。3.13%被访者认为一个临街商铺是否具有休闲娱乐配套设施对于选择临街商铺为一个很重要的因素，21.88%的被访者认为比较重要，34.38%的被访者认为一般，26.04%的被访者认为不太重要，14.56%的被访者认为极不重要。调查表明，经营者认为休闲娱乐设施对于选择临街商铺来说，重要性一般。

⑩ 商场所处的地段。高达89.58%的被访者认为地段对于购买/租赁临街商铺是一个极其重要的因素，只有9.38%的被访者认为比较重要，1.04%的被访者认为一般，没有被访者认为不太重要或极不重要的。调查表明，经营者认为地段对于选择临街商铺来说，是一个极其重要的因素。

11.2.2.2　商场铺位经营者调查与分析

(1) 被访者背景资料

① 学历。有59.41%的被访者是高中以下学历，中专和大专的分别占23.76%和12.87%，本科和硕士级以上学历的都是占1.98%。

② 年龄。20岁以下的占2.97%，21～30岁的占41.58%，31～40岁的占41.58%，41～50岁和51～60岁的分别占12.87%和0.99%。说明大部分经商者是在21～40岁之间。

③ 家庭月收入。从调查中可以发现，绝大部分家庭月收入在4000～8000元之间，家庭月收入在8000元以上的不到10%。

④ 户口所在地。调查中发现，62.38%的被访者来自南京主城区，其余来自南京主城外的区域。

(2) 商铺潜在投资者投资意向调查与分析

① 商场所处的地段。83.17%的被访者认为商场位置对于是否购买/租赁商场中的商铺非常重要，13.86%的被访者认为比较重要，2.97%的被访者认为一般，没有被访者认为不太重要或极不重要的。调查表明，经营者认为商场所处地段对于是否购买/租赁商场中的商铺，是极其重要因素。

② 商业氛围。66.34%的被访者认为商业氛围对于是否购买/租赁商场中的商铺非常重要，26.73%的被访者认为比较重要，4.95%的被访者认为一般，被访者认为不太重要和极

不重要的都占 0.99%。调查表明，经营者认为商业氛围对于是否购买/租赁商场中的商铺，是极其重要因素。

③ 统一布局。33.66%的被访者认为一个商场的统一布局对于商场经营非常重要，35.64%的被访者认为比较重要，24.76%的被访者认为一般，4.95%的被访者认为不太重要，0.99%的被访者认为极不重要。调查表明，经营者认为统一布局对于商场经营来说，是一个比较重要的因素。

④ 统一管理。43.56%的被访者认为一个商场的统一管理对于商场经营非常重要，47.52%的被访者认为比较重要，7.92%的被访者认为一般，0.99%的被访者认为极不重要。调查表明，经营者认为统一管理对于商场经营来说，是一个极其重要的因素。

⑤ 经营规模。44.55%的被访者认为一个商场的经营规模对于选择商场中的商铺非常重要，32.67%的被访者认为比较重要，18.81%的被访者认为一般，3.96%的被访者认为不太重要。调查表明，经营者认为经营规模对于选择商场中的商铺来说，是一个极其重要的因素。

⑥ 仓储。15.84%的被访者认为商场货物仓储对商场经营非常重要，36.63%的被访者认为比较重要，37.62%的被访者认为一般，8.91%的被访者认为不太重要，0.99%的被访者认为极不重要。调查表明，经营者认为货物仓储对于商场经营来说，是一个比较重要的因素。

⑦ 促销活动。34.65%的被访者认为一个商场的促销活动对于商场经营非常重要，35.64%的被访者认为比较重要，16.84%的被访者认为一般，认为不太重要和极不重要的分别占 10.89%和 1.98%。调查表明，经营者认为举办促销活动对于商场经营来说，是一个比较重要因素。

⑧ 餐饮服务配套。8.91%的被访者认为一个商场是否具有餐饮服务对于经营商场很重要，18.81%的被访者认为比较重要，46.53%的被访者认为一般，21.78%的被访者认为不太重要，认为极不重要的占 3.96%。调查表明，经营者认为餐饮服务对于商场经营来说，重要性一般。

⑨ 付款方式。30.69%的被访者认为付款方式对于是否购买/租赁商场中的商铺很重要，20.79%的被访者认为比较重要，36.63%的被访者认为一般，10.89%的被访者认为不太重要，认为极不重要的占 0.99%。调查表明，经营者认为付款方式对于是否购买/租赁商场中的商铺，是一个重要因素。

⑩ 休闲娱乐配套设施。7.92%的被访者认为非常重要，15.84%的被访者认为比较重要，47.52%的被访者认为一般，20.79%的被访者认为不太重要，7.92%的被访者认为极不重要。调查表明，经营者认为休闲娱乐设施对选择商场中的商铺来说，是一个一般性考虑因素。

发达国家人均商业面积为 1.2 平方米，南京的人均商业面积约为 0.8 平方米。就南京目前的商业状况看，投资商铺还是有相当大的发展空间。从调查中发现，配套良好的临街商铺比较受市场欢迎，其经营状况也比较理想。

11.2.3 南京河西地区居住房地产市场调查与分析

① 南京河西地区住宅销售的主力户型以两室两厅、三室两厅为主，面积分布比较齐全，主要集中在 80~120 平方米，2011 年的销售均价在 19600 元/平方米左右，项目附近的楼盘

销售均价在 15000 元/平方米左右。

② 南京河西地区的发展受到政府大力支持，生活便利度与配套设施都将逐渐提升到南京市较高的层次。

③ 区域内住宅产品几乎涵盖了南京中端以上的所有产品形态，消费者的选择面比较广泛。

④ 南京河西地区已经基本形成了一个高档社区的氛围，高端住宅将是今后的主要发展方向，该区域潜在购房者购买能力较强，这也促进了高端住宅在南京河西板块的发展。

11.3 市场细分与目标市场选择

11.3.1 高层住宅的市场细分与目标市场选择

11.3.1.1 市场细分

（1）市场细分的内涵

市场细分就是从消费者需求的差别出发，以消费者的需求为立足点，按照一定的细分因素，把企业可能进入的市场分成若干个需求和愿望大体相同的消费群体。

（2）市场细分的因素

住宅市场的市场细分依据主要包括地理因素、人口标准、心理标准和购买行为，每个细分依据又可分为若干个具体细分因素，应根据项目的实际情况选择具体细分因素。

（3）细分市场的确定

根据本项目的实际情况，选择的市场细分的因素为家庭主要成员年龄、家庭月收入、家庭主要成员学历、家庭主要成员居住区域、家庭主要成员职业。本项目有较大可能进入的细分市场情况见表 11-1。

表 11-1 细分市场的情况

市场细分的因素	细分市场的情况
家庭主要成员年龄	21～30 岁(56.78%)、31～40 岁(31.36%)、41～50 岁(7.63%)
家庭月收入	6001～8000 元(39.49%)、5001～6000 元(26.44%)、4001～5000 元(16.27%)
家庭主要成员学历	大专(33.05%)、高中及以下(26.27%)、本科(22.88%)
家庭主要成员居住区域	河西(24.58%)、城南(22.03%)、城中(18.64%)、城北(13.56%)
家庭主要成员职业	企业一般管理人员(23.73%)、事业单位工作人员(16.10%)、企业普通职工(15.66%)、私营业主(10.17%)

11.3.1.2 目标市场的选择

目标市场的选择，就是在市场细分的基础上，通过对细分市场的评价，确定有效市场，在对有效市场进行竞争者分析和风险分析的基础上，最后确定目标消费者并描述目标消费者的特征。

根据市场调查分析和本项目的实际情况，在对细分市场分析和评估的基础上，确定了目标市场，目标市场的情况见表 11-2。

表 11-2 目标市场的情况

目标市场的特征	目标市场 1	目标市场 2	目标市场 3	目标市场 4	目标市场 5
家庭主要成员年龄	21～30 岁	31～40 岁	31～40 岁	31～40 岁	41～50 岁
家庭月收入	5001～6000 元	6001～8000 元	5001～6000 元	6001～8000 元	6001～8000 元
家庭主要成员学历	本科	本科	大专	高中及以下	大专
家庭主要成员居住区域	河西	河西	城南	城南	城南
家庭主要成员职业	企业一般管理人员	事业单位工作人员	企业普通职工	私营业主	企业一般管理人员

11.3.2 商业用房的市场细分与目标市场选择

现代营销理论中强调对客户群体的研究，在确定产品之前确定最有可能以及最为适合的客户。因此，在确定本项目的目标客户之前有必要对南京竞争市场内的客户群体进行细分调查与分析，以便寻找最适合本项目以及最有可能购买本项目的目标客户。

11.3.2.1 客户细分

商业物业客户细分主要通过置业用途来划分，可分为实用型客户、投资型客户以及购置型客户 3 类。通过调查研究，南京市房地产市场的各类型客户群体的特征如下。

(1) 实用型客户主要特征

① 指自己购买、自己经营，以本地客户为主，受地方经商氛围熏陶，具有敏感的商业经济头脑。

② 收入较高并且稳定，有相当积蓄。

③ 对自身经营的行业有较深的了解，市场反应灵敏。

④ 追求实惠、实用、方便。

⑤ 对价格反应较为敏感，偏好灵活的付款方式。

⑥ 需求面积相对较小，物业类型以临街商铺为主。

⑦ 决策较为慎重，需反复比较，有意向的物业会看三次或三次以上。

⑧ 注重考虑货物仓储、经营规模、周边消费能力、促销活动、统一管理等因素。

⑨ 重视商铺的位置、商铺周围的商业氛围。

(2) 投资型客户主要特征

① 购买商铺主要是为了保持资金增值能力，主要考虑商铺的升值潜力。

② 支付能力较强，对价格不敏感，不在意付款方式。

③ 事业较为成功，有丰厚的收入及积累。

④ 注重产品的质量以及发展商的信誉。

⑤ 有相当丰富的社会阅历，有充分的市场信息。

⑥ 注重物业的知名度以及市场口碑。

⑦ 不受现场环境的感染，受口碑宣传的影响较大。

⑧ 以本地客户为主，往往选择期房。

(3) 购置型客户主要特征

① 一般无经商经验的高收入阶层。

② 购买目的并非是绝对的自营或投资，通过购买物业可以将手上掌握的富余资金变成可增值的固定资产。

③ 相对没有明确的选择方向，主要考虑总价是否在可支出的富余资金的范围之内。
④ 注重考虑购买过程的安全性、私密性与物业产权归属的便利性。
⑤ 不大注重是现房还是期房。
⑥ 往往选择一次性付款的方式。
⑦ 社会关系复杂，一般会通过各种渠道获取优惠条件。

11.3.2.2 客户定位

本项目物业类型的定位为集休闲、娱乐、购物、餐饮于一体的大型主题式购物中心，在南京作为新兴的商业形态，在项目规模以及商业形态上，处在一种绝对领先的地位。从热销的中国女人街、温州商业街等较为偏远的商业来看，客户多为投资型客户，万达广场为实用型为主，新城市广场开始销售的街铺全部为投资型（返租）。从本项目实际情况来看，多数客户对本地块的商业氛围并不是很看好，但大都认为升值潜力巨大。因此，本项目的目标客户以投资型为主，实用型和购置型为辅。

(1) 目标客户的总体描述

本项目目标客户的总体描述如下。
① 客户类型：中产阶层、白领精英、个体户、私营业主、公务员等。
② 年龄：20～40 岁。

(2) 目标客户的行为特征
① 比较富有，有部分固定资产。
② 着眼未来，创造财富，有相当经商意识，对所投资之行业有深入了解。
③ 具有敏感的商业经济头脑，关注新型商业以及新兴商圈的发展潜力。
④ 有经济安全感，较具豁达、容忍之心态，但也有保守的特征。
⑤ 有生活追求，绝不盲目崇拜。
⑥ 注重接触新兴资讯，注重楼盘的知名度及市场口碑。
⑦ 受口碑传播影响、不容易受现场环境感染。
⑧ 获取最重要信息的渠道是与他人交谈以及组织和委托专门的市场调查。
⑨ 在行为特征上，有安于现状、循规蹈矩的个体户以及小业主，也有开拓进取、注重个人价值及其社会形象的公务员；有注重实际、实惠的私营企业主、民营企业家，也有强调个性体验、不受社会规范约束的外企"白领"以及自由职业者等。

11.4 产品定位

11.4.1 产品定位的原则

(1) 市场原则

产品定位要面向市场，把握市场脉搏，理性调查与分析楼市消费行为，确立产品在市场中的地位。

(2) 成本原则

在产品定位中，开发商在考虑市场因素的同时，也必须十分注重成本的投入产出比因素，成本的高低直接影响物业的档次。

(3) 环境原则

产品定位中的环境主要是指地段环境，包括空间环境、地表环境、周边建筑布局环境和文化环境等。

11.4.2 高层住宅的产品定位

根据潜在消费者的需求和项目的实际情况进行产品定位。

(1) 套型和面积的定位

① 潜在消费者对套型的需求。潜在消费者对套型的需求见表 11-3。

表 11-3 潜在消费者对套型的需求

房型	套型	比例	合计比例
一室型	一室一厅一卫	3.03%	3.03%
二室型	二室一厅一卫	21.21%	47.62%
	二室二厅一卫	26.41%	
三室型	三室一厅一卫	19.91%	46.32%
	三室二厅一卫	11.69%	
	三室二厅二卫	14.72%	
四室及以上	四室二厅二卫	2.16%	3.03%
	五室以上	0.87%	
总计		100.00%	100.00%

② 潜在消费者对面积的需求。潜在消费者对面积的需求见表 11-4。

表 11-4 潜在消费者对面积的需求

面 积	需求比例
40 平方米以下	0.87%
41～60 平方米	3.90%
61～80 平方米	15.58%
81～100 平方米	33.33%
101～120 平方米	28.57%
121～150 平方米	14.29%
151～180 平方米	2.60%
181～200 平方米	0.43%
201 平方米以上	0.43%

③ 套型和面积的定位。户型应该满足规范性、经济性、实用性、超前性、功能性5个特性，做到有较高的使用率，厅、室、厨、卫配比合理，功能分区要做到动静分开、公私分开、主次分开、干湿分开。

通过调查与分析，多数消费者希望房间内设置储藏室/杂物间，表示"非常需要"与"比较需要"的消费者总计有 64.50%；三室二厅二卫、四室二厅二卫的套型应在主卧室内设立独立的卫生间。针对房间的平面布局设计，最集中的意见是"客厅大点，主卧室小点"。这一意见受到 56.71% 的消费者的认同，认为"客厅与主卧室都大些，其他小点"的消费者也占到 31.17%，可见客厅面积大一些得到了多数消费者的认同。

综合以上分析，本项目拟在房间内设置储藏室/杂物间和较宽敞的厅，三室二厅二卫、四室二厅二卫套型的主卧室内设立卫生间。

本项目拟采用的套型和面积见表11-5。

表 11-5　本项目拟采用的套型和面积

套　型	面　积	占总套数的比例
一室一厅一卫	50平方米	5％
二室一厅一卫	75平方米	15％
二室二厅一卫	85平方米	25％
三室一厅一卫	105平方米	20％
三室二厅一卫	125平方米	10％
三室二厅二卫	135平方米	20％
四室二厅二卫	150平方米	5％

（2）装修标准的定位

通过对交房标准偏好进行比较研究发现，消费者偏好率最高的是毛坯房，其次是初装修房。与居住者相比，投资者对初装修房的偏好程度较高。在对楼盘调研以及与类似项目销售经理的访谈中发现，目前多数类似物业采用毛坯房交付，并且被访的销售经理认为毛坯房更易销售。因此，本项目拟采用的交房标准为毛坯房。

（3）厨房设计

由于开放式厨房具有能够使厨房环境宽敞、明亮、大方，使用方便，而且使室内利用率提高，同时有利于融洽家庭气氛等优点。调查表明，多数消费者倾向于开放式厨房，因此本项目拟采用开放式厨房。

（4）车位设置

调查表明，打算购买高层住宅的消费者对车位的需求较大，65.12％的消费者需要一个车位。根据项目的实际情况，拟设置990个车位，车位设置在-1层和-2层停车场内。

（5）外立面用材的确定

外立面是楼盘的"脸面"，合适的外立面用材能够充分展示楼盘的品质、风格，是吸引消费者购买的重要因素之一。调查表明，消费者比较喜欢的外立面用材是高档涂料及瓷砖，分别达到44.13％、30.25％的偏好率。本项目外立面用材拟采用高档涂料。

11.4.3　商业用房的功能定位

（1）商业用房潜在购买者的购买偏好

① 重视商铺周围的商业氛围、重视商业形态以及商铺位置。

② 注重考虑货物仓储、经营规模、周边消费能力、促销活动等因素。

③ 临街商铺成为购买者首选。

④ 注重车位配套，在物业管理上偏向统一管理。

⑤ 选择升值潜力较大的物业。

⑥ 注重面积、进深、开间、层高、档次等物业素质。

⑦ 相当重视投资回报率以及投资回报渠道等因素。

⑧ 注重商业物业的功能定位及管理模式。

(2) 项目的功能定位

本项目的功能定位是集购物、休闲、娱乐、餐饮于一体的大型情景购物广场。

① 集购物、休闲、娱乐、餐饮于一体的主题式、情景式的大型购物中心是目前国际上非常流行的一种新型商场。它与传统百货综合商场的区别在于：情景主题的出现改善了人们的购物环境，改变了人们的消费行为，它带给人的是多姿多彩的生活体验。

② 一般情况下，顾客在商场购物的时间不会超过 3 小时，超过这个时间就容易处于疲劳状态。顾客购物休闲的步速一般是 30~40 米/分钟，浏览购物的步行距离一般不超过 7500 米。由此可大致测算，顾客对商场单店营业面积的最大承受能力在 2.5 万平方米左右。如果单店面积超过这一规模，则超出部分的营业面积，在通常情况下需要考虑引入购物以外的其他商业用途，如餐饮、娱乐、休闲等服务型消费场所。

③ 从南京商业发展态势来看，随着生活水平的提高，在南京发展具备优良购物环境，集购物、休闲、娱乐、餐饮文化及服务等各项功能于一体的现代购物中心的条件已逐渐成熟，大型购物中心的出现也是中国商业发展到一定阶段，商业业态社会优化组合的必然趋势。

④ 在市场竞争日趋激烈的今天，零售企业除了发展自身特色、提高服务质量外，还必须顺应以规模领先，以效益制胜的世界零售业大趋势。大中型购物中心有别于其他商业业态，充分体现了以人为本的理念，营造和引导新的消费方式，引进一种新的文化理念和生活理念。

⑤ 新型商业形态，充分体现现代综合消费，展示时尚产品，引领流行风潮。本项目将建成南京市地标性商业物业，其出现将在一定程度上改变南京市的商业格局。建设现代化的大型购物中心对促进南京商贸发展、改善购物环境和提高居民生活质量都有重要意义。

11.5 销售计划

11.5.1 销售方式

本项目由开发商自行组织销售。

11.5.2 销售价格

采用市场法进行估算，估价时点为 2011 年 11 月。

(1) 高层住宅销售均价的估算

高层住宅销售均价为 14500 元/平方米。

(2) 商业用房销售均价的估算

商业用房销售均价为 18200 元/平方米。

(3) 车位使用权销售价格的估算

车位使用权销售价格为 20 万元/个。

11.5.3 销售周期与销售比例

可销售的住宅建筑面积为 107151 平方米，可销售商业用房的建筑面积为 59200 平方米，可销售使用权的停车车位数为 990 个。

根据南京市房地产市场状况及拟建项目的实际情况，住宅、商业用房和停车场车位分年度的销售比例详见表11-6。

表11-6　销售比例估算表

类型＼年份	2011	2012	2013	2014
住宅	20%	40%	20%	20%
商业用房	40%	20%	20%	20%
停车场车位		60%	20%	20%

11.5.4　财务评价

从主要财务评价指标的数值（表11-7）分析，拟建项目在财务上是可行的。

表11-7　主要财务评价指标

序号	评价指标	指标值
1	利润总额	20329.84 万元
2	净利润总额	13620.99 万元
3	总投资收益率	5.89%
4	资本金净利润率	16.40%
5	项目财务净现值（MARR=10%）	4274.07 万元
6	项目投资财务内部收益率	15.16%
7	项目资本金财务内部收益率	20.31%

11.6　市场推广

11.6.1　市场推广方式的选择

市场推广方式主要包括广告推广、活动推广、关系推广和人员推广。根据本项目的实际情况，拟采用广告推广、活动推广和人员推广。

11.6.1.1　广告推广

本项目拟采用的主要广告媒体如下。

（1）报纸广告

南京的报业竞争非常激烈，南京已有十几种大众报纸媒体。通过对潜在消费者调查，阅读率较高的报纸媒体主要有4种，阅读率从高到低依次为《现代快报》《扬子晚报》《金陵晚报》《南京晨报》。其余媒体的阅读率相对较低，均不高于6%。因此，本项目报纸广告应主要选择以上4类媒体，并以《现代快报》为主。

（2）电视广告

近年来，南京的房地产电视广告专题节目主要有6个，分别是"南京楼市""南京房产报道""都市置业""置业广场""周末看房"和"家园诗话"。消费者调查数据显示，收看排序前 4 位的分别是"南京楼市""南京房产报道"、"都市置业"、"置业广场"。其中,"南京楼市"的收视情况最好,有超过一半的消费者经常收看这一节目。因此,本项目电视广告媒体主要选择"南京楼市""南京房产报道"和"都市置业",并以"南京楼市"为主。

(3) 广播广告

拟在南京广播电台经济台、南京广播电台交通频率发布本项目的广告。

(4) 杂志广告

拟在南京网尚研究机构承办的"南京楼市"上发布本项目的软性广告。

(5) 户外广告

在新街口、山西路、奥体中心附近设立户外广告。

(6) 网络广告

在 www.house365.com 上发布本项目的广告。

11.6.1.2 活动推广

(1) 大型有奖销售活动暨公开发售活动

① 活动意义。

a. 聚集人气。举办抽奖活动,可以吸引人们前往,增加人气,同时使更多的人看到项目实在的品质。

b. 增加项目开盘的轰动效应。通过抽奖,人群越聚越多,使过往车辆、人流认为该楼盘开盘,即产生轰动,留下良好的第一印象,为以后售楼埋下伏笔。

c. 直接促销。部分人受高额巨奖驱使,会在冲动之下购房,直接增加销售量。

d. 通过本次活动,扩大项目知名度。

② 活动原则。场面热烈,持续时间较长,资金节省。

③ 活动策划依据。

a. 目前楼市竞争激烈,各竞争对手奇招迭出,特别是开盘之初,都求一个人气旺盛、强势开盘。

b. 周边各地福利彩票抽奖此起彼伏、势头正旺,说明人们对抽奖活动乐此不疲。

c. 本活动最坏的设想可能不是聚不到人气,而可能只是直接促销不理想,但即使如此,也增加了项目的知名度,相当于做了一次轰动性的广告。

④ 活动时间安排。活动持续一星期,正式抽奖定在开盘当日。

⑤ 活动地点。项目售楼处。

⑥ 奖项设置。分设金屋奖和幸运奖两个系列。金屋奖特别为签订了购房合同的业主而设,幸运奖为普通看房人士而设,有资格参与金屋奖抽奖者,都可再参与幸运奖抽奖。奖品具体设置:金屋奖 10 名,赠送价值 5000 元的家用电器;幸运奖 200 名,赠送价值 100 元礼品。

⑦ 抽奖办法。通过报纸广告和在广告上印制票样(可凭报纸广告票样参加抽奖)、看房人士现场派票、各关系单位赠送票等途径送票。凡报纸广告票样,必须预先到指定地点经主办单位确认,加印编号,才为有效。预计有望参与抽奖票数约 4000 张。凡签约业主,在签约时均可获得抽奖编号。摇奖方式采用电脑摇奖,凡票上编号与电脑摇奖号吻合者,即为中奖。

⑧ 活动程序。活动程序见表 11-8。

表 11-8 项目有奖销售活动时间安排表

时间	活动步骤
9:00 以前	确认票号
9:00	确认票号结束
9:20	主持人宣布抽奖活动开始,公司代表发言
9:30	政府领导讲话
9:35	项目推介
9:45	到会嘉宾参观样板房
10:10	抽奖仪式正式开始,公证员宣读公证文件,主持人宣读注意事项
12:00 前	抽奖结束

抽奖、兑奖同时进行,抽奖活动控制在上午 12 点前结束,部分兑奖工作延续到下午下班之前。凡未在当日兑奖者,其奖项自动取消。

⑨ 费用预算。

a. 礼品费(金屋奖、幸运奖合计)。

b. 会务费(茶水、水果、印票费、场地整理费、公证费、交通运输费、娱乐表演、招待费、记者和嘉宾午餐费、不可预计费合计)。

c. 广告宣传费(报纸、横幅费用)。

(2) 在房展会上优惠销售

在南京市春季和秋季房展会上进行优惠销售。

11.6.1.3 人员推广

人员推广又称人员推销,是最古老的促销方式,也是唯一直接依靠人员的促销方式。人员推广是推销人员通过主动与消费者进行接触和洽谈,向消费者宣传介绍本企业的房地产,达到促进房地产销售的活动。

(1) 销售队伍设计

销售队伍设计包括确定销售队伍目标、确定销售队伍结构和规模。销售队伍目标包括确定销售定额、解决客户问题和展示公司或房地产项目。根据项目实际情况,销售队伍结构由销售经理、销售主管和普通推销人员组成。根据销售队伍结构,确定销售队伍规模。

本项目采用工作量法确定销售队伍规模。正常销售情况下,设销售经理 1 名、销售主管 2 名和普通推销人员 8 名,并根据销售情况调整普通推销人员的人数。

(2) 人员招聘

进行人员招聘的前提是完成了销售队伍设计。在完成销售队伍设计之后,业务部门将所需要人员的人数和要求通知人力资源部门,由人力资源部门配合业务部门组织推销人员的招聘。推销人员应具备的最基本素质包括诚实、可靠、有知识和善于帮助人。除此之外,推销人员还应具备下列品质:能承受风险、善于处理和解决问题、诚恳待人、办事认真、有一定的公共关系能力。

(3) 人员培训

企业内部培训计划一般要达到以下几个目标。

① 了解公司并明白公司各个方面的情况。

② 熟悉公司开发的产品情况。

③ 了解公司目标客户和竞争对手的特点。
④ 能有效地展示和介绍房地产商品。
⑤ 懂得推销的工作程序和责任。

(4) 业绩评价

业绩评价是按照一定的程序，采用科学的方法，对推销人员在一定时期内取得的销售业绩作出客观、公正和准确的综合评判。推销人员业绩评价可以采用标准对照法和比较法。标准对照法，是指企业建立一套业绩基准评价指标体系，将推销人员的实际完成情况与标准比较来反映业绩效果的方法。比较法是将被评价人员的业绩与其他人员的业绩进行比较，来反映不同推销人员业绩效果的方法。比较法包括横向比较和纵向比较。横向比较是指在同一个业绩评价期间内不同的推销人员业绩之间的对照比较；纵向比较是将考查期间推销人员的业绩与其前期业绩进行的比较。

(5) 人员激励

由于推销人员的素质本身存在的区别，有的人员不需要企业管理层的指导就会尽力工作，并取得良好的业绩，但是大多数人员都需要通过鼓励和激励机制才会努力工作。一般来说，对推销人员的刺激越大，推销人员就会越努力。主要的激励制度是薪金回报。

11.6.2 高层住宅市场推广计划

高层住宅销售各个阶段的销售数量及价格见表 11-9。

表 11-9 销售计划

阶段	时间	销售比例/%	销售数量/平方米	销售均价/(元/平方米)
预热期	2011.7～2011.10	10	10715	14200
开盘期	2011.11～2011.12	10	10715	14300
强销期	2012.1～2012.12	40	42860	14500
持续期	2013.1～2013.12	20	21430	14650
尾盘期	2014.1～2014.12	20	21430	14600
合计		100	107151	14500

11.6.2.1 预热期（2011年7月～2011年10月）

(1) 推广策略

本阶段主要是接受客户登记，累积客户资源，进行项目的内部认购活动。由于尚未取得项目预售的正式手续，在 2011 年 7 月～2011 年 9 月的宣传力度不宜过大。又由于项目正式开盘时间在 2011 年 11 月，因此在 2011 年 10 月应加大项目市场推广的力度。

(2) 期间媒体组合

① 报纸广告。2011 年 7 月～2011 年 9 月，通过报纸不定期发布新闻、市场分析和营销理念的文章，同时宣传开发企业和开发项目情况，此阶段以软广告为主、硬广告为辅。2011 年 10 月应加大报纸广告投入，以硬广告为主、软广告为辅。选择《现代快报》和《扬子晚报》作为此阶段的报纸广告媒体，每次报纸广告发布后，由销售现场及时反馈效果。如果效果不佳是由于媒体原因，则应及时予以调整。

② 电视广告。电视作为大众媒体，影响力很大，它可以多次重复同一信息，通过逼真和立体的画面，使人对广告的画面和内容印象深刻。可与电视广告专题栏目"南京楼市"建

立较长期的合作关系,进行形象宣传。

③ 广播广告。与南京广播电台经济台建立较长期的合作关系。

④ 杂志广告。利用南京网尚研究机构承办的《南京楼市》上发布本项目的软性广告,进行形象宣传。

⑤ 户外广告。在新街口、山西路、奥体中心附近设立户外广告。

⑥ 网络广告。在 www.house365.com 上不定期发布新闻、市场分析和营销理念的文章,宣传开发企业和开发项目。

(3) 期间工作内容

① 总体价格策略的制定。

② 预热期价格体系制定与执行。

③ 销售物料准备。

a. 楼书:5000 份。

b. 沙盘:2 个(其一为楼盘模型,其二为区位模型)。

c. 展板:10 块(其中项目基本资料 2 块,户型 7 块,外立面 1 块)。

④ 开盘期价格体系制定与审批。

⑤ 开盘期广告预案。

(4) 期间营销目标

① 初步树立市场形象:质优,较低价认购。

② 达到认购面积约 107151 平方米,占总量的 10%;认购均价 14200 元/平方米。

11.6.2.2 开盘期(2011 年 11 月～2011 年 12 月)

(1) 推广策略

只有取得《预售许可证》后,才能正式开盘。通过预热期已积累了一定量的客源,初步树立了项目的市场形象。在此阶段,应进一步加大市场推广力度,扩大销售量。

(2) 期间媒体组合

① 报纸广告。此阶段项目正式公开发售,前期预热将得到第一次释放,为达到预定的效果,形成市场轰动效应,报纸广告将作为最重要的广告媒体,投入量应迅速加大,进行集结投放。报纸广告媒体的选择面应相应扩大,形成《现代快报》和《扬子晚报》为主,《金陵晚报》和《南京晨报》为辅的格局。

② 电视广告。在"南京楼市""南京房产报道"上进行形象宣传、活动宣传及开盘信息发布。

③ 广播广告。在南京广播电台经济台进行形象宣传和信息发布(包括开盘信息和活动信息)。

④ 杂志广告。利用南京网尚研究机构承办的《南京楼市》上发布本项目的软性广告,进行形象宣传。

⑤ 户外广告。绝大部分户外广告应在预热期完成,如因特殊原因未发布的则应在此阶段必须完成。同时,开盘前在项目所在地悬挂条幅广告,进行开盘信息发布。

⑥ 网络广告。配合开盘在 www.house365.com 上发布软性广告,并对整个开盘期项目动态进行全过程跟踪报道。

(3) 期间工作内容

① 开盘期价格体系执行。

② 开盘期活动推广。开盘期举行大型有奖销售活动暨公开发售活动。
③ 销售物料准备。
a. 楼书：10000 份。
b. 沙盘：2 个（其一为楼盘模型，其二为区位模型）。
c. 展板：10 块（其中，项目基本资料 2 块，户型 7 块，外立面 1 块）。
④ 强销期价格体系制定与审批。
⑤ 强销期广告预案。
（4）期间营销目标
① 迅速炒热市场，进一步树立项目的市场形象。
② 达到销售面积约 107151 平方米，占总量的 10％；销售均价 14300 元/平方米。

11.6.2.3　强销期（2012 年 1 月～2012 年 12 月）

（1）推广策略

应承接开盘期强势营销态势继续升温市场以消化主力户型，同时尽量在价格配合的情况下采用限量发售、及时调价、小步攀升的策略，灵活操作，以期维持良好市场形象与价格走势。

（2）期间媒体组合

① 报纸广告。通过开盘期的较大量的广告投入，已建立了良好的市场基础，随着项目建设进度的不断进展，项目被关注的程度会越来越高。此阶段，报纸广告宣传应继续保持较强的力度。报纸广告媒体的选择，形成《现代快报》和《扬子晚报》为主，《金陵晚报》和《南京晨报》为辅的格局。
② 电视广告。在"南京楼市""南京房产报道"上进行卖点宣传。
③ 广播广告。在南京广播电台经济台进行形象宣传和信息发布。
④ 杂志广告。利用南京网尚研究机构承办的《南京楼市》上发布本项目的软性广告，进行形象宣传。
⑤ 网络广告。在 www.house365.com 上发布软性广告，并对房展会活动推广进行全过程跟踪报道。

（3）期间工作内容

① 强销期价格体系执行。
② 强销期活动推广。在南京春季和秋季房展会上进行优惠销售。
③ 销售物料准备。
a. 楼书：5000 份。
b. 单张：20000 份（用于房展会发放）。
④ 持销期价格体系制定与审批。
⑤ 持销期广告预案。

（4）期间营销目标

① 进一步炒热市场，初步实现项目的价值提升。
② 达到销售面积约 42860 平方米，占总量的 40％；销售均价 14500 元/平方米。

11.6.2.4　持销期（2013 年 1 月～2013 年 12 月）

（1）推广策略

此阶段项目已建成并通过了竣工验收，销售的全部是现房，项目的市场形象和品质已得到消费者认同,已度过营销风险期,可适当降低营销推广力度,并适当提高销售单价。

(2) 期间媒体组合

① 报纸广告。由于项目已建成,市场形象已树立,客户已陆续入住,此阶段整体报纸广告可适当减少。在房展会前后,为了配合销售旺季制造热点,可适度加大报纸广告投放量。报纸广告媒体的选择《现代快报》和《扬子晚报》。

② 杂志广告。利用南京网尚研究机构承办的《南京楼市》做软性文字宣传。

③ 网络广告。在 www.house365.com 上发布软性广告,并对房展会活动推广进行全过程跟踪报道。

(3) 期间工作内容

① 持销期价格体系执行。

② 持销期活动推广。在南京市春季和秋季房展会上进行优惠销售。

③ 销售物料准备。

a. 楼书:5000 份。

b. 单张:10000 份(用于房展会发放)。

④ 尾盘期价格体系制定与审批。

(4) 期间营销目标

① 力争完成项目 80% 以上的销售,突破项目预期销售目标。

② 达到销售面积约 21430 平方米,占总量的 20%;销售均价 14650 元/平方米。

11.6.2.5 尾盘期(2014 年 1 月~2014 年 12 月)

此阶段为项目销售的最后冲刺,广告投放很少,可根据实际需要进行少量的报纸广告促销。在尽量保证项目投资回报的情况下,可适当降低销售价格,迅速销售并回笼资金,为开发企业后续开发的其他项目蓄势。

在严格执行尾盘期价格体系的基础上实现该阶段既定的销售目标(销售面积约 21430 平方米,占总量的 20%;销售均价 14600 元/平方米)。

11.7 销售工作

销售中心销售人员的客户接待和销售工作可参考以下要求。

(1) 第一步 客户推开售楼处大门服务即开始

① 客户推开大门是服务的开始。

② 从此客户就是企业的终身客户。

(2) 第二步 携资料离座迎客、问好、自我介绍

① 第一时间起身迎接,同时问好并进行自我介绍。

② 问候、自我介绍用语一定使用规范。例如,您好!欢迎看房。我是某某某(讲清自己的姓名)。

(3) 第三步 介绍展板内容

① 按次序进行介绍,尽量突出卖点。

② 声音柔和,音调不易过高。

③ 用语文明。

④ 介绍简单、专业。

(4) 第四步 请客户入座，讲解楼书
① 一定使用规范用语。例如，请那边入座，让我给您详细介绍好吗？
② 介绍属实、详细、专业。
③ 不应诋毁别的楼盘。
(5) 第五步 带客户看房
① 一定亲自带客户看房。
② 使用规范用语。例如，请随我来或请往这边走。
③ 走在客户前面，替客户开门、操作电梯。
④ 重点突出样板房的卖点。
⑤ 不应诋毁别的楼盘。
(6) 第六步 替客户设计购买方案
① 在尊重客户的前提下，才可作消费引导。
② 方案设计合理可行，且不能出错。
③ 房号提供一定准确。
(7) 第七步 作好客户登记
① 在尊重客户的前提下，要求客户填写登记表。
② 客户执意不留电话，不应勉强。
③ 对客户特征及购买意向及时记录，以方便后续跟进。
(8) 第八步 礼貌送客至销售中心大门口
① 面带微笑，主动替客户开门。
② 使用规范用语。例如，再见，欢迎再来！
③ 目送客户走出 50 米外。
(9) 第九步 如果客户表达认购意向，则可以收取预定款性质的费用并开具收据
① 预定款性质的费用一定由销售经理（或销售经理指定的销售人员）收取。
② 预定款性质的费用一定要有两人以上核数。
③ 开出的收据一定注明房号、金额（大小写）、交款方式。
(10) 第十步 签订认购合同
① 认购合同一般由销售主管填写。
② 认购合同不得填写错误。
③ 填写完的认购合同一定要在其他工作人员审核无误后才能与客户签订。
(11) 第十一步 提醒客户预备首期房款
在签订商品房买卖合同前，提前 10 天提醒客户预备首期房款，提醒时注意方式和语气。
(12) 第十二步 向客户明示《商品房销售管理办法》和《商品房买卖合同示范文本》；预售商品房的，还必须明示《城市商品房预售管理办法》
(13) 第十三步 签订商品房买卖合同
① 合同应先用铅笔填写，在客户和销售主管确认后，用签字笔誊写，注意擦掉铅笔印迹。
② 买方签名一定是本人或由买方书面委托的代理人（必须是公证后的）。
③ 客户领取合同一定要签名登记。
(14) 第十四步 通知办理抵押贷款

① 提前7天第一次通知客户，明确客户必须携带的资料，告知办理的地方、时间。
② 提前3天第二次提醒客户。
③ 提前1天第三次提醒客户。
(15) 第十五步　向商品房的买受人提供商品房《质量保证书》和《使用说明书》
(16) 第十六步　协助办理商品房产权过户手续
(17) 第十七步　协助办理入住手续
① 态度更加主动，必要时亲自把客户带往物业管理处。
② 对客户的乔迁之喜表示祝贺。
(18) 第十八步　随时向客户提供房地产市场信息
① 客户入住后，了解他们的居住情况。
② 有了新的房地产信息后，在客户不拒绝的前提下，可以向客户继续提供，保持长期联系。

11.8　销售后服务

(1) 按照《质量保证书》的约定承担保修责任
开发商按照《质量保证书》的约定，承担保修责任。
(2) 物业管理
在业主委员会成立前，由项目的开发商通过招投标方式委托物业管理公司进行管理。在业主委员会成立后，由业主委员会委托物业管理公司进行管理。

参 考 文 献

[1] 瞿富强. 房地产开发与经营（第2版）[M]. 北京：化学工业出版社，2012.
[2] 刘洪玉. 房地产开发经营与管理 [M]. 北京：中国建筑工业出版社，2010.
[3] 丁烈云. 房地产开发 [M]. 第3版. 北京：中国建筑工业出版社，2008.
[4] 丛培经. 工程项目管理 [M]. 第3版. 北京：中国建筑工业出版社，2010.
[5] 中华人民共和国住房和城乡建设部. 建筑工程方案设计招标投标管理办法 [M]. 北京：中国建筑工业出版社，2008.
[6] JGJ/T 30—2015. 房地产基本术语标准 [S].
[7] GB/T 50326—2006. 建设工程项目管理规范 [S].
[8] GB 50180—2002. 城市居住区规划设计规范 [S].
[9] GB 50368—2005. 住宅建筑规范 [S].
[10] GB 50096—2003. 住宅设计规范 [S].
[11] GB 50319—2000. 建设工程监理规范 [S].
[12] GB 50300—2001. 建设工程施工质量验收统一标准 [S].
[13] GB/T 21010—2015. 土地利用现状分类 [S].
[14] 毕星. 项目管理 [M]. 北京：清华大学出版社，2011.
[15] [美] Mike E. Miles, Gayle Berens, Marc A. Weiss. Real Estate Development Principles and Process [M]. 刘洪玉，郑思齐，沈悦译. 北京：中信出版社，2003.
[16] 夏联喜. 房地产项目管理 [M]. 北京：中国建筑工业出版社，2011.
[17] 中国房地产估价师与房地产经纪人学会. 房地产估价相关知识 [M]. 北京：中国建筑工业出版社，2010.
[18] 中国房地产估价师与房地产经纪人学会. 房地产基本制度与政策 [M]. 北京：中国建筑工业出版社，2010.
[19] 中国建设监理协会. 建设工程监理概论 [M]. 北京：知识产权出版社，2009.
[20] 陈宪. 工程项目组织与管理 [M]. 北京：机械工业出版社，2010.
[21] 李清立. 房地产开发与经营 [M]. 北京：清华大学出版社，2004.
[22] 中华人民共和国建设部. 房地产开发项目经济评价方法 [M]. 北京：中国计划出版社，2000.
[23] 莫宏伟. 房地产全程策划实战教程 [M]. 北京：中国电力出版社，2005.
[24] 施金亮. 房地产投融资 [M]. 上海：上海大学出版社，2004.
[25] 建设部体改法规司.《中华人民共和国建筑法》释义 [M]. 北京：中国建筑工业出版社，2000.
[26] 国家计委政策法规司.《中华人民共和国招标投标法》释义 [M]. 北京：中国计划出版社，1999.
[27] 中国建设监理协会. 建设工程合同管理 [M]. 北京：知识产权出版社，2010.
[28] 黄渝祥，邢爱芳. 工程经济学 [M]. 上海：同济大学出版社，2001.
[29] 全国税务师职业资格考试教材编写组. 税法 [M]. 北京：中国税务出版社，2017.
[30] 国家发展改革委，建设部. 建设项目经济评价方法与参数 [M]. 北京：中国计划出版社，2008.